멘토르는

그리스신화에 나오는 오디세우스의 친구입니다.

오디세우스는 트로이 전쟁에 출정하면서 아들 텔레마쿠스를
친구인 멘토르에게 맡깁니다.

이후 멘토르는 엄격한 스승이며 지혜로운 조언자,
때로는 아버지로서 필요한 충고와 지도를 하여
텔레마쿠스를 강인하고 현명한 왕으로 성장시켰습니다.

오늘날 멘토 또는 멘토르는 충실하고 현명한 조언자 또는
스승이라는 의미로 쓰이고 있습니다.

멘토르출판사는 독자 여러분의 인생에 좋은 길잡이가 되는
책을 만들고자 늘 노력하겠습니다.

고객 중심의
콘셉트를
잡아라

실무에너지 충전소 01

제품 개발자가 짜는 고객창출 전략

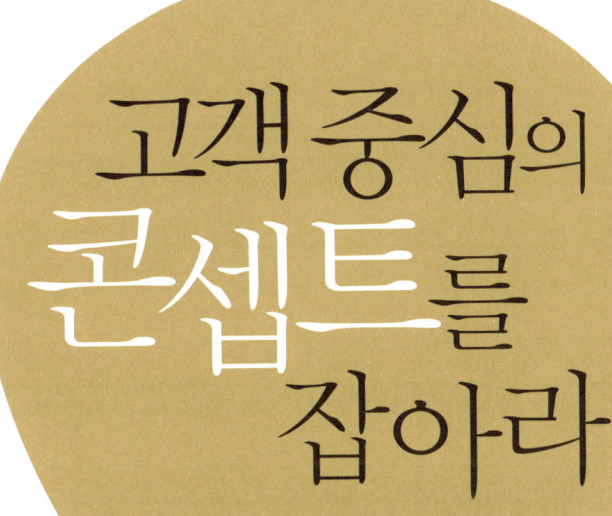

고객 중심의 콘셉트를 잡아라

미야나가 히로시 지음 | 정정일 옮김

- 품질이 뛰어난 제품이나 서비스를 개발했는데도 고객을 창출하지 못해 사업화하지 못했던 쓰라린 경험이 있다.
- 사업에 보완 조치를 내려야 하는데 어떻게 하면 좋을지 방향을 정하지 못하겠다.
- 외국 제품과의 가격 경쟁으로 인해 비용을 줄여야 하는데 그것만으로 괜찮을지 모르겠다.

문제는 복잡하게 얽혀 있다. 어느 것도 쉽사리 답이 나올 것 같지 않다. 왜 그럴까? 그건 '고객의 입장'이 빠져 있기 때문이다. '고객의 입장'이라고 한마디로 이야기하지만 말처럼 쉽지 않다. 안타깝게도 문제를 고민하는 회사나 경영자가 '고객의 입장'이 결여되었다는 사실을 스스로 깨닫기는 더 어렵다. 바로 여기에 사업화의 난점이 있다. 매력적인 제품이나 서비스가 없다면 이야기는 달라지겠지만, 제품과 서비스가 우수한데도 고객을 창출하지 못한다면 사업은 성립될 수 없다.

거북하게 들릴지도 모르겠지만, 우리는 본사의 제품이나 서비스를 중심으로 사고하도록 길들여져 있다. 물론 "고객의 요구 사항이 뭔지 분명히 파악하고 있습니다"라고 주장하는 사람도 많다. 하지만 정말 그럴까? 자신은 고객의 입장에서 생각한다지만 이미 제품이나 서비스를 중심으로 사고하고 있다는 사실조차 모를 정도로 길들여져 있는 건 아닐까?

그렇다면 고객의 입장에서 생각하려면 어떻게 해야 할까? 제품이나 서비스를 개발할 때 쏟아 붓는 정열과 시간, 돈과 인력을 고객 창출에 똑같이 투자하겠다는 각오가 없다면 진정한 의미에서의 고객 입장이 될 수는 없다. 물론 제품 개발에 들이는 것과 똑같은 양의 에너지를 고객 창출에 쏟는 것은 비현실적이다. 하지만 그런 각오가 없다면 이미 길들여진 사고와 잘못된 믿음에서 벗어나지 못할 것이다.

고객을 창출하는 데 반드시 새로운 제품과 서비스가 필요한 것은 아니다. 그 대표적인 예로 홋카이도 아사히가와(旭川) 시에 있는 아사히야먀(旭山) 동물원을 들 수 있다.

1990년대 중반, 아사히야마동물원은 폐원 위기를 맞았다. 입장객은 매년 줄어들었고, 인기 동물이었던 고릴라 '곤타'는 에키노코쿠스(echinococcus: 가축 등에 기생하는 촌충)에 감염되어 죽고 말았다. 기업으로 치자면, 적자 상황에다가 인기 상품에 하자까지 생겨 당장 회수해야 하는 처지에 몰린 격이다. 말 그대로 절체절명의 순간이었다.

하지만 아사히야마동물원은 이를 극복하고 멋지게 부활하는 데 성공했다. 26만 명(1996년도)으로 곤두박질쳤던 입장객 수는 어느덧 307만 명(2007년)으로 불어났다. 7월부터 9월까지의 관람객 수는 일본에서 최고를 기록했다. 판다 같은 희귀한 동물을 들여놓은 것도 아니고, 여느 동물원에서나 볼 수 있는 흔한 동물뿐이었는데 말이다.

그렇다면 어떻게 성공했을까? 아사히야마동물원은 관람 방식을 바꿈으로써 멋진 성공을 이끌어냈다. 그냥 보는 것이 아니라 동물들의 생생한 모습을 볼 수 있도록 연구하고 바꾼 것이다.

이 책은 새로운 고객을 창출하려면 어떻게 사고하면 좋은지 구체적인 사례를 통해 설명한다. 단순히 변한 결과만 나열한 것이 아니라, 앞서 아사히야마동물원이 관람 방식을 바꿔 이미지를 쇄신한 것처럼 그 과정까지 배울 수 있도록 구성했다.

이 책에는 30대 후반의 기술자가 한 명 등장한다. 이 기술자는 제품 개발 프로젝트를 무사히 성공시킨 경험은 있지만, 그것을 사업화해본 경험은 전혀 없다. 그러던 어느 날, 갑자기 경영기획부로 발령받은 그에게 사업화 전략을 세워보라는 임무가 떨어진다. 그는 처음엔 당황스러워하지만, 6개월이 지난 후에는 사장 앞에서 멋지게 프레젠테이션을 할 정도로 성장한다.

이 책은 그러한 기술자의 행보를 따라간다. 주인공이 보여주는 각각의 사례를 통해 사고 과정을 체험하고, 해설을 읽고, 이해의 폭을 넓혀보라. 고객 창출이라는 시각과 사업화 비결도 이 책이 제시하는 순서에 따라 공부해보길 바란다. 상황 설정은 어디까지나 가상이지만, 각 사례를 관통하는 주제는 그렇지 않다. 그 본질을 반드시 이해하기 바란다. 각 사례의 마지막 부분에는 '전략노트'라는 이름 하에 질문을 준비해두었다. 각 질문에 스스로 답하다 보면 저절로 각 사례의 주제를 확실하게 습득하게 될 것이다. 꼭 해보길 바란다.

 비록 주인공을 경영기획부로 옮긴 기술자로 설정하긴 했지만, 이 책을 읽어야 할 대상자는 여기에만 국한되지 않는다. 현장에서 땀 흘리는 영업사원이나 불철주야 제품 개발에 몰두하는 연구원, 직접 고객과 대면하지 않는 부서, 즉 재무·경리·인사·총무·법무·정보시스템부 직원들도 반드시 읽어보도록 권유하고 싶다.
 사업화 전략을 세우는 일은 기획부와 같은 특정한 부서가 하는 일이 아니다. 기업 전체가 관심을 가지고 참여해야 한다. 이것이 이 책이 전달하려는 메시지다. 사업화의 중요한 요소인 '징후'를 발견할 수 있는 기회는 기업의 모든 부서에게 열려 있다. 이를 정확하게 숙지하지 않으면 사업화로 가는 성공의 길은 멀고도 험난할 것이다.

 이 책의 내용은 도쿄이과대학 전문대학원에서 MOT(Management of Technology: 기술경영) 및 MIP(Master of Intellectual Property: 지식재산 전략) 전공 수업에서 대학원생들과 벌인 논쟁이 근간을 이루고 있다. 주로 30대 후반에서 40대 중반의 중견 비즈니스맨으로, 상장기업의 부사장을 지낸 사람이나 경영에 MOT를 활용하려는 변리사나 의

사도 다수 포함되어 있다. 모두 사회 경험이 풍부하다.

실제 강의실에서는 참여하는 대학원생들의 배경에 따라 논의가 다양하게 전개된다. 그것이 대학원에서 공부하는 진정한 묘미겠지만, 책 속에서 그것을 재현하기란 어렵다.

하지만 각 사례의 마지막에 제시한 전략노트의 질문을 회사 안팎의 사람들과 함께 검토하거나 깊이 파고든다면, 대학원 강의 그 이상의 성과를 거둘 수 있을 것이다.

전략노트를 항상 생활화하고 그 내용을 심화시킴으로써 당신만의 전략노트를 완성해보라. 이렇게 만들어진 '당신의 전략노트'는 다른 사람이 쉽게 흉내 낼 수 없는 귀중한 자산이 될 것이다.

미야나가 히로시宮永博史

차 례

들어가며 _6

| 제1장
제품이 아니라 콘셉트를 팔아라

성공하는 비즈니스의 기본 방정식 _16

무한경쟁 시대에서 콘셉트와 고객을 창출하는 시대로 _19

생각과 믿음을 구별하라 _24

세렌디피티, 우연을 놓치지 않고 행운으로 바꾸는 능력 _26

비즈니스, 어디 덤빌 테면 덤벼라 _34

비즈니스 계획의 첫걸음 _39

비즈니스에 눈뜬 제품개발자 _41

제2장
죽음의 계곡을 극복하라

사례 1 뛰어난 기술이라고 잘 팔리는 것은 아니다 _죽음의 계속　　_46

사례 2 아사히야마동물원과 아스쿠루는 어떻게 성공했는가 _전략　　_60

사례 3 백미러만 보고 운전할 수는 없다 _적절한 정보　　_75

2장 요약 　_92

제3장
고객의 보틀넥을 찾아 해결하라

사례 4 회사의 강점과 약점을 발견하라 _SWOT 분석의 함정　　_96

사례 5 어느 시장을 공략할 것인가 _STP와 3C 분석, MECE　　_110

사례 6 사업의 보틀넥을 극복하라 _벨류 넷과 벨류 체인　　_131

사례 7 초보처럼 생각하고 프로처럼 실행하라 _콘셉트 창조　　_156

사례 8 보이지 않는 고객을 찾아라 _시장 개척　　_166

사례 9 사업의 응용 분야를 파악하라 _기술과 시장의 상호 번역　　_183

3장 요약 　_201

제4장

프로젝트를 가동하라

사례 10 사장의 승인을 얻어라 _프레젠테이션   _204

사례 11 신규 사업 프로젝트 팀을 구성하라 _조직과 인적자원 관리   _219

사례 12 저가와 고가 중 어느 쪽이 유리한가 _가격과 이익   _232

사례 13 사업 성패는 커뮤니케이션이 결정짓는다 _섀넌의 통신이론   _254

4장 요약   _269

제5장

비즈니스의 성공 확률을 높여라

사례 14 수집한 데이터를 분석하라 _엑셀의 명수   _272

사례 15 최고 책임자를 스카우트하라 _헤드헌팅   _283

5장 요약   _298

끝맺으며   _301
참고문헌   _304

제품개발자가 짜는 고객창출 전략

제품이 아니라
콘셉트를 팔아라

제1장

성공하는 비즈니스의 기본 방정식

무한경쟁 시대에서 콘셉트와 고객을 창출하는 시대로

생각과 믿음을 구별하라

세렌디피티, 우연을 놓치지 않고 행운으로 바꾸는 능력

비즈니스, 어디 덤빌 테면 덤벼라

비즈니스 계획의 첫걸음

성공하는 **비즈니스의**
기본 방정식

　이 책을 손에 든 당신. 신규 사업의 전략 수립과 수행을 책임지고 있는데, 어디서부터 손을 대야 할지 몰라 애를 먹고 있는 젊은 사원인가? 혹은 채산이 맞지 않는 사업에서 철수하고 싶은데, 남아 있는 인원을 돌릴 만한 신규 사업이 없어 적자 상태에서도 의사결정을 미루고 있는 경영자인가?

　아니면 첨단산업에 종사하며 세상의 변화를 절감하고 있는데, 안정을 추구하는 회사 문화에 답답함을 느껴 자신이 개발한 기술을 사업에 활용하고 싶어서 스스로 신규 사업을 제안한 중견 기술자인가?

　비즈니스 방식은 소속된 회사의 업종이나 규모에 따라 달라진다. 기존 고객에게 새로운 기술을 사용할 것을 제안하는 경우가 있는가 하면, 기존의 기술을 다른 분야에 적용할 수도 있다. 각자의 입장에 따라 사업을 모색하는 접근 방식은 다양하다. 하지만 성공하는 비즈니스에는 다음과 같은 공통된 기본 방정식이 존재한다.

비즈니스 = 미분 × 적분

'미분'과 '적분'이라는 어려운 말을 꺼냈는데, 여기서 '미분'이란 세상에 일어나는 변화의 징조를 발견하는 것을 말한다. '적분'은 본사에 축적되어 있는 자산(눈에 보이는 자산뿐 아니라 눈에 보이지 않는 자산까지 포함)을 재발견하는 것을 말한다. 그리고 '곱하기'는 그 양자의 접점을 발견하는 것으로 이해하면 된다(도표 1-1).

세상은 끊임없이 변화하기 때문에 새로운 비즈니스는 계속해서 등장한다. 그 변화를 다른 사람보다 먼저 인식하는 것이 비즈니스에 필요하다. 여기서 한 걸음 더 나아가 자신이 세상의 변화를 주도함으로

비즈니스란 미분과 적분의 곱셈이다　　　　　　　　　　　도표 1-1

비즈니스	=	미분	×	적분
		‖		‖
		세상의 변화	×	본사의 자산
		↓		↓
		고객 창출	×	제품 개발

써 비즈니스를 창출할 수도 있다. 비즈니스란 '겉으로는 변화가 없어 보이는 상황에서도 변화의 징조를 발견하거나 스스로 변화를 창출해 가는 작업'이라고도 할 수 있다. 따라서 비즈니스맨은 세상의 징후에 민감해야 한다. 이것이 '미분'의 의미다.

또 비즈니스로서 제품과 서비스를 제공하려면 회사가 축적한 자산을 제대로 활용할 줄 알아야 한다. 이때 고정관념에 얽매이지 않고 새로운 시각으로 회사의 자산을 재평가하는 일이 중요하다. 똑같은 자산이라도 시각에 따라 플러스가 되기도 하고 마이너스가 되기도 한다. 쓸모없는 연구개발이라고 치부했던 것이 실은 상상도 못한 굉장한 보물이었음을 깨닫게 될지도 모른다. 이것이 바로 '적분'이다.

그 유명한 3M의 포스트잇은 실패로 끝난 연구 성과를 '재발견'하여 훌륭한 자산으로 활용한 좋은 예다. '떨어지지 않는, 붙이는 책갈피'라는 발상과 '붙이면 떨어지는 접착제'라는 자산을 결합시켜 포스트잇이라는 히트 상품을 낳아 비즈니스로 성공시켰다. 이 '결합'이 바로 '곱하기'에 해당한다.

결국 비즈니스란 세상의 변화(미분)와 회사의 자산(적분)을 결합시켜(곱하기) 고객과 제품, 양자를 균형 있게 '창출하는 것'을 말한다. 비즈니스는 어느 하나만으로 결코 성립할 수 없다. '곱셈'이 작용하기 때문에 어느 한쪽이 제로가 되면 결과는 0이 되기 때문이다.

무한경쟁 시대에서
콘셉트와 고객을 창출하는 시대로

도표 1-2를 보면 20세기 후반 일본 기업이 놓인 상황과 21세기 현 상황의 차이점이 나타나 있다.

일찍이 일본 기업이 미국의 제품이나 서비스를 따라잡으려 했던 시대에는 문자 그대로 견본이란 것이 있었다. 전통적으로 일본은 외국에서 배운 것을 똑같이 만들어내는 데 탁월한 재주가 있었다. 외국에서 발매된 제품이나 서비스를 똑같이 만들어 품질을 개선하거나 비용을 줄이는 방식으로 국내 시장을 확립했다. 이를 발판으로 해외 진출을 모색해 성공한 일본 기업이 꽤 많다.

다행히 요즘 시대는 제품의 콘셉트는 물론 고객층도 쉽게 알 수 있다. 대신 '무한경쟁 경영'이 성공함에 따라 견본으로 삼을 만한 선두 주자가 없어져버렸다. 그 결과 자신들 힘으로 어떠한 비즈니스를 해야 하는지 고민할 수밖에 없게 되었다. 이것이 21세기 현재 일본 기업이 직면한 과제다. 물론 좀 더 일찍 이런 과제를 극복해서 세계적으로 성공한 일본 기업도 있다.

일본 기업은 현재 비즈니스에서 커다란 전환기를 맞고 있다. 과거의 경험을 십분 활용할 수 없기 때문에 성공한 경험이 있는 선배들조차 어떻게 가르치면 좋을지 확신을 하지 못한다. 사업화*를 제안받은 본인뿐 아니라 상사 역시 망망대해를 어떻게 헤쳐 나가야 할지 갈피를 잡지 못하고 있다.

세계 2위의 경제대국인 일본 시장에서 성공하면 적극적으로 해외 진출을 하지 않아도 안전하게 기업을 이끌어갈 수 있다. 그러나 해외 기업이 국내 시장에 진입한다면 이야기는 달라진다. 무사태평하게 보였던 산업도 위기를 맞게 된다. 세계화는 기업을 경영함에 있어 기회도 주지만 동시에 위기도 부른다.

휴대전화 업계를 예로 들어보자. 미쓰비시전기가 휴대전화기 사업에서 철수했다. 미쓰비시전기는 1979년에 세계 최초로 일본에서 이동통신 서비스를 시작한 굴지의 기업이지만, 최근 몇 년간 판매대수는 목표치를 크게 밑돌았다.

오늘날 휴대전화 업계에서 일본 내 1위를 달리는 업체는 NEC(니혼전기주식회사)나 파나소닉이 아니라 연간 1000만 대 이상의 휴대전화를 판매하는 샤프전자다. 그러나 샤프전자조차 세계 시장 점유율은 1

---

* **사업화**_ 새롭게 사업을 시작하는 것. 새 제품을 새 고객에게 제공할 뿐 아니라, 기존 제품을 새 고객에게 제공하는 것이나 새 제품을 기존 고객에게 제공하는 것도 넓은 의미에서 사업화로 파악한다.

퍼센트에 불과하다. 휴대전화 시장에서 세계 1위를 기록하는 노키아는 인구 500만 명 정도에 불과한 핀란드의 기업이지만, 연간 4억 5000만 대의 휴대전화를 세계 각국에서 판매하고 있다. 작아지는 국내 시장만으로는 더 이상 비즈니스를 하기 어려운 세상이 된 것이다.

반면 신흥 기업들은 착실하게 사업을 전개하고 있다. 애플의 아이팟, 닌텐도의 닌텐도DS, 소니의 플레이스테이션을 생산하는 대만의 홍하이(鴻海)정밀공업은 매출액 7조 엔(약 96조 원)이 넘는 수직통합형 전자제품 회사다.

휴대전화 기지국을 개발하고 설립하는 중국 최대의 휴대전화기 회사인 화웨이테크놀로지(華爲技術)는 이제 싼 가격을 강점으로 내세우지 않는다. 기존의 기지국은 대형 장치여서 빌딩 옥상에 설치할 때마다 도로를 폐쇄하고 크레인으로 들어 올려야 했다. 그러나 화웨이테크놀로지는 기지국을 겨우 두 명이서 건물 안의 엘리베이터를 이용해

20세기 후반과 21세기 초반의 사업 환경의 차이　　　　　　　　도표 1-2

20세기 후반	21세기 초반
해외에 제품이나 서비스가 존재하여 그것을 흉내만 내도 됐다.	제품이나 서비스의 콘셉트를 스스로 창조해야 한다.
해외 사례를 통해 고객이 누구인지 알 수 있었다.	숨은 고객을 발굴해야 한다.
품질이나 비용에서 경쟁력이 있었다.	품질이나 비용에서 경쟁력이 있는 신흥 국가가 등장하기 시작했다.
국내 시장만으로도 충분했다.	국내 시장만으로는 안전하지 않다.

운반할 수 있을 정도로 소형화했다.

　일본의 통신기기 회사와 벨연구소를 거느리고 있는 루슨트테크놀로지스(Lucent Technologies)＊도 일본 이동통신네트워크 시장에 진출했지만, 화웨이테크놀로지의 뒤꽁무니를 쫓아가는 신세가 되고 말았다.

　국내에서만 특수하게 발전해온 제품이나 서비스를 두고 '갈라파고스 진화'라고 부른다. 세상과 단절된 환경 속에서 독자적으로 진화해온 갈라파고스 제도에 사는 생물에 비유한 표현이다. 그러나 세계 경쟁력이 없는 제품이나 서비스는 해외 진출은커녕 국내에서도 존속하기 어렵다.

　세계적으로 성공을 거둔 일본 기업은 제품 콘셉트와 고객을 모두 창출해냈음을 알 수 있다. 하지만 성공한 사업이라도 지속적으로 제품 콘셉트와 고객을 창출하지 않으면 현상 유지도 쉽지 않다. 하물며 성장을 목표로 한다면 이 둘을 적극적으로 창출하려는 노력이 필수적이다. 이야말로 일본 기업이 직면한 21세기형 사업의 성공 조건이다.

　그렇다면 어떻게 하면 좋을까? 일단 지금까지의 틀에서 과감하게 벗어날 필요가 있다. 자신도 모르게 수많은 틀에 갇혀 살고 있지는 않은지 냉정하게 자문해보라.

　제품 개발을 예로 들어보자. 기술의 연장선상에서 할 수 있는 개량형

＊**루슨트테크놀로지스**　AT&T의 제조부서가 1995년에 독립하여 만든 미국 최대의 통신기기 회사로, 2006년에 프랑스의 알카텔과 합병하여 현재는 알카텔-루슨트라고 불린다.

제품 개발에서 "새로운 콘셉트를 창출하여 기술 개발의 목표를 정하자"라는 식으로 순서를 바꿔보는 것이다. 이때 순간적으로 떠오르는 번뜩이는 아이디어를 기술이 가능한가 아닌가로 검열해서는 안 된다.

고객과 판매 경로에 대한 기존의 개념도 깨뜨려보자. 점점 왜소해지는 국내 시장이지만 본사의 고객 말고도 다른 많은 고객이 있다. 보이지 않는 고객이 당신의 미래의 제품이나 서비스를 애타게 기다리고 있다. 해외까지 포함한다면 가능성은 더욱 커진다. 물론 쉽지 않을 것이다. 하지만 어려움을 극복하기만 한다면 경쟁에서 우위를 확보할 수 있을 것이다.

어느 시대를 막론하고 어려움은 있었다. 우리가 직면한 상황이 특수한 것이 아니다. 과거의 역사를 공부하고, 지금 일어나는 변화를 감지하여 미래에 대한 생각으로 발전시키며, 바꿔야 할 것은 과감하게 바꿔야 한다.

바꿔야 하는 것은 행동만이 아니다. 사고나 시각도 바꾸지 않으면 안 된다. 지금까지는 강점으로 여겨지지 않았던 것이 새롭게 강점으로 떠오를지도 모른다. 반대로 지금까지 강점으로 믿고 있었던 것이 약점으로 뒤바뀔지도 모른다. 오늘날 콘셉트와 고객을 창출하려는 일본 기업에게 '미분과 적분의 곱하기'가 절실하게 필요하다.

생각과 믿음을
구별하라

어려움을 극복하고 기술이나 제품을 개발하기 위해서는 회사의 제품이나 기술에 대해 끊임없이 연구해야 한다. 포스트잇 개발자가 수많은 어려움을 극복하고 제품화에 성공한 것도 제품에 대한 뜨거운 열정이 있었기 때문이다.

하지만 생각과 믿음을 혼동해서는 안 된다. 뛰어난 기술이니 잘 팔릴 것이라거나, 가격이 저렴하니까 너 나 할 것 없이 살 것이라는 맹목적인 믿음은 외려 성공적인 비즈니스에서 멀어지게 만든다.

마술을 예로 들어보자. 사람들이 마술을 관람하는 이유는 마술을 보고 즐거움을 느끼고 싶어서다. 그런데 마술사가 마술을 보여줄 생각은 않고 마술의 트릭을 설명하는 데 시간을 보낸다면 관객은 어떤 생각이 들까? 그 트릭을 개발하기까지의 고생담을 늘어놓아봤자 관객은 흥미가 없다. 거기에 한 술 더 떠서 "이 트릭으로 어떤 마술을 만들면 좋을까요?"라고 관객한테 묻는다면, 관객은 얼굴을 찌푸리며 공연장을 떠나 다시는 마술을 보러 오지 않을 것이다.

제품이나 서비스도 이와 같다. 제품을 뒷받침하는 기술에 대해 아무리 떠든다고 한들 마술의 트릭을 설명하는 것과 무엇이 다르겠는가? 고객은 기술에 대한 설명을 듣고 싶은 것이 아니다. 제품을 보고 감동을 받고 싶어 한다. 마술사가 마술의 트릭을 들키는 순간 공연이 실패로 돌아가듯이, 제품 개발자가 아무리 기술에 대한 자부심이 있어도 그것만으로는 제품이 팔리지 않는다. 제품을 구매하는 고객은 기술에 대한 설명보다 그 제품을 사용했을 때 좋은 점이 무엇인지, 어떤 즐거움이 있는지 알고 싶을 뿐이다.

그렇다면 고객이 감동하는 제품과 서비스를 어떻게 창출해낼 수 있을까? '고객 지향'을 주장하며 일일이 "이 기술로 어떤 제품을 개발하면 좋을까요?"라고 고객에게 물어본들 그 답을 들을 수는 없다.

고객을 감동시키는 제품을 고안해내는 일은 오롯이 당신 몫이다. 일류 마술사가 관객에게 감동을 주듯이 고객에게 감동을 주어 자연스럽게 팔리는 제품을 개발하는 것. 그것이 바로 당신의 사명이다. 즉 제품 개발과 동시에 고객을 창출하는 것이다.

세렌디피티, 우연을 놓치지 않고 행운으로 바꾸는 능력

여기서 제품과 서비스, 고객을 창조하기 위해 중요한 '세렌디피티(serendipity)'에 대해 알아보자. 코지엔(廣辭苑: 일본의 대표적 국어사전)에는 다음과 같이 나와 있다.

(동화 『세렌디프의 세 왕자 *The Three Princes of Serendip*』의 주인공이 가지고 있던 능력에서 유래) 생각지도 못한 것을 우연히 발견하는 능력. 행운을 부르는 힘.

— 코지엔 제6판, 이와나미서점, 2008년

과학의 세계에서 세렌디피티에 얽힌 일화는 숱하게 많다. 사과가 나무에서 떨어지는 모습을 보고 '만유인력'을 발견했다는 뉴턴의 일화도 그렇고, 노벨상을 수상한 과학자들 이야기를 들어봐도 수많은 세렌디피티 사례를 볼 수 있다.

츠쿠바(筑波)대학교 명예교수인 시라가와 히데키(白川英樹)는 '전기가 통하는 플라스틱'에 관한 연구로 2000년 노벨 화학상을 수상했다. 당시 노벨상 선정위원회 위원장은 '세렌디피티'라는 말을 인용하여 시라가와 교수의 업적을 치켜세웠다. 시라가와 교수는 '전기가 통하는 플라스틱'을 발명하는 과정에서 두 번의 우연을 맞닥뜨렸다.

노벨상을 창설한 알프레드 노벨 역시 세렌디피티를 경험했다. 노벨은 불안정한 액체폭탄을 안정화시키는 실험을 하며 힘겨운 나날을 보냈지만 번번이 실험에 실패했다. 그러던 어느 날, 니트로글리세린을 담아둔 용기에 구멍이 생기는 바람에 니트로글리세린이 새어나오는 일이 생겼다. 그런데 흘러나온 니트로글리세린이 딱딱하게 굳어 있는 것이 아닌가. 마침 용기 주변에 있던 규조토가 응고제 역할을 한 결과였다. 바로 다이너마이트 제조법을 발명하는 계기가 된 순간이었다.

2002년에 노벨 화학상을 수상한 시마즈제작소(島津製作所: 1875년 설립된 계측기기 및 의료기기 제조업체)의 다나카 고이치(田中耕一)도 세렌디피티를 경험했다. 다나카는 바이오테크놀로지 산업에서 중요한 단백질 질량 분석 장치를 개발하기 위해 다양한 방법을 검토하고 있었다. 하지만 연구는 자꾸 벽에 부딪혔다. 그는 온갖 방법을 동원해 자신을 채찍질하며 실험을 계속했다. 그때 그는 '평생에 한 번뿐인 최대의 실패'를 경험한다.

1985년 2월의 어느 날, 실험에 사용하는 시료에 원래 사용하던 아세톤 대신 글리세린을 넣어 섞고 말았다. 글리세린은 아세톤과 달리

끈적거리는 성질이 있어 다나카는 바로 자신의 실수를 깨달았다. 하지만 그는 실험하던 시료를 버리기가 아까워, 그냥 그것을 가지고 실험을 계속했다. 기다리던 시간을 1분이라도 아껴 빨리 결과를 보고 싶은 마음에 다나카는 레이저를 연속해서 쬐며 열심히 관찰했다. 그 결과가 바로 노벨상 수상으로 이어진 것이다.

이처럼 다나카는 '실수'라는 우연을 '놓치지 않고' 이를 적극 활용해서 관찰한 끝에 지금까지 볼 수 없었던 현상을 세계 최초로 발견했다. 이는 '예상치 못한' 커다란 성과였다.

슈퍼마켓에서 힌트를 얻은 도요타의 칸반시스템

세렌디피티는 과학의 세계에만 있지 않다. 비즈니스계에서도 중요한 국면마다 그 모습을 드러냈다. 그 대표적인 사례가 바로 도요타의 '칸반시스템(kanban system)'이다. '칸반시스템'으로 불리는 생산방식은 전후 도요타자동차공업(현 도요타자동차)의 간부가 미국의 슈퍼마켓에서 힌트를 얻은 이노베이션(innovation)*이다.

1956년, 도요타 생산방식(TPS, Toyota Production System)**의 창시자인 오노 다이이치(大野耐一: 전 도요타자동차공업 부사장)가 제너럴

---

*이노베이션_ 기술 혁신뿐 아니라 새로운 상품의 도입, 새로운 시장의 개척, 새로운 경영 조직의 실시 등을 포함한 개념으로, 오스트리아 태생으로 하버드대학교에서 교수를 역임한 경제학자 슘페터가 제창했다.
**도요타 생산방식_ 도요타자동차가 고안해서 실천하고 있는 제조에 관한 일련의 체계적 활동으로, 뒷공정의 상황에 따라 앞공정의 물건을 인수하는 방식으로 이뤄진다. 즉 선주문 후제작 시스템으로, 다품종 제품을 제때 적정량만큼 제조하는 생산방식이다.

모터스(GM)나 포드의 생산 현장을 견학하기 위해 미국을 방문했다. 이때 오노에게 강한 인상을 준 것은 어디서나 볼 수 있는 슈퍼마켓이었다. 고객은 슈퍼마켓에서 필요한 상품을 필요한 때에 필요한 양만큼 구입할 수 있었다. 미국의 슈퍼마켓은 이런 고객의 요구에 대응할 수 있도록 상품을 보충해놓는 시스템을 확립했다.

지금이야 당연하게 보이는 이 시스템은 당시 일본에서는 낯설었다. 오노 사장은 이 구조를 자동차 공장의 생산 현장에 도입하여 재고를 제로로 줄이고, 성장이 더디더라도 이익이 나는 구조로 바꾸려는 혁신을 시도했다. 그리고 마침내 세계적으로 명성을 떨치는 도요타 생산방식을 확립했다.

수많은 난관을 극복한 포스트잇

물건 제작뿐 아니라 상품 개발에서도 세렌디피티를 활용한 사례는 많다. 앞서 설명한 3M의 포스트잇이 여기에 해당한다. 개발 당시 그 접착제는 '붙이면 떨어져버리는' 실패작에 불과했다. 그러나 개발자인 스펜서 실버(Spencer Silver)는 그 실패작을 '어떻게 사용할 수 있을까'를 골몰하다가 회사 구석구석을 돌아다니며 샘플을 나눠주고, 이것을 사용할 방법과 새로운 용도가 없는지 묻고 다녔다. 이 모습을 상업용 테이프 사업부 소속 연구원이었던 아트 프라이(Art Fry)는 기억하고 있었다.

교회 성가대였던 아트 프라이는 1974년 어느 일요일에 교회에서 찬송가를 부르고 있었다. 열심히 합창을 하고 있는데 찬송가 책에 끼

워둔 책갈피가 자꾸 떨어져 신경에 거슬렸다. 바로 그 순간 중앙연구소에서 개발한, 실패한 접착제 생각이 났다. 그 접착제를 이용하면 떨어지지 않으면서 살짝 붙는 책갈피를 만들 수 있지 않을까 하는 생각이 그의 머릿속을 스쳤다.

다음 날 당장 개발에 착수하려 했지만 회사 내부의 반응은 냉담했다. 3M이 만드는 스카치테이프는 롤 모양으로 전면에 접착 기능이 있는데 반해, 접착 기능이 있는 책갈피는 네모 모양에다가 일부에만 접착제를 발라야 한다. 풀기가 있는 책갈피를 만들려면 풀을 바르는 부분만 종이를 얇게 자른 후 풀칠을 하는 고도의 테크닉이 필요했다. 관련 부서의 반응은 '기술적으로 불가능하다'는 것이었다.

이런 냉담한 반응에도 굴하지 않고 아트 프라이는 자기 집 지하실에서 접착제가 붙어 있는 책갈피를 만드는 장치를 개발하기 시작했다. 2년에 걸쳐서 드디어 장치가 완성되었다. 이 장치를 회사 공장으로 가지고 갈 때 장치가 지하실 문을 통과하지 못해 벽을 부수고 나갔다는 일화가 전해질 만큼 어마어마한 장치였다.

이제 즉시 상품화할 수 있으리라는 생각에 들떠 있던 아트 프라이 앞에 이번에는 마케팅이란 벽이 가로막았다. 마케팅부가 실시한 상품 시장 조사에서 좋지 않은 결과가 나왔기 때문이다. 그러나 그는 끝까지 포기하지 않았다. 먼저 비서들에게 샘플을 나눠주고 직접 사용해보기를 권유했다. 그러자 샘플을 사용한 사람들의 입소문을 타고 회사에 하나둘 샘플을 써보는 사람이 늘어났고, 제품이 좋다는 사람들이 생겨났다.

이런 과정을 거쳐 1977년에 드디어 미국의 4개 도시에서 테스트 판매를 시작했다. 하지만 이번에도 시장 조사 결과가 좋지 않았다. 결국 개발 중지 명령이 떨어졌다. 아트 프라이는 포기하지 않고 갖은 방법을 동원해 윗사람들을 설득하고 제품을 알리는 데 힘썼다. 그리고 그런 노력 끝에 겨우 성과를 볼 수 있었다.

그가 어떤 방법을 썼을까? 그는 3M 회장의 비서 이름으로 『포춘』 지에서 선정한 500대 회사의 비서들에게 샘플을 돌렸고, 이 작전이 먹혀들어 주문이 쇄도하기 시작했다. 이렇게 온갖 시련을 극복한 포스트잇은 마침내 1980년에 미국 각지에서, 다음 해인 1981년에는 전 세계에서 판매되기 시작했다.

상품화에 대한 강한 의지와 실행력이 비즈니스의 성공 요인

제품이나 서비스를 시장에서 성공시키려면 뛰어난 기술만으로는 부족하다. 제품을 상품화하려는 개발자의 강한 의지와 실행력이 필요하다. 마케팅부의 조사 결과가 좋지 않다고 해서 쉽게 포기해서는 안 된다. 어떤 조사를 했는지 직접 알아보는 것이 중요하다. 포스트잇은 상품 개발자가 개발에만 머물지 않고 강한 의지와 실행력으로 장치 개발과 마케팅까지 몸소 개척해낸 훌륭한 성공 사례다.

세렌디피티를 일으킬 것인지 아닌지의 갈림길은 지식 활용에 있다. 이미 알고 있는 사실에 대해 "그건 알고 있어"라며 흥미를 보이지 않는다면 세렌디피티는 결코 일어나지 않는다.

포스트잇 개발을 떠올려보자. 3M 내부에는 '붙이면 떨어지는 접착제'를 알고 있는 사원이 많았다. 그러나 포스트잇을 생각해낸 사람은 아트 프라이뿐이었다. 다른 사원들은 건성으로 알고 있었을 뿐 진정으로 알고 있었던 게 아니다.

오노 사장은 미국의 슈퍼마켓에서 힌트를 얻어 '칸반시스템'을 만들어내 생산방식에 혁신의 바람을 일으켰다. 만일 자신과는 관계없는 업계라고 치부하고 흥미를 보이지 않았다면 이런 눈부신 혁신은 일어나지 않았을 것이다. 업종이 달라도 흥미를 가지고 공부하다 보면 자기 분야에 힌트가 되는 아이디어를 발견하게 된다.

비즈니스에서는 예상치 못한 고객이 예상치 못한 방식으로 성공을 가져오는 사례가 의외로 많다. 그때 예상 밖의 일을 단순한 사건인가, 절호의 기회인가 가려내려면 평소에 문제의식을 갖고 사물을 관찰하는 습관이 몸에 배어 있어야 한다.

세렌디피티를 실현한 사람들은 평소에 다른 사람이라면 간과해버릴 일도 문제의식을 갖고 바라보고, 문제를 해결하기 위해 끊임없이 노력했다. 도요타 생산방식이든 포스트잇의 개발이든 결코 아이디어만으로 성공한 것이 아니다.

오노 사장은 도요타 생산방식을 회사 안팎에 정착시키기 위해 끊임없는 노력을 기울였다. 현장의 저항을 물리치면서 수십 년에 걸쳐 도요타 생산방식을 사내에 정착시킨 것이다. 오노 사장이 맨 처음 시도한, 하나의 라인에서 여러 차종을 제조하는 방식은 지금에야 당연하게 보이지만, 그 당시만 해도 상상할 수도 없는 비상식적인 방식으로 비쳐졌다. 왜냐하면 생산 차종을 바꾸는 일은 금형(金型)을 일제히 바꿔야 하므로 교체에만 많은 시간이 걸리는 터라 현장에서 터져 나오는 불평과 반대의 목소리가 만만치 않았던 것이다.

그러나 오노 사장은 신념을 굽히지 않고 밀고 나갔다. 그 결과 1955년 초에는 3~4시간 걸렸던 금형 교환 시간이 15분으로 줄어들었고, 급기야 1965년에는 3분으로 단축되었다.

포스트잇 개발자 아트 프라이도 회사의 지원을 얻지 못해 고생했지만, 자기 집 지하실에서 개발 장치까지 만들어내는 열의를 보였다. 심지어 마케팅부에서 시장에 내놔도 수요가 없을 거라는 냉담한 반응을 보였어도 끝까지 포기하지 않았다. 오노 사장과 아트 프라이. 그 끈기만으로도 충분히 존경받을 만한 사람들이다.

비즈니스,
어디 덤빌 테면 **덤벼라**

고객을 창출하려면 먼저 누가 우리의 미래 고객이 될지부터 생각해야 한다. 그리고 그 고객이 겪는 문제를 찾아내 본사의 기술이나 제품 및 서비스로 변환할 필요가 있다. 변환은 쌍방향으로 이뤄져야 하고, 기술 사양과 고객 이익 사이를 몇 번이나 오가야 한다.

이 책에는 연구개발부에서 15년가량 근무하다가 갑자기 경영기획부로 발령받은 중견 기술자가 등장한다. 그곳에서 그는 신규 사업 계획을 세우라는 지시를 받는다. 6개월 뒤에는 사장 앞에서 프레젠테이션까지 해야 한다.

하지만 그는 지금껏 몇 개의 제품 개발에 참여한 경험이 전부고, 신규 사업은커녕 사업 전반에 관여한 경험도 전무하다. 당연히 신규 사업 계획을 어떻게 세워야 하는지 감도 잡을 수 없다. 그의 상사 역시 지금까지 해외 제품을 모방해서 제품을 만들어왔을 뿐 사업화를 추진

했던 적은 없었다. 그러나 상사나 막막하기는 매한가지인 상황이다.

그래서 그는 매니저급 중견 기술자들을 대상으로 한 기술경영 (MOT)대학원에 다니기로 한다. 평일 야간과 토요일을 이용해 기술을 비즈니스에 활용하는 경영 마인드를 배우기로 한 것이다.

이제 그는 대학원에서 배운 15개의 구체적인 사례를 자신이 진행하는 신규 사업 기획에 적용시키려고 한다. 지금부터 시작이다. 그가 어떻게 신규 사업을 이끌어나가는지 함께 지켜보자.

이 책은 도표 1-3에서 보이는 것처럼 구성되어 있다. 제2장의 주제는 "죽음의 계속을 극복하라"다. 2장에서는 뛰어난 기술이 있어도 비즈니스로 성공하지 못한 사례를 일컫는 '죽음의 계곡'에 대해서 생각해본다(사례 1). '죽음의 계곡'은 왜 존재하며, 어떻게 '죽음의 계곡'을 극복할 수 있을까? 이는 비즈니스를 시작할 때부터 반드시 숙지하고 있어야 하는 부분이다.

사례 2에서는 전략이란 무엇인가에 대해 설명한다. 우리는 쉽게 '전략'이란 말을 사용하지만, 과연 그 의미를 제대로 공유하고 있는

책의 구성 도표 1-3

제2장	제3장	제4장	제5장
죽음의 계곡을 극복하라.	고객의 보틀넥을 찾아 해결하라.	프로젝트를 가동하라.	비즈니스의 성공 확률을 높여라.

것일까? 회사 내부에서부터 전략의 의미를 분명하게 공유하지 못하면 혼란이 일어나 '죽음의 계곡'을 영영 극복할 수 없다.

마지막 사례 3에서는 고객 창출과 제품 개발의 첫 걸음인 정보 수집 요령에 대해 설명한다. '죽음의 계곡'을 극복하기 위해선 '적절한 1차 정보'를 수집하고 분석하는 능력과 더불어 시장의 변화를 예측할 수 있어야 한다.

제3장의 주제는 "고객의 보틀넥(bottle neck)*을 찾아 해결하라"다. 이 책의 중심 내용이기도 하다. 고객을 창출하려면 구체적으로 고객이 겪는 문제가 무엇인지를 발견하고 그것을 해결할 수 있어야 한다. 일반적으로 전략을 세울 때 자주 사용하는 프레임 중 하나가 바로 SWOT 분석**이다.

3장에서는 제일 먼저 SWOT 분석에서 빠지기 쉬운 함정을 분석하고(사례 4), 다음으로 고객의 보틀넥을 발견하는 전 단계로서 고객을 정하는 방법을 설명한다(사례 5). 사례 6에서는 고객의 보틀넥을 발견하기 위한 사고방식을 구체적인 사례와 함께 학습한다. 사례 7에서는 '죽음의 계곡'에 빠지지 않기 위해 콘셉트를 창조하는 과정을 설명하여 전략을 세우는 데 실수가 없도록 했다. 사례 8에서는 새로운 고객

---

*고객의 보틀넥_ 병의 입구가 좁아 내용물이 들고나는 것이 어려운 데서 유래한 말로, 일의 흐름에 장애가 되는 것을 말한다.

** SWOT 분석_ 전략을 세우기 위해 '기업의 강점(Strength)', '기업의 약점(Weakness)', '시장의 기회(Opportunity)', '시장의 위협(Threat)'을 분석하는 틀이다.

이 어디에 있는가, 어떤 시각으로 고객을 창출한 것인가에 대해 몇 가지 사례를 통해 설명한다. 마지막으로 기술과 시장을 연결하는 기술 마케팅의 역할에 대해 구체적으로 학습한다(사례 9).

제4장의 주제는 "프로젝트를 가동하라"다. 처음에는 사장 앞에서 진행하게 될 프레젠테이션에 대한 요점을 정리한다(사례 10). 사장 앞에서 프레젠테이션을 끝내고 사업화를 위한 검토가 본격화되었다면,

이 책에서 다루는 15가지 사례들   도표 1-4

구분	사례	주　　제	쪽수
2장	1	뛰어난 기술이라고 잘 팔리는 것은 아니다 — 죽음의 계곡	46
	2	아사히야마 동물원과 아스쿠루는 어떻게 성공했는가 — 전략	60
	3	백미러만 보고 운전할 수는 없다 — 적절한 정보	75
3장	4	회사의 강점과 약점을 발견하라 — SWOT 분석의 함정	96
	5	어느 시장을 공략할 것인가 — STP와 3C 분석, MECE	110
	6	사업의 보틀넥을 극복하라 — 밸류 넷과 밸류 체인	131
	7	초보처럼 생각하고 프로처럼 실행하라 — 콘셉트 창조	156
	8	보이지 않는 고객을 찾아라 — 시장 개척	166
	9	사업의 응용 분야를 파악하라 — 기술과 시장의 상호 번역	183
4장	10	사장의 승인을 얻어라 — 프레젠테이션	204
	11	신규 사업 프로젝트 팀을 구성하라 — 조직과 인적자원 관리	219
	12	저가와 고가 중 어느 쪽이 유리한가 — 가격과 이익	232
	13	사업 성패는 커뮤니케이션이 결정짓는다 — 섀넌의 통신 이론	254
5장	14	수집한 데이터를 분석하라 — 엑셀의 명수	272
	15	최고 책임자를 스카우트하라 — 헤드헌팅	283

다음으로 프로젝트 팀을 꾸리는 방법, 제품 가격과 이익의 관계에 대해서 알아야 한다. 사례 11과 12에서 이에 대해 설명한다. 특히 가격 책정은 사업 전략 중에서 가장 중요한 결정 사항임에도 불구하고 방침도 없이 결정되는 경우가 허다하니 반드시 숙지해야 한다.

마지막으로 사업을 시작하는 과정에서 발생할 수 있는 커뮤니케이션 문제를 다루고, 커뮤니케이션이 왜 어려운지, 어떻게 개선할 수 있는지를 섀넌의 정보 이론(information theory)을 토대로 설명한다(사례 13).

제5장의 주제는 "비즈니스의 성공 확률을 높여라"다. 사업화 검토가 끝나고 비즈니스가 순조롭게 진행되고 있을 때 필요한 정보 분석을 어떻게 해야 하는지, 사례 14를 통해 설명한다. 그리고 사례 15에서는 사업부의 최고 관리자를 외부에서 채용할 때 헤드헌팅 업체가 하는 역할에 대해서 소개한다.

비즈니스 계획의
첫걸음

　비즈니스란 고객을 창출하고 제품을 개발하는 일이다. 이 책은 그중에서도 특히 고객 창출에 역점을 두고 설명하려고 한다. 그렇다고 제품 개발의 중요성을 간과하는 것은 아니다. 이 점에 주의하길 바란다.

　이 책에 수록된 15개의 사례를 고찰해보고, 당신의 사업에 어떻게 활용할 수 있을지 반드시 실천해보기를 바란다. 이를 위해서 각 사례의 요점을 정리한 '전략노트'를 준비했다. 이 전략노트에 수록된 질문에 실제로 답을 달아봄으로써 각 사례를 자신의 문제로 받아들일 수 있을 것이다.

　이렇게 완성된 '당신의 전략노트'는 아직 걸음마 단계에 불과하다. 이 전략노트를 항상 가지고 다니며 내용을 재점검한다면, 당신의 전략은 나날이 발전하고 사고는 깊어질 것이다. 당신의 전략노트를 생활화한다면 비즈니스에 활용할 힌트를 얻게 될 것이다.

자, 이제 본론으로 들어가자. 지금껏 연구개발부에서 일해온 주인공은 지금 경영기획부에 있다. 게다가 신규 사업 계획을 세우라는 막중한 임무를 맡았다.

앞으로 그가 해야 할 일은 무엇일까?

비즈니스에 눈뜬 제품개발자

대학원에서 전자공학을 전공한 나는 대기업 연구개발부에 입사해 15년가량 전자부품 개발에 열중했다. 특히 후반 10년은 세 건의 대규모 프로젝트를 맡아 상사가 지시한 제품을 계획대로 개발해냈다. 말 그대로 불철주야 일했지만, 유감스럽게도 한 제품도 사업으로 성공시키진 못했다.

맨 처음 맡은 프로젝트는 미국 통신 시장을 목표로 광통신용 부품을 개발하는 일이었다. 그런데 개발이 끝나갈 무렵, 북미의 IT 버블이 붕괴되면서 광통신 시장에 대한 투자가 얼어붙어버렸다. 다시 광통신용으로 개발한 부품을 차세대 DVD용으로 다시 개발하라는 지시가 떨어졌다. 지금까지 개발한 통신용과 사양이 전혀 달라서 커다란 벽에 부딪혔다. 그래도 젊은 직원들이 헌신적인 노력을 기울인 덕에 간신히 제품은 탄생했다.

그런데 이번엔 제품을 시장에 내놓기도 전에 가격이 급락하면서 수익을 거둘 가능성이 없다는 판명이 났다. 두 개의 DVD 규격을 두고 경합이 벌어지면서 가격 경쟁이 극심해지자, DVD 플레이어 가격이 개발 당시 예상했던 것보다 절반 가격으로 떨어져버린 것이다.

그러자 다시 통신용 부품을 개발하라는 방침으로 바뀌었다. 미국의 IT 버블 붕괴가 일단락되어 다시 그쪽 시장을 겨냥하기로 한 것이다. 이미 제품 개발을 끝낸 상태라 시작하는 것은 어렵지 않았다. 가전제품보다 통신기기의 가격이 비싼 것도 시작하기 좋은 이유였다. 그러나 통신 분야도 불과 5년 사이에 시장 판도가 완전히 달라져 있었다. 어느새 많은 기업이 시장에 진입하여 극심한 가격 경쟁을 벌이고 있었던 것이다. 결국 경영진은 전자부품 사업을 접기로 결정했다. 자연히 내가 몸담고 있던 부서도 해체되었다.

어쩔 수 없이 나는 연구개발부를 떠나 경영기획부로 가게 되었다. 내 전문 분야를 더 이상 연구할 수 없게 되었다는 충격이 채 가시기도 전에, 기획부장은 즉시 신규 사업 계획을 세우고 6개월 후에 사장님 앞에서 프레젠테이션을 진행하라는 지시를 내렸다. 제품 개발이라면 지금이라도 당장 시작할 수 있지만, 신규 사업에 관한 계획이라면 얘기가 달라진다. 사업 경험은 물론이거니와 그런 계획을 세워본 적도 없는 내가 도대체 어디서부터 어떤 일을 시작해야 한단 말인가?

상사에게 자문을 구해보았지만, 상사 역시 한 치 앞도 알 수 없는 요즘 같은 때에 신규 사업 계획을 세워본 적이 없었노라고 솔직히 털어놓았다. 지금껏 미국 제품을 모방해서 사업에 응용하기는 했지만, 새 기술이나 아이디어의 사업화를 고민했던 적은 없었다는 것이다.

사장님이 내준 숙제는 회사가 보유하고 있는 나노테크놀로지나 마이크로머신 기술을 활용하여 새로운 비즈니스의 가능성을 찾으라는 것이었다. 그러나 이 기술 분야는 내 전문 분야도 아닐뿐더러 어디에 쓰이는 기술인지도 전혀 아는 바가 없었다. 나는 당황하지 않을 수 없었다.

그렇게 한동안 갈피를 잡지 못하며 시간을 보낼 때였다. 우연히 나와 같은 기술 분야에 종사하는 회사원에게 경영 교육을 실시하는 기술경영대학원이 있다는 말을 전해들었다. 그곳에서 공부하는 사람들은 경영학 교수부터 기술자, 사장을 역임한 교수, 현역 사장, 비즈니스 컨설팅을 하는 교수까지 다양했다.

낮에는 회사에서 일하고, 평일 저녁과 토요일에 대학원을 다니며 석사학위를 취득할 수 있다는 점도 매력으로 다가왔다. 학위 취득도 할 수 있고, 무엇보다 사업화 전략을 세워야 하는 지금의 내 업무와도 밀접하게 연결된다.

당장 상사에게 말해서 대학원에 다니며 MOT를 공부하기로 했다. 이제 사업화 전략을 세울 길을 찾은 것 같아 마음이 들뜬다.

제 품 개 발 자 가 짜 는 고 객 창 출 전 략

죽음의 계곡을
극복하라

제2장

뛰어난 기술이라고 잘 팔리는 것은 아니다

아사히야마동물원과 아스쿠루는 어떻게 성공했는가

백미러만 보고 운전할 수는 없다

뛰어난 기술이라고
잘 팔리는 것은 아니다 _ 죽음의 계곡

연구개발부에서 근무하던 시절, 나는 기술적으로 우수한 제품만 개발하면 팔리는 것은 시간문제라고 믿었다. 그런데 경영기획부로 자리를 옮긴 후 내가 담당했던 개발 프로젝트를 냉정하게 돌이켜보니, 뛰어난 기술이라고 반드시 잘 팔리는 것은 아니라는 사실을 알게 되었다.

제품을 개발할 당시에는 정신없이 바쁜 나날을 보냈다. 고객이 요구한 제품을 납기 내에 완성하기 위해 이른 아침부터 늦은 밤까지 실험을 거듭했고, 주말에도 개발에 몰두했다. 노력이 결실을 거둬 세계 최고의 제품을 개발해 국제적으로 권위 있는 학회에서 명예상까지 받기도 했다. 그야말로 창창한 앞날이 나를 기다리고 있는 듯했다. 내게는 '이 제품이라면 충분히 시장에서 먹힐 거야'라는 믿음이 있었다.

그런데 어떤 제품도 매출을 올리기는커녕 비즈니스로서 첫발조차 떼지 못했다. 도대체 무엇이 잘못된 것일까?

사업화 과정

　　　　　나는 내가 경험한 사례가 특수한 일인지 아니면 흔히 있는 일인지 궁금해졌다. 그래서 기술은 뛰어나지만 사업으로 성공하지 못한 사례가 있는지 조사해보기로 했다. 그랬더니 몇 가지 힌트가 될 만한 사례가 나왔다.

　　그 첫 번째 주인공은 뜻밖에도 컴퓨터 연구를 위해 실리콘밸리에 설립된 제록스의 팔로알토연구소(PARC)*였다. 1970년대 초반 팔로알토연구소는 향후 20년을 이끌어갈 첨단기술을 개발했다. 그런데도 제록스는 지금까지 복사기 사업에만 주력하고 있을 뿐 컴퓨터 사업은 하지도 않는다.

　　도대체 어찌된 영문일까? 일본에서도 가정용 비디오를 둘러싼 규격 경쟁에서 기술적 우위에 있던 베타 방식이 VHS 방식에 무너지고 말았다. 왜 베타 방식은 시장에서 자취를 감추고 만 것일까?

　　반대로 새로운 기술을 개발하지 않고도 해운업계에 혁신의 바람을 일으킨 사례가 있었다. 기술 개발 없이 어떻게 혁신에 성공할 수 있었던 것일까?

---

*팔로알토연구소(Palo Alto Research Center, Inc.)_ 미국 제록스 사가 향후 종이를 사용하지 않는 회사가 등장할 것에 대비해 1970년에 설립한 컴퓨터 과학 연구소로, 2002년에 독립했다. '제록스 팍(PARC)'이라고도 부른다.

사업화에 실패한 팔로알토연구소

1960년대 제록스는 소모품을 생산해 수익을 내는 복사기의 비즈니스 모델을 확립하여 대성공을 거두었다. 그 뒤 제록스는 문서도, 복사도 필요 없는 시대를 대비해 캘리포니아에 '팔로알토연구소'라는 컴퓨터 과학 연구소를 설립했다. 그때가 1970년이었다.

제록스는 복사기 사업으로 벌어들인 수익과 명성에 힘입어 미국 전역에서 우수한 연구자를 모으는 데 성공했다. 연구소는 순식간에 성과를 올려, 설립한 지 3년 만에 오늘날 대부분의 개인용 컴퓨터에서 사용되는 중요한 기술을 발명해냈다.

레이저 프린터, 마우스를 이용한 그래피컬 유저 인터페이스(GUI)*, 멀티윈도우, 랜(LAN)에 의한 전자 메일, 객체 지향(object oriented)**, 프로그래밍, 포스트스크립트(postscript)*** 등 그 성과는 경이로웠다. 단기간에 위대한 기술을 개발한 것이다. 제록스의 경영진은 연구 성과가 잇달아 나오는 것을 보고 환희에 차지 않았을까?

심지어 연구자들은 '알토(Alto)'라는 컴퓨터까지 만들어냈다. 1973년에는 연구소 안에 100대나 되는 알토가 네트워크로 연결되어 전자

---

*그래피컬 유저 인터페이스(graphical user interface)_ 사용자가 컴퓨터와 정보를 교환할 때 그래픽을 통해 작업할 수 있는 환경을 말한다.

**객체 지향_ 프로그램 개발 사고방식의 하나로, 데이터와 절차를 동시에 취급하여 현실 세계에 가까운 처리를 할 수 있는 것이 특징이다.

***포스트스크립트_ 어도비(Adobe)가 개발한 그래픽을 위한 페이지 기술 언어로, 주로 프린터에서 사용된다.

메일을 주고받거나 레이저 프린터로 문서를 인쇄하기도 했다. 당시의 자료화면을 보면, 액정 디스플레이는 아니지만 지금의 컴퓨터와 큰 차이가 없는 컴퓨터 모습에 도저히 35년 전에 만든 제품이라고 생각되지 않을 정도다. 하지만 부품 비용만 1만 달러에 이르기 때문에 알토는 시판되지 못했다.

알토가 얼마나 선진적이었는가 하면, 1년 후인 1974년에 발매된 세계 최초의 컴퓨터를 보면 확실히 알 수 있다. 바로 미국『파퓰러 일렉트로닉스(Popular Electronics)』지의 표지를 장식한 알테어 8800(Altair 8800)＊이다.

알테어 8800은 마우스는 물론 모니터나 키보드도 없어 언뜻 보기에는 '네모난 상자'로밖에 보이지 않았다. 위아래로 움직이는 토글스위치(toggle switch)로 데이터를 입력하고, 여러 램프가 깜빡거리며 출력 데이터를 읽는 구조였다. 그래도 『파퓰러 일렉트로닉스』지는 세계 최초의 미니 컴퓨터 키트라며 대대적으로 보도했다. 이것만 봐도 당시 알토가 얼마나 앞선 기술을 구현한 컴퓨터였는지 알 수 있다.

그런데 더 놀라운 것은 제록스가 알토라는 선진적인 컴퓨터를 개발했다는 사실을 아는 이가 거의 없다는 것이다. 알토는 시판되지 못하고 역사 속에 묻혔다.

＊**알테어 8800 _** 1974년 12월 미국 MITS(Micro Instrumentation and Telemetry Systems) 사가 개발하여 일반 소비자용으로 판매한 세계 최초의 개인용 컴퓨터로, CPU는 인텔의 8080(2MHz)을 사용하였고 메모리는 256바이트였다.

왜 제록스의 경영진은 팔로알토연구소에서 개발한 컴퓨터를 비즈니스로 성공시키지 못한 것일까? 혹시 컴퓨터 사업을 복사기 비즈니스의 연장선상에서 생각했던 것은 아닐까? 수익 모델이 분명했던 복사기와 달리 컴퓨터의 사업적 비전이 불투명했던 것은 아닐까? 또 우수한 연구자들은 왜 고가의 알토를 재설계하여 시판 비용을 줄이려는 노력을 하지 않았던 걸까?

그런데 알토의 기술은 전혀 예상치 못한 곳에서 두각을 드러냈다.

알토가 탄생시킨 매킨토시

팔로알토연구소가 야심차게 개발한 '알토'를 보는 순간, 그 중요성을 간파하고 자기 회사의 컴퓨터에 적용한 사람이 있었다. 애플컴퓨터를 창업한 스티브 잡스(Steve Jobs)다. 잡스는 팔로알토연구소에서 개발한 여러 기술 중에서, 특히 마우스를 이용한 그래피컬 유저 인터페이스를 최초로 도입했다. 그 성과는 알토보다 11년 늦은 1984년에 나타났다. 바로 '매킨토시'였다. 매킨토시는 개인용 컴퓨터 시장에 일대 바람을 일으켰다.

스티브 잡스는 마이크로소프트(MS)의 윈도우가 매킨토시를 모방했다고 주장했지만, 아무리 생각해봐도 스티브 잡스 역시 제록스의 기술을 모방한 것처럼 보인다.

그렇다면 제록스는 왜 스티브 잡스에게 본사가 개발한 데모 프로그램을 보여주었을까? 사정을 자세히 알아보니, 팔로알토연구소 직원들의 반발이 심했지만 윗선의 명령으로 마지못해 스티브 잡스에게 데모 프로그램을 보여주었다고 한다. 제록스의 경영진은 컴퓨터의 장래성을 내다보지 못했던 게 아닐까?

매킨토시의 성공에 기여한 핵심 인물로는 애플의 공동 창업자인 스티브 워즈니악(Steve Wozniak)도 있다. 워즈니악은 일반적인 부품 사용으로 단가를 줄여 컴퓨터 가격을 낮춘 재원이자, 컴퓨터 설계의 모차르트라고 불릴 정도로 뛰어난 인물이다. 팔로알토연구소 직원들이 가지지 못한 것을 워즈니악은 갖고 있었다.

결국 제록스는 컴퓨터 사업에서 실패했다. 그러나 팔로알토연구소의 기술력이 바탕이 되어 스핀오프(spin off) 방식으로 제록스에서 분리·독립한 회사만 무려 30개가 넘는다. 랜(LAN)으로 대성공을 거둔 3M, 문서관리 소프트웨어로 유명한 어도비 시스템 등이 대표적이다.

제록스는 많은 자산을 가지고 있었으면서도 사업화하지 못했다. 물론 디지털 복사기에 응용된 기술은 있다. 만일 팔로알토연구소의 기술이 모두 사업화에 성공했다면, 제록스는 IBM이나 마이크로소프트를 제치고 컴퓨터 업계에서 최고가 되지 않았을까?

제록스의 사례는 다음과 같은 교훈을 남겼다. 새로운 기술을 도입한 비즈니스의 미래를 예측하지 못한 경영진은 사업에 장애가 된다는 점과 기술 개발뿐 아니라 상품화에 필요한 비용을 절감하지 못하면 비즈니스로 성공하기 어렵다는 점을.

기술자는 사양을, 소비자는 이익을

기술이 뛰어나다고 반드시 비즈니스로 성공하는 것은 아니라는 사실을 증명한 또 다른 사례가 있다. 바로 베타 방식과 VHS 방식을 두고 규격 경쟁을 벌인 가정용 비디오다.

베타 방식을 개발한 소니(SONY)는 원래 방송국에서 주로 쓰이는 전문가용 비디오기기를 개발하여 기술력을 인정받았다. 전문가를 상대로 한 소니의 기술력을 결집하여 가정용 비디오로 개발한 것이 베타 방식이다. 화질의 우수성은 어떤 업체와 겨뤄도 지지 않을 자부심이 있었다.

반면 VHS 방식을 개발한 일본 빅터(JVC: Victor Company of Japan Ltd)는 화질에 연연하지 않는 대신 녹화 시간을 베타 방식의 두 배인 두 시간으로 늘리는 데 심혈을 기울였다. 결국 이 경쟁은 VHS 방식의 승리로 끝났다. 실제 화질을 보면 두 방식 사이의 질적 차이를 확실히 느낄 수 있다. 하지만 소비자에게는 녹화 시간이 긴 VHS 방식이 더 효용가치가 컸다.

기술자가 추구하는 기술의 사양(화질의 아름다움)과 소비자가 추구하는 이익(화질은 약간 떨어지지만 장시간 녹화가 가능함)이 일치하지 않으면 아무리 뛰어난 기술이라도 소비자의 마음을 얻을 수 없다.

최신 기술이 바로 '혁신'이라는 믿음

1956년 4월, 미국은 해상 수송 시간을 단축하는 데 성공했다. 그런데 이 혁신적인 성공은 배를 빠르게 운행시킨 결과로 얻어진 게 아니었다. 육상 수송에 사용하던 컨테이너를 해상 수송에 도입해서 항구에서 화물을 싣고 내리는 작업에 걸리는 시간을 대폭 줄인 덕분이었다.

컨테이너를 도입하기 전에는 모양이나 크기가 제각각인 화물을 선창에 얼마나 빽빽하게 쌓아놓을 수 있는가가 중요했다. 그만큼 시간이 많이 걸렸기 때문이다. 그런데 모양이나 크기가 일정한 컨테이너를 도입해보니 더 이상 그런 노하우는 필요 없게 되었다. 화물을 싣고 내리는 작업도 신속하게 이루어졌다. 게다가 컨테이너를 그대로 육상 수송에 이용할 수 있어서, 출하 지역에서 최종 도착지까지 수송 전체에 걸리는 시간이 크게 줄어들었다.

이와 같은 경우는 기술 개발이라는 점에서 볼 때 참신성은 떨어진다. 하지만 비즈니스로서는 눈부신 성공을 거두었다. 화물주 역시 화물 출하에서부터 도착까지 걸리는 시간이 단축된다는 사실만으로 충분히 만족스러웠다. 이 사례는 신기술이 비즈니스를 성공시키는 필수 조건이 아니라는 점에서 시사하는 바가 매우 크다.

실패와 성공 사례를 살펴보았듯이, 기술을 중요시하는 입장과 고객의 이익을 우선시하는 입장이 다르면 아무리 뛰어난 기술이라도 비즈니스로 성공하기 어렵다는 것을 알 수 있다.

우리가 개발한 제품을 돌이켜보니 기술자의 독선적인 개발이 주류를 이뤘다는 점 하나만은 분명했다. 고객이 추구하는 이익을 진지하게 고민하지 않았던 것이다. 또 제품 개발에만 몰두한 나머지 사업 환경이 어떻게 변하고 있는지 관심을 가질 여유조차 없었다.

아무리 기술적으로 뛰어나더라도 그 기술을 활용하는 고객이 없다면 제품이나 서비스를 판매할 수 있는 길도 사라진다. 그러고 보면 기껏 제품을 개발해놓고도 제품화에 성공하지 못한 내 경험은 당연한 것인지도 모른다.

아무리 우수한 기술이라도 비즈니스로서 성공하지 못하는 것을 일컬어 기술과 비즈니스 사이에 '죽음의 계곡(valley of death)'이 있다고 말한다. 기술자가 고객을 고려하지 않고 독단적으로 판단하여 개발에 뛰어들었다가는 자칫 '죽음의 계곡'에 빠지기 쉽다.

기술자뿐 아니라 경영자 역시 '죽음의 계곡'을 만드는 원인이 될 수 있다. 제록스의 경영진은 팔로알토연구소의 성과('알토'라는 선진형 컴퓨터)를 사업에 활용하지 못했다. 그러나 애플의 경영자는 이 성과를 보자마자 미래의 비전을 그리며 컴퓨터 업계에 혁명을 일으켰다. 다음은 '죽음의 계곡'에 빠지는 요인이다. 이는 기술자나 경영자 모두에게 있을 수 있다.

❶ 기술자는 고객의 입장에서 제품 콘셉트를 생각해야 한다. 그런 과정 없이 독단적인 개발(기술 및 제품)을 해서는 안 된다. 기술자가 우수하다고 생각하는 기술이 고객이 요구하는 이익으로 연결되지 않으면 '죽음의 계곡'에 빠지게 된다.

❷ 경영자가 과거의 성공 경험을 고집하며 새로운 비즈니스 비전을 제시하지 못하면 '죽음의 계곡'에 빠지게 된다.

'죽음의 계곡'에 빠지지 않기 위한 방법을 좀 더 구체적으로 알아보자.

죽음의 계곡에 빠지지 않는 방법 1

제품 개발에 '콘셉트 창조' 단계를 넣어라

기술자가 독단적으로 제품을 개발한다는 것은 그 과정이 도표 2-1과 같이 흘러가는 것을 말한다. 이 과정에 따르면, 기술자는 기술적으로 가능한 일을 개발하는 일이 중심이지 사실 고객의 문제를 해결하는 데에는 별 관심이 없다.

제록스의 경우는 연구소 안에 알토라는 훌륭한 컴퓨터가 가동되고 있었지만 가격이란 측면은 전혀 고려하지 않았으며, 소니의 경우는 녹화 시간보다 뛰어난 화질을 구현하는 데에만 너무 집착했다.

'죽음의 계곡'에 빠지지 않으려면 도표 2-2에서 보이듯이, 기초 연구와 기술 개발 사이에 '콘셉트 창조'라는 단계를 넣어야 한다. '콘셉트 창조' 단계에서는 고객의 입장에서 어떤 제품을 개발해야 하는가, 이를 위해서는 어떤 기술 개발이 필요한가, 기초 연구의 어떤 성과를 활용할 수 있는가를 철저히 고려해야 한다. 이와 더불어 첨단을 걷는 소비자의 의견에도 귀를 기울여야 한다.

상품 개발 단계에서 '콘셉트 창조' 항목을 넣는 경우도 있는데, 이

죽음의 계곡에 빠지기 쉬운 제품 개발의 흐름　　　　　　　　도표 2-1

단계 1	단계 3	단계 4	단계 5
기초 연구	기술 개발	상품 개발	생산 마케팅

때는 품질 개선이 중심이지 기술 개발에는 관심이 없다. 기술 개발 전의 두 번째 단계에서 '콘셉트 창조'를 실시하는 것이 '죽음의 계곡'을 극복하는 핵심 포인트다.

제1장에서 설명한 것처럼 20세기의 비즈니스는 미국을 비롯한 선진국에서 이미 선보인 제품의 콘셉트를 이용하기만 하면 됐다. 일본 기업 대부분이 굳이 독자적인 콘셉트를 창조하려고 하지도 않았다. 그러나 21세기는 스스로 콘셉트를 창조하고, 그 콘셉트를 실현하기 위해 기술 개발의 목표를 정하는 새로운 자세가 요구된다. 콘셉트가 기술 개발을 추진하는 원동력이기 때문이다.

죽음의 계곡에 빠지지 않는 방법 2
새로운 사업의 비전을 그릴 수 있는 경영진을 구성하라

'죽음의 계곡'에 빠지지 않으려면 과거의 성공 경험에 얽매이지 않고 새로운 비즈니스 비전을 그릴 수 있는 인재를 경영진으로 영입하는 것이 필요하다. 하지만 실제 경영진은 과거에 성공한 사람들로 포진되어 있다. 그런 사람들에게 아무리 "성공한 경험에 얽매이지 마라"

| 죽음의 계곡에 빠지지 않는 제품 개발의 흐름 : 콘셉트 창조의 중요성 | 도표 2-2 |

단계 1	단계 2	단계 3	단계 4	단계 5
기초 연구	콘셉트 창조	기술 개발	상품 개발	생산 마케팅

고 해봤자 소용없다.

그렇다면 어떻게 해야 할까? 반도체 회사인 인텔이 디램(DRAM) 사업에서 철수하고 프로세서 사업에 집중했을 때 경영진이 택한 방식에 그 비결이 숨어 있다.

디램이라는 반도체 메모리를 발명하며 창업한 인텔은 1980년대 초만 해도 일본 기업의 약진으로 시장 점유율 3퍼센트를 밑돌며, 수익을 내기는커녕 미래가 불투명한 상황에 직면해 있었다. 그런데도 인텔의 경영진은 시장에서 철수하지 못하고 의사결정을 미루고 있었다.

결국 CEO가 교체되고 디램 사업에서 철수하면서 마이크로프로세서(microprocessor)로 사업 방향을 전환했다. 이때 CEO에서 물러난 고든 무어(Gordon Earle Moore)는 마이크로프로세서 사업에서 성공하는 데 꼭 필요하고도 귀중한 명언을 남겼다.

"마이크로프로세서 사업에서 성공하려면 경영진의 반은 소프트웨어를 잘 아는 인재로 채용해야 한다."

디램과 마이크로프로세서 둘 다 반도체라는 점은 같다. 다른 점은 소프트웨어와의 관련성이다. 고든 무어의 말을 실현하려면 소프트웨어에 정통한 경영자를 외부에서 영입하거나 경영자가 소프트웨어를 공부하는 수밖에 없다.

새롭게 CEO에 취임한 앤디 그로브(Andy Glove)는 과감하게 후자를 선택했다. 결단을 실천하기 위해 그는 소프트웨어 회사에서 두각을 나타내는 사람들에게 손수 전화를 걸어 만날 약속을 잡았다.

이렇게 인텔의 경영진은 과거의 소프트웨어 자산을 활용하는 호환성이 얼마나 중요한지 몸소 체험하며, 마이크로프로세서 사업을 성공시키기 위한 밑그림을 그릴 수 있었다. 마이크로프로세서 사업에서 성공한 원인은 이외에도 많지만, 디램 사업과 다른 소프트웨어를 경영자 스스로 학습한 것이 큰 요인이었다.

당시 제록스도 컴퓨터 사업에 정통한 인재를 경영진에 영입했다면 '죽음의 계곡'을 극복할 수 있었을지 모른다.

사례 1 포인트

"기술이 뛰어나기만 하면 제품은 잘 팔린다"라는 믿음은 기술자의 독선에 불과하다. '죽음의 계곡'에 빠지지 않으려면 고객의 입장에서 콘셉트를 창조하고, 그것을 바탕으로 기술과 제품을 개발해야 한다.
새로운 사업에 뛰어들 경우에는 그 분야에 정통하되, 과거의 성공 경험에 매몰되지 않는 인재를 경영진으로 영입해야 한다.

전략노트 1

1. 당신 회사의 '죽음의 계곡'에 해당하는 사례를 조사해보자.

2. 사내뿐 아니라 회사 밖(다른 업계도 포함)의 '죽음의 계곡'에 해당하는 사례도 조사해보자.

3. 회사 안팎의 사례를 수집했다면, 그중 가장 흥미 있는 사례를 골라 '죽음의 계곡'에 빠진 원인을 분석해보자. 분석할 때에는 가능하면 당사자들에게 직접 사정을 들어보자. 회사 밖의 사람이라도 업계가 다른 사람일수록 솔직한 얘기를 들을 수 있다.

4. '죽음의 계곡'을 극복하려면 무엇을 해야 할까? 자기 나름대로 체크리스트를 작성해보자.

아사히야마동물원과 아스쿠루는 어떻게 성공했는가? _전략

기술을 사업에 활용하려면 죽음의 계곡에 빠지지 않도록 전략을 짜야 하는데, 사실 난 전략이 뭔지도 모른다.

기획부에 물어보니 경영 목표를 달성하기 위한 계획이라는 사람이 있는가 하면, 조직 구성 방법이라는 사람도 있었다. 또 경쟁사와의 차별화라는 사람도 있었고, 기술을 가려낼 줄 아는 능력이라는 사람도 있었다. 전부 맞다 싶다가도 어딘가 부족하다는 생각도 든다.

도대체 전략이란 무엇일까?

사업화 과정

일본 아마존에 '전략'이라는 단어를 입력하여 관

런 서적을 검색해봤더니 1만 758권이나 나왔다. 일단 서평이 좋은 책 몇 권을 주문해서 읽어보았다. 그런데 책마다 전략의 정의가 각양각색이었다. 읽은 책 중에서 전략의 정의를 몇 가지 발췌해봤다.

- 지속적 경쟁 우위성* 달성을 위한 포지셔닝
- 경쟁에서 어떻게 살아남을 것인가에 대한 기업의 지론
- 핵심 역량(core competence)**을 활용하여 경쟁 우위를 점하기 위해 설계되고 통합, 조정된 협약과 행동

솔직히 나는 기술자라서 그런지 추상적인 개념에는 약하다. 무엇보다 정의에서 사용된 단어부터가 낯설다. 이들 정의는 모두 경쟁에서 이겨야 한다는 내용이 주를 이루고 있다.

반면에 전략의 본래 목적은 경쟁에서의 승리가 아니라고 주장하는 책도 있다. 기업이 경쟁에서 승리만을 목적으로 삼으면, 가장 중시해야 할 고객이 아닌 경쟁사의 동향에 따라 전략이 좌지우지되기 때문에 안 된다는 것이 그 이유였다. 전문가 사이에서도 '전략'의 정의에 대해서는 조금씩 견해 차이가 있는 듯하다.

---

*지속적 경쟁 우위성_ 제품의 성능, 가격, 브랜드, 판매 경로 등에서 경쟁사에 비해 우위를 차지하는 것이다.

**핵심 역량_ 게리 해멀(Gary Hamel)과 프라할라드(C. K. Prahalad)의 저서 『미래를 위한 경쟁(Competing for the future)』을 통해 널리 알려졌다. 다른 회사가 흉내 낼 수 없는 자기 회사만의 핵심 능력을 가리킨다.

그래서 나는 구체적인 성공 사례를 통해서 "전략이란 무엇인가"에 대해 생각해보기로 했다. 새로운 고객을 얻고 성공을 일궈낸 홋카이도(北海道)의 아사히야마(旭山)동물원과 플러스(プラス株式會社)*가 시작한 통신판매업 아스쿠루(アスクル株式會社)**의 사례를 알아봤다.

입장객 수를 10배나 늘린 아사히야마동물원

현재 아사히야마동물원은 각종 매체에서 앞을 다투어 취재할 정도로 인기가 높다. 그러나 1996년에는 입장객 수가 26만 명까지 감소했고, 연간 3억 엔이나 되는 적자를 기록하며 '아사히가와(旭川) 시의 애물단지'라고까지 불렸다.

그랬던 아사히야마동물원이 2007년에는 입장객 수가 307만 명으로 10배 이상 늘며 약진에 약진을 거듭했다. 연간 입장객 수로는 일본 최고의 우에노(上野)동물원에 약간 못 미치지만, 7월에서 9월까지의 입장객 수만 보면 전국 1위다.

판다와 같은 희귀한 동물도 없고, 입지 조건 역시 유리한 편도 아니다. 그러한 아사히야마동물원이 어떻게 이런 최고의 실적을 올렸을까?

그 이유는 고스케 마사오(小菅正夫) 동물원장의 인터뷰에 잘 나타나 있다.

***플러스**_ 종합 사무용품 제조업체로 시작해 현재는 건축, 컴퓨터 소프트웨어 등 다양한 사업에 진출해 있는 일본 기업이다.

****아스쿠루**_ 사무용품을 중심으로 가정용품과 잡화에 이르기까지 다양한 제품을 다루는 통신판매 회사로, '아스쿠루'는 익일 배달이라는 뜻의 '明日來る'에서 유래했다.

사람도 관리사회(管理社會)*속에서 살아간다.

자신과 똑같은 환경에서 지쳐 있는 동물을 본들 무슨 활력이 생기겠는가!

아사히야마동물원에 오면 뛰노는 동물을 볼 수 있다.

그러면 사람들은 이렇게 이야기할지도 모른다.

"울타리와 수족관을 벗어나지는 못하지만 방법에 따라 얼마든지 활기

차게 살 수 있다"고 말이다.

—『문예춘추』 2005년 4월호

회사일로 바쁜 아버지가 모처럼 아이 손을 잡고 동물원 구경에 나섰는데, 사자가 쿨쿨 잠만 잔대서야 무슨 재미가 있겠는가. 그러나 아사히야마동물원에서 힘차게 뛰노는 동물을 보면 "회사라는 제약이 많은 환경 속에서도 하고자 한다면 아직 할 일은 많다"라는 건강한 기운을 받게 될 것이다. 이것이 바로 아사히야마동물원이 관람객들에게 전하고 싶은 메시지다.

아사히야마동물원은 동물 본래의 생기 넘치는 모습을 보여주고자 '행동전시(行動展示)**'라는 기법을 도입했다. 일례로 펭귄관에는 수중 터널이 있는데, 고개만 들면 마치 새가 하늘을 날듯이 물속에서 헤엄치는 펭귄을 볼 수 있다. 이 펭귄관은 사육사들이 그린 스케치가 계

---

*관리사회_ 모든 사람이 조직에 편성되어 생활의 모든 면에 걸쳐 관리를 받는 사회. 관료제, 매스 커뮤니케이션의 발달, 컴퓨터에 의한 정보 처리 기술 등으로 인간이 조작·관리 대상이 되는 사회를 뜻한다.

**행동전시_ 고스케 아사히야마동물원장이 만든 단어로, 동물이 본래 지니고 있는 생동감 넘치는 모습을 보여주는 전시 방식을 말한다.

기가 되어 만들어졌다.

사육사들의 스케치는 펭귄 외에도 모두 14장이나 되었다. 이 스케치는 새 시장이 취임하면서 세상에 소개되었고, 우여곡절 끝에 시에서 예산을 배정하였다. 처음 실현된 스케치는 펭귄관이었다. 그러나 스케치에 그려진 대로 이상적인 펭귄관을 완성하기까지, 그 과정이 순탄치만은 않았다.

맨 먼저 건설회사에 이 굉장한 수압을 견뎌낼 만한 투명 수중 터널을 세워보자고 했다가 일언지하에 거절당했다. 시도 단계에서 좌절되자 고스케 원장도 포기하고 싶었다. 그러나 수중 터널을 만들지 못하면 시에서 받은 예산을 도로 반납해야 한다고 설득에 설득을 거듭해 마침내 건설회사를 움직였다.

사육사들도 하루 종일 공사현장에서 다양한 의견을 내며 협력했다. 이윽고 수중 터널이 있는 펭귄관이 완성됐다. '행동전시'의 시작이었다.

얼마 지나지 않아 아사히야마동물원은 입소문을 타고 입장객이 늘기 시작했다. 펭귄관의 대성공으로 행동전시를 할 동물 종류도 늘렸다. 사육사들이 스케치한 행동전시 콘셉트가 하나둘씩 완성되었다.

불과 10년 만에 폐원 위기를 극복하고 연간 300만 명이 넘는 입장객 수를 기록하기까지는 관계자들의 뼈를 깎는 노력이 있었다. 그렇다고 판다와 같은 인기 동물을 새로 들여온 것도 아니다. 그저 기존 동물들을 보여주는 방법에 약간의 변화를 준 것뿐이다. 그것만으로도 입장객 수가 10배나 늘어났다.

새로운 시장을 개척한 아스쿠루

다음으로 문구회사인 플러스가 '아스쿠루'라는 통신판매 사업으로 신규 고객을 창출한 사례를 조사해보았다.

1990년대 초, 시장 규모 1조 5000억 엔이라는 문구 시장을 이끈 기업은 코쿠요였다. 당시 코쿠요는 매출액 3000억 엔을 기록하며 업계 1위를 달리고 있었다. 시장의 중심 리더로서 유통업을 독점하며 문구점의 진열장에는 코쿠요의 제품들로 꽉 차 있었다.

업계 2위였던 플러스는 1991년에 역대 최고 규모인 1000억 엔의 매출을 올렸지만, 그 후 지지부진한 실적으로 침체를 면치 못했다. 그래서 고심 끝에 전문가로 구성된 전략팀을 꾸렸다. 문구 사업이 앞으로 나아갈 방향은 무엇인지, 최종 소비자의 수요를 어떻게 파악할 것인지, 진정한 고객은 누구인지를 화두로 문구 사업의 전략을 1년에 걸쳐 논의했다.

본래 문구회사에서 생각하는 고객의 정의는 최종적으로 '문구를 사용하는 사람'이다. 그러나 플러스는 문구를 판매하는 도매상이나 문구점을 고객으로 생각했다. 기존 개념에 도전한 전략팀은 최종 고객이 누구이며, 문제점은 무엇인지 철저하게 조사하기 시작했다. 문구업계의 상식에 과감하게 도전할 수 있었던 것은 팀의 수장이었던 이와타 쇼이치로(岩田彰一郎: 현 아스쿠루 대표이사)가 타 업계 출신자였기 때문이다.

전략팀이 내놓은 결론은 그동안 미처 생각지 못했던 '30명 미만의 소규모 기업'을 주요 고객으로 삼는다는 것이었다. 소규모 기업의 직원들은 문구 구입을 둘러싸고 불만이 많았다. 거리의 문구점에는 물품이 충분히 갖춰져 있지 않았다. 게다가 개점 시간이 정해져 있고 법인 형태임에도 세일 판매가 되지 않았다.

이 문구 시장은 1조 엔의 규모를 자랑한다. 사업체 수가 무려 620만 개나 되고 전국에 분산되어 있었다. 그러다 보니 영업 효율은 떨어지고 고객이 원하는 수요에 재빠른 대응이 불가능했다.

플러스는 여기에 주목했다. 30명 미만인 소규모 기업의 불만을 해결하고자 '다빈도(多頻度) 소량 배송 서비스'를 새로운 사업의 콘셉트로 정했다. 즉 "소량의 주문이라도 받습니다. 최대한 빨리 배송해드립니다"라는 서비스를 내걸었다. 이 메시지를 주요 고객에게 전달하기 위해 회사명을 '아스쿠루(내일 온다는 뜻)'라고 지었다.

이 콘셉트를 실현하려면 소량 주문에도 대응할 수 있는 효율적인 배송 시스템을 확립해야 한다. 전화나 팩스로 주문을 받는 콜센터를 정비하여 고객 정보를 관리하고, 주문 후 출하까지의 시간을 단축하기 위해 배송 시스템을 구축하는 데 혼신의 힘을 기울여야 한다. 물품 배송은 전국망을 갖춘 택배업체가 있기 때문에 이를 이용하기로 했다.

그 밖에도 과제는 많았다. 방대하게 분산되어 있는 소규모 기업이 대상이라고 해도 전국 구석구석까지 영업거점을 마련하는 것은 비효율적이다. 따라서 지방의 문구점을 파트너로 삼아 중소 기업에 대한 개별 영업, 여신 관리, 대금회수 대행 업무 등을 위탁하였고, 그 대가로 매출의 일부를 수수료로 지불하기로 했다.

이런 과정을 거쳐 마침내 아스쿠루는 상품 카탈로그의 제작 및 배포, 상품 주문 접수, 상품 발송을 담당하며 파트너와 공존을 모색했다. 파트너인 문구점에서 보면 점포 면적을 확장하지 않고도 자신이 맡은 중소 기업의 주문에 따라 매출이 늘어나니 여러모로 이득이었다. 이렇게 되자 통신판매라는 새로운 판매 경로를 마련해도 기존의 소매점을 적으로 만들 필요가 없게 되었다.

아스쿠루는 이러한 전략을 훌륭히 성공시켰다. 지금은 1896억 엔(2008년 5월 기준)에 달하는 매출을 올리는 수준으로 성장했다. 이는 플러스가 최정절기에 기록한 매출액을 훨씬 초과하는 액수다.

두 사례가 시사하는 전략의 의미

앞선 두 가지 사례를 통해 "전략이란 무엇인가"라는 물음에 대한 답을 어렴풋하게나마 얻을 수 있었다. 먼저 아사히야마동물원과 아스쿠루는 미래 사업의 콘셉트를 명확하게 설정했다. 그 내용을 도표 2-3에 정리해보았다.

아사히야마동물원은 '동물 본래의 생동감 있는 모습'을 보여준다는 '행동전시의 실현'을 콘셉트로 정했다. 그 결과, 생동감 넘치는 동물의 모습에서 건강한 기운을 느끼고 싶어 하는 관람객이 모여들었다.

반면 아스쿠루는 지금껏 누구도 관심을 두지 않았던 '30명 미만의 소규모 기업'을 고객으로 설정했다. 놀라운 사실은 '다빈도 소량 배송을 통한 직접 유통'을 사업의 콘셉트로 정한 것이다. 보통 문구회사의 콘셉트라면 "어떤 형태의 새로운 사무용품을 고객에게 제공할 것인가"에 초점을 맞췄을 것이다. 아스쿠루의 콘셉트에서 그들의 저력을 느낄 수 있었다. 덕분에 30명 미만의 소규모 기업은 품절 걱정 없이 소량의 문구라도 필요할 때, 필요한 수량만큼 안심하고 살 수 있게 되었다.

이런 관점에서 두 가지 사례의 전략 내용을 도표 2-4에 정리해보았다. 아사히야마동물원의 펭귄관은 '행동전시'라는 콘셉트를 상정하고, 수중 터널이 있는 수족관을 만들겠다는 액션 플랜을 세웠다. 또 아스쿠루는 '다빈도 소량 배송을 위한 직접 유통'이라는 콘셉트를 실현하고자 효율적인 배송 시스템을 구축하여 소매점과 택배업체와 제휴한다는 액션 플랜을 세웠다.

'실현해야 하는 콘셉트'를 상정하는 것과 현실에서 이를 실현하기 위한 '액션 플랜'을 설정하는 것. 전략이란 이 두 요소로 구성되는 것은 아닐까? 그렇다면 처음에 책에서 읽은 전략의 정의처럼 반드시 경쟁에서 이길 필요는 없다. 오히려 고객을 더 많이 생각하고 더 좋은 전

아사히야마동물원과 아스쿠루가 세운 목표와 실현해야 할 콘셉트 도표 2-3

	아사히야마동물원	아스쿠루
목표	동물 본래의 생동감 있는 모습을 보여준다.	30명 미만의 소규모 기업을 고객으로 삼는다.
실현해야 할 콘셉트	행동전시	다빈도 소량 배송을 통한 직접 유통
고객이 만족할 일	생동감 있는 동물 모습에서 건강한 기운을 얻는다.	필요할 때에 필요한 수량만을 안심하고 구입할 수 있다.

략을 짜내는 것이 중요하지 않은가.

두 사례를 조사하면서 전략이란 무엇인가를 생각하는 사이에 앞으로 내가 해야 할 작업의 순서가 어렴풋이 보이기 시작했다. 가장 먼저 할 일은 현실 파악이다. 우리 회사가 보유하고 있는 기술을 낱낱이 분석하고, 그 기술로 비즈니스가 될 만한 시장을 조사해야 한다. 비즈니스가 될 만한 기술을 발견했다면 구체적인 사업 콘셉트를 잡는다.

사업 전략을 세울 때에는 회사의 강점 및 약점과 외부 환경을 분석하는 'SWOT 분석'을 해야 한다. SWOT 분석 결과에 따라 사업 콘셉트를 정하고, 이를 실현하기 위한 액션 플랜을 구체화하면 된다. 이런 과정을 거치면 조금씩 사업의 전망이 보이기 시작하리라.

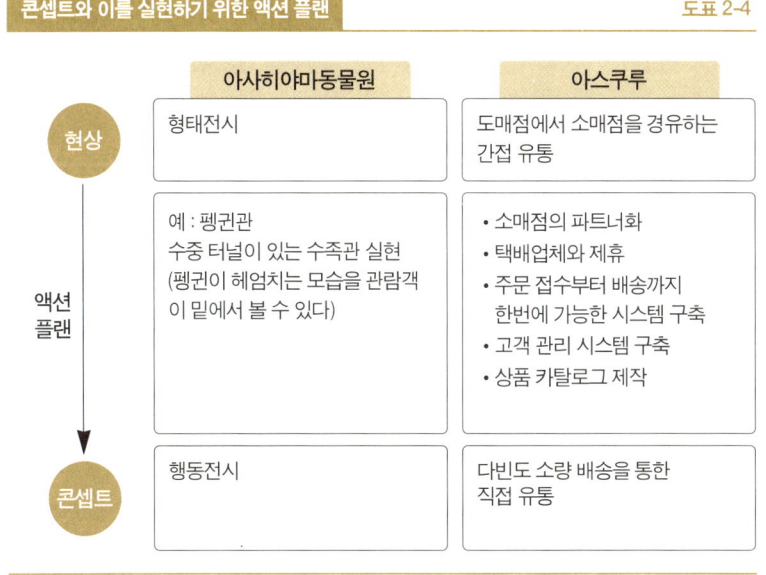

콘셉트와 이를 실현하기 위한 액션 플랜　　　　　　　　도표 2-4

	아사히야마동물원	아스쿠루
현상	형태전시	도매점에서 소매점을 경유하는 간접 유통
액션 플랜	예 : 펭귄관 수중 터널이 있는 수족관 실현 (펭귄이 헤엄치는 모습을 관람객이 밑에서 볼 수 있다)	• 소매점의 파트너화 • 택배업체와 제휴 • 주문 접수부터 배송까지 한번에 가능한 시스템 구축 • 고객 관리 시스템 구축 • 상품 카탈로그 제작
콘셉트	행동전시	다빈도 소량 배송을 통한 직접 유통

'전략'의 정의는 추상적이라서 이해하기가 쉽지 않다. 실제로 어떻게 활용하면 좋은지 감이 오지 않는 게 솔직한 심정이다. 추상적인 개념을 이해하여 자신의 것으로 만드는 요령은 구체적인 '이미지'를 그려보는 것이다.

도표 2-5는 '전략'의 정의를 구체적인 이미지로 나타낸 것이다. '전략'이 추상적으로 다가올 때 이 그림을 떠올려보기 바란다.

전략의 핵심 포인트 1

장래에 실현해야 할 콘셉트를 잡아라

전략의 첫 번째 핵심은 '기업이나 사업이 장래에 실현해야 할 콘셉

전략이란 무엇인가? 　　　　　　　　　　　　　　　　　　　도표 2-5

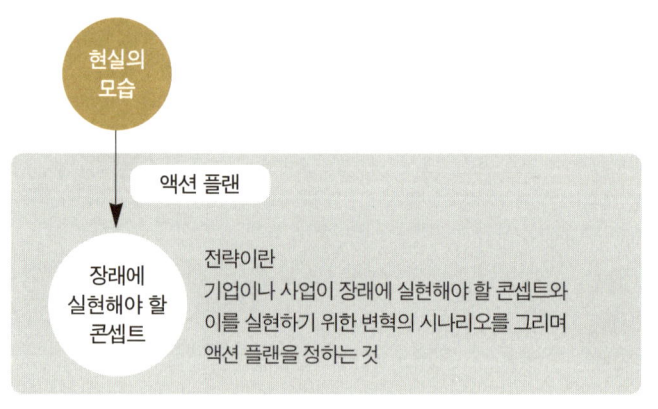

현실의 모습

액션 플랜

장래에 실현해야 할 콘셉트

전략이란
기업이나 사업이 장래에 실현해야 할 콘셉트와
이를 실현하기 위한 변혁의 시나리오를 그리며
액션 플랜을 정하는 것

트를 잡는 것'이다. '콘셉트'는 간단한 것부터 복잡한 것까지 다양하다. A4 용지 1장으로 정리한 것부터 수백 페이지나 되는 자료도 있다. 시장에 대한 분석과 예측은 물론 경쟁사의 정보도 필요하다.

그리고 어떤 제품을 개발할지를 결정하고, 필요한 투자액과 기대 수익을 산출하여 자금을 조달해야 한다. 제품을 개발할 때는 지적 재산을 침해해서는 안 되며, 개발과 동시에 판매 채널, 가격, 광고 등 판매 및 마케팅 방향도 잡아야 한다. 또 생산·구매·고객 지원 등 회사의 체제를 어떻게 확립한 것인가, 그것을 누가 실현할 것인가, 인재 채용 및 육성을 어떻게 할 것인가도 고려해야 한다.

게다가 세상은 시시각각 급변하고 있다. 그런 정보를 어떻게 취합하여 의사결정에 활용할 것인지 정하는 일은 어려운 작업의 연속이다. 당연히 회사 안팎의 여러 관계자와 긴밀한 커뮤니케이션도 추진해야 한다. 콘셉트를 정하는 데 있어 중지를 모으는 것도 잊지 말아야 한다.

전략의 핵심 포인트 2
액션 플랜을 정하라

전략의 두 번째 핵심은 '미래의 콘셉트를 실현하기 위한 변혁 시나리오를 상상하면서 액션 플랜을 정하는 일'이다. 아사히야마동물원을 예로 들어보자. 여기서 '액션 플랜'이란 행동전시를 실현하기 위한 시설을 만드는 것이다. 이를 위해서는 가장 먼저 예산이 필요하다. 시장과 의회를 설득하여 예산을 얻어내고, 불가능해 보이는 시설을 만들어줄 수 있는 파트너 기업을 찾아야 한다.

아스쿠루의 액션 플랜은 효율적인 고객 관리 시스템과 배송 시스템을 구축하는 것이었다. 그런데 막상 사업을 시작하고 보니 새로운 액션 플랜이 필요했다. 플러스 이외의 문구회사, 예를 들면 코쿠요의 문구도 판매해달라는 고객의 요구가 여기저기서 제기된 것이다. 이처럼 직접 유통이란 구조 덕에 고객의 생생한 목소리를 들을 수 있었다.

플러스에서는 본사의 제품에 덧붙여 경쟁사의 제품까지 판매한다는 것은 상상도 할 수 없는 일이었다. 하지만 치열한 내부 논의 끝에 아스쿠루에서는 코쿠요를 비롯한 타사 제품까지 판매하기로 결정했다. 그러자 이번엔 정가판매가 아니라 할인판매를 해달라는 요청이

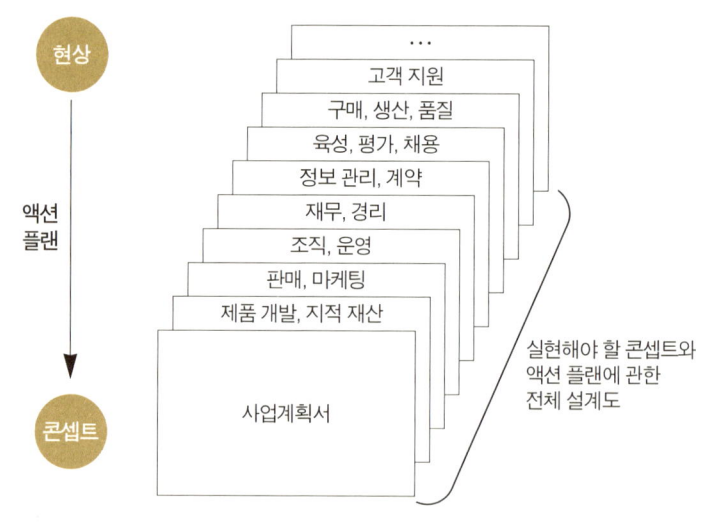

사업 전략의 내용을 구체적으로 기술한 사업계획서 도표 2-6

현상

액션
플랜

콘셉트

...
고객 지원
구매, 생산, 품질
육성, 평가, 채용
정보 관리, 계약
재무, 경리
조직, 운영
판매, 마케팅
제품 개발, 지적 재산

사업계획서

실현해야 할 콘셉트와
액션 플랜에 관한
전체 설계도

쇄도하기 시작했다. 이번엔 파트너인 문구점이 반대하고 나섰다. 하지만 아스쿠루 측의 설득에 못 이겨 결국 고객의 요청을 들어주게 되었다.

일반적으로 고객의 '다양한 요구'는 회사 내부의 반대에 부딪혀 번번이 실현되지 못하고 끝나는 경우가 많다. 하지만 애초에 세운 콘셉트만 확고하다면 전략은 절대로 흔들리지 않는다. 처음부터 확실한 콘셉트, 즉 전략을 세우는 일이 그래서 중요하다. 아스쿠루는 문구 판매만이 아니라 '30명 미만의 소규모 기업의 구매 대행 서비스 제공'을 콘셉트로 정했기에 고객의 요구를 실현할 수 있었다.

사업계획서란 사업 전략의 내용을 구체적으로 기술한 것이다(도표 2-6). 사업 콘셉트를 작성하고, 그 콘셉트를 효율적으로 실현하기 위한 액션 플랜을 정하는 것이 목적이다. 사업 콘셉트의 요소를 종합적으로 생각할 필요도 있지만, 전략마다 강조점을 달리 하는 것도 효과적이다.

아사히야마동물원은 동물을 보여주는 방식을 달리하는 데 주력했다. 아스쿠루는 고객의 소리를 반영해 '다빈도 소량 배송 시스템'을 어떻게 실현할 것인가에 초점을 두었다. 실현해야 할 사업 콘셉트에 따라 액션 플랜의 내용으로서 강조해야 할 것과 그렇지 않은 것은 확연하게 구분된다.

전략이란 ①기업이나 사업이 장래 실현해야 할 콘셉트를 그리고, ②이를 실현하기 위한 변혁 시나리오를 상정하여 액션 플랜을 정하는 일이다.

콘셉트만으로는 전략이 그림의 떡이 되기 쉽다. 반드시 액션 플랜과 함께 설계해야 한다.

전략노트 2

1. 당신이 담당한 사업에서 실현해야 할 콘셉트를 그려보자.

2. 앞으로 실현해야 할 콘셉트에 대해 현실 상황은 어떠한지 정리해보자.

3. 현실과 실현해야 할 콘셉트 간의 차이를 열거해보자.

4. 콘셉트를 실현하기 위한 액션 플랜을 그려보자.

case 03
백미러만 보고 운전할 수는 없다 _ 적절한 정보

사장의 지시로 나는 회사가 가진 나노테크놀로지(nano-technology)*
와 마이크로머신(micro machine) 기술을 활용할 수 있는 사업을 검토하기
시작했다. 경영기획부의 직원과 연구개발부의 기술자가 브레인스토밍
(brain storming)**을 한 끝에 향후 유망한 시장으로 로봇 사업을 선정한
것이다.

하지만 문제가 있었다. 사업을 총지휘해야 할 내가 정작 로봇에 대해 아
는 것이 하나도 없다는 사실이다. 로봇도 모르면서 사업화에 성공할 수 있
을까?

---

*나노테크놀로지_ 원자나 분자의 배열을 나노 단위(10^{-9}m)로 자유자재로 제어함으로써, 원하는 성질
을 갖는 재료와 원하는 기능을 발현하는 장치를 개발하여 산업에 활용하는 기술을 말한다.

**브레인스토밍_ 팀원끼리 자유롭게 의견이나 생각을 나누고 번뜩이는 아이디어를 끌어내는 회의 방
법. 타인의 아이디어를 부정하지 않고 아이디어에 아이디어를 추가하면 된다.

그래서 2008년에 발행된 로봇에 관한 최신 시장 조사 보고서를 입수했다. 이 보고서에 따르면, 2006년도 세계 로봇 시장의 규모는 대략 6000억 엔이었다. 선두를 달리는 로봇회사는 스위스의 ACC 사로 시장 점유율이 27퍼센트다.

그 뒤를 잇는 것이 일본의 야스야마(安山)전기와 페닉스 사로 각각 23퍼센트, 20퍼센트의 점유율을 보이며 ACC 사를 바짝 뒤쫓고 있다. 그 다음으로 독일의 코코 사와 일본의 카나가와(神奈川)중공업이 각각 10퍼센트를 차지하고 있었다. 이들 5개사가 시장의 90퍼센트를 차지하는 것으로 나타났다(도표 2-7).

요컨대 상위 5개사 가운데 일본 기업은 세 곳이고, 이 세 회사가 총 53퍼센트의 시장 점유율을 보이고 있다. 보고서에 따르면, 로봇은 주로 자동차 생산 공장에서 이용되고 있었다. 이런 점을 보면 일본 자동차 산업의 성장

로봇 시장의 점유율   도표 2-7

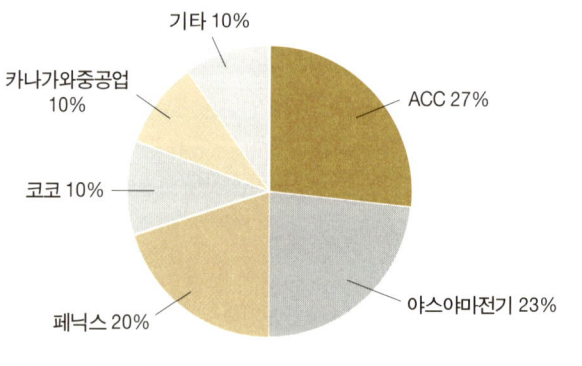

기타 10%
카나가와중공업 10%
코코 10%
페닉스 20%
ACC 27%
야스야마전기 23%

＊기업명과 데이터는 모두 가공임

에 맞춰 일본 로봇 제조회사도 성장해온 셈이다.

아쉬운 점은 조사 보고서가 2006년도 자료이다 보니 최신 데이터가 빠져 있다는 사실이다. 그렇지만 2007년 3월 말까지는 자료가 수록되어 있어 최신 데이터라고 해도 손색은 없을 것이다.

하지만 신규 사업이 시작된다고 해도 빨라야 2년 후다. 그렇다면 2년 이상 앞선 시장 동향을 예측하여 사업 계획을 짜야 한다. 그런데 조사 보고서에 수록되어 있는 최신 데이터는 이미 1년 전 것이다. 이 말은 사업이 본격적으로 시작되는 2년 후 시점에서 보자면 3년 이상 지난 해묵은 데이터가 된다.

과연 이 데이터에 의지해 신규 사업을 계획해도 좋을까? 좀 더 최신 정보를 손에 넣으려면 어떻게 해야 할까?

사업화 과정

마침 대학 시절 친구인 T가 현재 야스야마전기로 옮겼다는 사실이 떠올랐다. 그 친구는 원래 다른 전기회사에서 모터를 개발했었는데, 지금은 야스야마에서 로봇을 개발하고 있다. 내 사정을 솔직히 말하고 야스야마의 로봇 사업에 대해 이야기해달라고 해야겠다.

졸업 이후 만날 기회는 없었지만, 종종 이메일로 연락하면 즉시 답장을 해주곤 했다. 주말에 도쿄로 출장 올 예정이라고 해서 그때 만나 이야기를 듣기로 했다. 대학 시절 친구는 여러모로 고마운 존재다.

생생한 정보를 얻어라

야스야마전기는 비교적 이른 시기에 로봇 사업을 시작했다. 원래 모터를 만들던 회사여서 그 강점을 십분 살릴 수 있었다. 1970년대 후반에 이미 용접 로봇을 완성하기도 했다.

하지만 모터라는 부품을 다루는 사업과 로봇이라는 완성품을 다루는 공작기계 사업은 여러 측면에서 차이가 있어 생각처럼 사업이 원활하게 진행되지는 못했던 모양이다. 게다가 부품사업부의 고객인 공작기계 회사를 적으로 만들게 되었다. 그래서 영업부에서는 이런저런 간섭을 하기 시작했고, 회사로서도 이러지도 저러지도 못하는 상황이 이어지며 로봇 사업은 계속 적자를 면치 못했다. 일찌감치 사업을 접어야 한다는 흉흉한 소문이 나돌 정도였다.

이러한 국면은 사업부의 관리자가 교체되면서 일시에 바뀌었다. 새로 온 사업부장은 자동차회사에 몇 번이나 들락거리며 정보를 직접 입수하여 회사에 적극적으로 제안했다. 그 노력이 결실을 맺어 10년 전에 자동차 대기업인 호니(Hony)로부터 주문을 받는 데 성공할 수 있었다.

호니가 로봇을 도입한 것을 알게 된 다른 자동차회사도 잇달아 야스야마에 로봇을 발주하기 시작했다. 이런 과정을 거쳐 야스야마는 적자에서 벗어났고, 지금은 세계 시장 점유율 2위라는 대약진을 이루어냈다. T는 5년 전 로봇 사업 확장을 위해 채용되었다고 한다.

그는 세계 일류 자동차회사와 그곳에 납품하는 로봇회사의 상관도를 그리며 정성스럽게 설명해주었다. 놀랍게도 야스야마는 아이치(愛

知)자동차를 제외하고는 대부분의 일본 자동차회사를 제치고 선두를 달리고 있었다. 설마 이 정도까지 실적을 올렸을 줄은 상상도 하지 못했다.

그래서 나는 호니로부터 어떻게 수주에 성공했는지 자세히 알려달라고 했다. 호니로부터의 수주가 없었더라면 적자였던 야스야마의 로봇 사업은 성장할 수 없었다. 이야말로 지금 우리에게 필요한 귀중한 정보가 되리라. 친구는 "이미 비즈니스 잡지에도 공개된 정보야"라고 말을 꺼낸 후 그간의 사정에 대해 설명해주었다.

친구의 이야기를 요약하면, 원래 호니는 야스야마의 자회사로부터 로봇을 조달하고 있었다. 하지만 야스야마가 새롭게 제시한 로봇 조달 방안을 외면하지 않았다. 야스야마는 구체적인 생산 라인의 콘셉트를 제안하여 경쟁사를 이길 수 있었다고 한다. 당시 자동차 생산 공장의 콘셉트 단계부터 호니와는 여러 차례 논의를 거듭했다고 한다.

놀라운 사실은, 야스야마는 공장 안에 실제 자동차 조립 라인까지 만들어 새 생산 라인 콘셉트 조성에 힘썼다는 것이다. 당시 호니의 요구사항을 귀담아듣는 것은 물론이거니와 본사의 조립 라인에서 검토를 거듭하며 호니가 나아갈 방향에 대해서도 제안했다. 그 실현 속도는 놀라웠다. 평소라면 3년이나 걸릴 일을 1년 만에 완성하겠다고 제안한 것이다. 이 속도감 있는 추진력도 호니가 야스야마를 높이 평가한 점이었다고 한다.

호니가 야스야마의 로봇을 도입하는 상황을 유심히 지켜보던 다른 자동차회사도 야스야마가 정말로 1년 만에 생산 공장에 로봇을 도입하는 것을 보고는 진지하게 검토하기 시작했다. 야스야마의 로봇은 거추장스런 케이블을 로봇 몸에 장착시켜 작업적인 측면에서 사용의 편리성을 추구했다는 평가를 받았다.

이후 호니에서의 실적이 입소문을 통해 다른 자동차회사에까지 알려지면서 그 회사까지 고객으로 끌어들였다고 한다. 본사에 자동차 조립 공장까지 만들어 콘셉트를 갈고 닦은 성과였다.

시장을 읽고 자기 나름의 가설을 만들라

나는 그 이야기를 듣고 유력 기업이 우리 고객이 된다는 사실의 중요성을 실감했다. 또 본사 제품의 콘셉트가 아니라 고객의 제조 공장에 맞는 콘셉트를 제안한 사실에 놀라지 않을 수 없었다. 회사 안에 자동차 생산 라인을 구축할 수 있다면, 차세대 생산 라인의 콘셉트에 대해 고객과 대등하게 논의할 수 있다. 그렇게 하면 생생한 현장의 정보를 고객으로부터 입수할 수 있고, 정보를 훨씬 더 쉽게 이해할 수 있다.

그렇다면 우리는 어떻게 유력한 고객을 찾아낼 수 있을까? 현재와 같은 상황이라면 자동차 생산용 로봇 사업에 진출하는 것은 불가능해 보인다. 국내 자동차회사는 물론이고 해외 자동차회사도 어렵기는 마찬가지다. 야스야마도 해외로 사업을 전개하는 데 고충이 많았다고 친구는 털어놓았다.

그러나 T의 이야기에서 몇 가지 힌트를 얻을 수 있었다. 자동차 이외에도 새로운 로봇 시장이 꿈틀거리기 시작했다는 사실. 현 단계에서는 아직 어떤 것이 자동차 산업과 같은 커다란 시장이 될지는 모르지만, 역으로 지금이야말로 시장 진출의 기회일 수도 있다.

T와 헤어진 나는 집으로 돌아와 다시 조사 보고서를 읽어보았다. 로봇은 자동차 공장 이외에도 액정 텔레비전이나 플라스마 텔레비전을 만드는 공장에서도 이용되고 있었다. 또 향후 자율이동형 로봇 시장이 유망하다고 예측하고 있었다. 아직 시장이 형성되지는 않았지만 간호 로봇, 청소 로봇, 농업 로봇, 자원 탐사용 로봇, 기수(騎手) 로봇, 안내 로봇, 경비 로봇, 자동전투 로봇 등 다양한 응용 분야가 모색되고 있었다.

예를 들어, 아라비아 반도의 두바이에서는 낙타 경주에 기수가 등장하는데, 이 경기에서 높이 약 50센티미터, 무게 약 3킬로그램의 '로봇 기수'가 활약하고 있다. 사막을 질주하는 낙타 옆을 자동차로 나란히 달리면서 무선으로 로봇의 목소리나 채찍을 원격 조정한다.

자율이동형 로봇이라 해도 응용 분야에 따라 로봇에 요구되는 기술은 가지각색이다. 모든 분야에 대응하는 것은 현실적으로 불가능하다. 결국 어느 분야에 집중할 것인가가 중요하다. 적절한 정보가 필요한 이유가 그 때문이다. 그래서 간호·청소·농업·자원·안내·경비·군사 등 각 분야에서 활약하는 중요 기업을 구체적으로 정리한 뒤 기업 방문*을 통해 정보를 수집했다.

---

*기업 방문_ 제품에 관한 정보를 수집하거나 제품 도입을 독려하기 위해 고객, 경쟁사, 공급자, 보완업체의 역할을 하는 기업을 방문하는 일. 적당한 기업을 선택하는 것도 중요하거니와 해당 기업 내의 적절한 부서와 인재를 방문하는 것도 중요하다.

각 분야에 대해 미리 할 수 있는 것만 조사해두고 용도에 적합한 로봇을 제안할 수 있도록 자료를 작성했다. 하지만 실제로 방문해서 논의해보니 미처 생각지 못한 상황이 하나둘씩 나타났다. 그래서 다른 회사를 방문할 때마다 이전 회사에서 얻은 정보를 종합해서 정리해둘 필요가 있었다.

그렇게 해서 나는 꽤 다양한 정보를 얻었다. 때로는 어떤 기업이 말한 내용에 대해 다른 기업은 전혀 다른 견해를 내놓기도 했다. 그럴 때에는 어느 쪽이 더 정확한 의견인지를 나 스스로 판단해야 했다.

기업을 방문할수록 특정 분야에 대한 지식이 풍부해져서 가끔은 고객이 모르는 내용에 대해서도 이야기할 수 있는 경지에 오르게 되었다. 이렇게 되자 상대방도 나를 전적으로 믿게 되었고, 정보 제공에도 적극적으로 임했다. 그 결과 보다 알맹이가 있는 정보를 공유할 수 있게 되었다.

회사 사무실에 앉아 계획을 세울 때에는 그것이 올바른지 늘 불안했다. 하지만 실제로 여러 기업을 방문하면서 새로운 지식을 얻을 수 있었고, 내가 세운 계획도 현실적으로 가능해졌다. 점차 업계의 비전과 미래상이 어렴풋하게나마 보이기 시작했다. 또 각 분야를 서로 비교할 수 있었고, 같은 분야에 속하는 기업들도 내 나름대로 비교할 수 있었다. 로봇 사업에서 어디에 집중할 것인가를 판단하기 위한 정보가 하나씩 쌓여가면서 비로소 실제적인 체험을 하기 시작했다.

비즈니스가 성공하려면 매일 정보를 수집하고, 분석하고, 공유하고, 갱신하는 일련의 지식경영 시스템(knowledge management system)*이 필요하다. 이는 사업 전략을 세우기 위해 황급히 정보를 수집하는 지식경영이 아니다. 매일 정보를 수집하여 활용하는 시스템을 개인과 조직 수준에서 구축하고 끊임없이 개선해야 한다.

하지만 현실적으로 지식경영을 확실히 실행할 수 있는 기업은 그리 많지 않다. 설령 훌륭한 시스템을 갖추어도 정보를 갱신하지 않는 경우가 부지기수다. 처음에는 새로움에 대한 호기심으로 정보를 입력하지만 금방 시들해진다. 아무리 정보를 입력해도 돌아오는 것이 없기 때문이다. 기획부가 앞장서서 정보 입력 캠페인을 벌이지만 일시적이다. 이런 과정이 계속 반복될 뿐이다. 사원이 정보의 가치를 의식하고 활용하지 않는 이상 강요해도 소용없다.

또 정보는 편중되어서도 안 된다. 제품이나 기술에 관한 정보만 열심히 수집하고, 고객이나 경쟁사에 관한 정보는 빠져 있다면 문제가 된다. 필요한 정보는 누락되지 않도록 수집해야 한다.

고객에 관해서도 1~2개사의 정보만 가지고 의사결정을 해서는 곤란하다. 고객 중에 대리점이나 특약점이 끼어 있다면 고객에 대한 정

---

*지식경영 시스템_ 기업 등 특정한 커뮤니티에서 지식을 획득하고 갱신하며 공유하고 경영에 활용하는 시스템이다.

보를 입수하기는 더 어려워진다. 심한 경우에는 고객이 누구인지도 모르는 경우가 생긴다. 이래서는 사업 전략을 제대로 세울 수가 없다. 고객으로부터 직접 정보를 수집하지 않고, 일반적인 시장 보고서의 데이터에 의존해 상품 계획을 세운다면 십중팔구 실패하게 된다.

미디어 정보를 활용하라

정보를 수집하는 방법에는 '조사 보고서', '일상적인 공개 정보(미디어)', '고객으로부터 받는 정보(본사의 독자적인 네트워크)'가 있다(도표 2-8). 효과적인 전략을 세우려면 이 세 가지 방법을 적절히 조합하여 정보를 수집하고 분석해야 한다.

새로운 시장에 뛰어들 경우에는 특정 시장을 자세하게 조사한 보고서가 매우 효과적이다. 조사 보고서를 입수하려면 누구나 접근할 수

정보 수집의 수단과 특징	장 점	단 점
조사 보고서	• 통계적인 내용이다. • 전체를 조감할 수 있다.	• 오래된 정보다. • 타사도 공유하고 있다.
일상적인 공개 정보 (미디어)	• 정보가 광범위하다. • 새로운 정보다.	• 옥석을 가리기 위해 취사선택이 필요하다.
고객으로부터 받는 정보(본사의 독자적인 네트워크)	• 1차 정보로 적합하다. • 본사 독자적인 정보다.	• 정보가 편중되기 쉽다. • 사내 공유가 어렵다.

도표 2-8

있는 일반적인 조사 보고서를 구입하거나 본사에 맞는 정보 수집을 조사전문회사에 위탁하거나 해야 한다. 전자는 비교적 싼값에 보고서를 입수할 수 있지만, 그만큼 일반적인 정보라서 전략에 활용하기에는 불충분하다. 반면 후자는 비용은 많이 들지만, 회사가 요구하는 유용한 정보만을 압축하여 심도 있는 결과를 도출할 수가 있다.

단 어떤 조사를 할 것인지 구체적인 사양을 결정하지 않고, 그저 막연히 시장 조사에만 의지해서는 성과를 기대할 수 없다. 이 점 유념하기 바란다.

앞의 사고 과정에서도 이야기했지만, 조사 보고서를 다루는 데는 특히 주의할 점이 있다. 그것은 기재되어 있는 정보는 '항상 낡은 데이터'라는 사실이다. 10년 전이나 오늘이나 변화가 거의 없는 업계라면 별 문제가 없지만, 보통의 업계 환경은 매년 수시로 변한다. 게다가 신규로 진출하려는 분야라면 변화가 극심한 경우가 많다. 오래된 데이터를 바탕으로 전략을 세운다는 것은 자동차 운전으로 비유하자면, 백미러만 보고 운전하는 것과 같다.

운전할 때에는 당연히 앞도 봐야 한다. 보는 것뿐 아니라 '방어 운전'도 중요하다. 이는 운전학원 강사가 입만 열면 하는 말이기도 하다. 비즈니스도 이와 똑같다. 앞으로 어떻게 될 것인지를 예측하면서 사업화를 계획하고 실행해야 한다.

현상 파악이란 현재 있는 데이터, 즉 과거의 사실을 파악하는 것이 아니라 앞으로 어떻게 될 것인가를 예측하는 일이다. 이 점을 혼동해서는 안 된다.

새로운 데이터란 점에서 매일 각종 미디어를 통해 쏟아지는 정보는 꽤 중요하다. 미디어를 가볍게 취급해서는 절대 안 된다. 미디어에 소개된 정보를 수집하는 것도 중요한 일이다. 조사 보고서에 기재되어 있는 시점부터 전개되는 변화를 미디어를 통해 보완해야 한다.

인터넷이 보급된 오늘날에는 신문이나 텔레비전 등의 미디어 정보와 함께 기업이 발표하는 정보도 직접 입수할 수 있다. 국내뿐 아니라 해외의 정보도 쉽게 얻을 수 있다. 매일 쏟아져 나오는 각종 미디어를 분석하여 오래된 보고서의 데이터 일부를 보완할 수도 있다. 하지만 미디어 정보에는 간혹 잘못된 것들도 있기 때문에 주의 깊게 취사선택해야 한다.

독자적인 네트워크로 적절한 1차 정보를 입수하라

사업 전력을 세우려면 정보 수집과 아울러 회사의 독자적인 정보 수집 네트워크를 구축하여, 가능하면 적절한 1차 정보*를 입수하는 일이 필요하다. 실제로 고객을 방문하여 주요 인물로부터 정보를 입수하는 것이다.

당연한 말이지만, 무작정 정보를 달라고 해서는 안 된다. 이쪽에서 주는 것이 없으면 저쪽에서 가치 있는 정보를 내놓을 리가 없다. 야스야마가 자동차 생산 공장을 내부에 만들어 콘셉트를 창조한 것처럼,

---

*1차 정보_ 생생한 정보, 사실을 그대로 축적한 것. 어느 편의점에서 누가, 언제, 어떤 제품을 구입했는지 개별적인 사실을 축적한 정보를 예로 들 수 있다. 다양한 분석에 필요한 기초 데이터가 된다.

기업이 고객에게 가치 있는 구체적인 콘셉트를 제시한다면 고객으로부터도 구체적인 피드백을 얻을 수 있다.

고객도 1~2개 회사가 아니라 시장 점유율의 70퍼센트를 차지하고 있는 여러 기업을 방문해야 한다. 합쳐서 시장을 70퍼센트 이상 점유하고 있는 기업들을 조사하면 시장의 상황을 보다 정확하게 파악할 수 있다.

예를 들어, 간호용 로봇을 간호 서비스 회사에 판매한다고 생각해보자. 간호 서비스를 제공하는 5개 회사, A·B·C·D·E가 간호 서비스 시장의 70퍼센트 이상을 차지하거나 앞으로 그럴 거라고 가정해보자 (도표 2-9). 이 5개사를 방문한다면 간호 서비스 시장에 관한 각 회사별 분석 결과와 시장의 상황을 정확하게 파악할 수 있을 것이다. 간호 서비스 사업자가 보유하고 있는 시장에 대한 예측 결과를 집계하여 시

시장 점유율 70퍼센트인 시장을 분석한다　　　　　　　도표 2-9

여러 간호 서비스 회사로부터 정보를 입수한다.

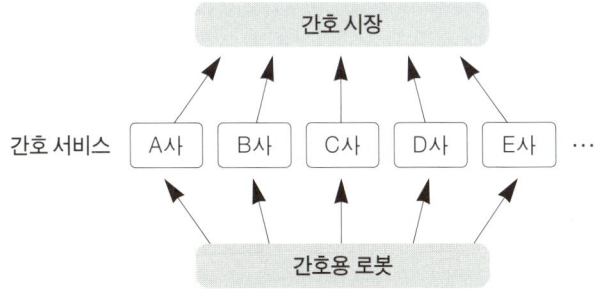

장성을 확인할 수도 있다. 하지만 간호 서비스 사업자가 예측하는 각 회사별 고객 수가 간병인 전체의 수를 훨씬 초과한다는 사실을 발견하게 될지도 모른다. 이 5개사 말고도 다른 여러 회사를 방문한다면 더 많은 정보를 입수할 수도 있다. 그러나 비용을 고려한다면 70퍼센트 정도만 분석해도 충분하다.

회사를 방문할수록 지식도 늘어난다. 가령 A사, B사, C사, D사, E사를 순서대로 방문했다면 E사를 방문할 때는 간호 서비스 시장에 관한 전반적인 지식을 가지고 대처할 수 있다. 경우에 따라서는 E사가 모르는 지식까지 제공할 수도 있다.

여러 회사를 방문하다 보면 회사 간 상대 비교도 할 수 있다. 시장에 대한 A사의 견해를 B사에 전달하여 검증할 수도 있다. 이처럼 여러 회사를 방문하면 어떤 간호 서비스 사업자가 간호용 로봇의 고객으로 유망한지 알 수 있어 고객을 비교하는 판단의 소재가 된다.

또한 각 간호 서비스 사업자가 희망하는 개별적인 사양을 알 수 있어, 무엇이 꼭 필요한 기본 사양이고 무엇이 선택적 사양인지 판단할 수 있다. 제품 개발에 중요한 시사점을 얻을 수 있는 것이다.

이런 정보는 특정 분야에서 시장 점유율이 70퍼센트에 속하는 여러 기업을 방문해야만 알 수 있다. 1퍼센트 안팎의 시장 점유율을 보이는 회사를 방문해놓고 제품의 사양을 결정해버린다면 성공을 보장할 수 없다. 당연한 듯 보이는 이런 사실을 확실하게 실행하지 않는 회사가 꽤 많다.

고객으로부터는 시장에 관한 데이터뿐 아니라 경쟁사에 관한 정보도 입수할 수 있다. 본사의 제품 사양을 설명했을 때 상대가 보이는 반응을 살핌으로써 본사 제품의 성능이나 가격의 우위를 경쟁사와 비교해 판단할 수 있다.

마지막으로 가장 중요한 것은 제품이 완성되면 얼마나 고객에게 팔릴 것인지, 가능하면 정확하게 예측하는 일이다. 이것이 가능해지려면 기업 방문이 일회성에 그쳐서는 안 된다. 제품이 개발되는 과정에서 끊임없이 정보를 공유할 필요가 있다.

유력한 고객을 정해서 수시로 방문하고 독자적인 정보 수집 네트워크를 구축할 수 있다면, 다음과 같은 정보를 독자적으로 수집할 수 있게 될 것이다.

❶ 제품이나 서비스의 미래 시장을 보다 정확히 파악
❷ 유력한 기업의 상대 비교
❸ 제품이나 서비스에 적합한 사양
❹ 경쟁사의 정보
❺ 제품 완성 후 예상 판매량의 정확한 예측

경쟁사의 정보를 손에 넣어라

독자적으로 정보를 수집할 수 있는 원천으로 고객만 있는 것은 아니다. 경쟁사로부터도 유익한 정보를 얻을 수 있다. 도요타는 미국에서 고급 자동차 시장(렉서스)에 뛰어들기 전에 벤츠자동차를 방문해서 자문을 구했다. 아사히맥주 사장이 된 히구치 히로타로(樋口廣太郎: 현재 이사 겸 명예회장)는 기린맥주의 경영자를 찾아가 맥주를 만들 때 중요한 것이 무엇인지 자문을 구했고, 거기서 들은 조언을 슈퍼드라이에 활용했다고 한다.

또한 카를로스 곤 사장도 닛산자동차를 재건할 당시 경쟁사를 찾아가 닛산의 자동차가 왜 팔리지 않는지 알아오라고 영업부에 지시했다고 한다. 영업부가 "경쟁사가 그런 걸 가르쳐줄 리가 없지 않습니까?"라고 거부하자, 곤 사장은 "직접 가서 자문을 구하는데도 알려주지 않으면 어쩔 수 없지. 하지만 직접 가보지도 않고 그럴 리가 없다고 단정 짓는 것은 용납할 수 없네. 어서 갔다오게"라고 말했다고 한다. 마지못해 경쟁사를 찾아간 영업부 직원은 왜 닛산의 자동차가 팔리지 않는지 그 이유를 들을 수 있었다고 한다.

본사에 부품이나 원자재를 납품하는 회사로부터도 유익한 정보를 얻을 수 있다. 납품회사는 경쟁사에게도 물건을 납품하기 때문에 본사와 경쟁사와의 차이점을 정확히 파악하고 있다. 따라서 납품회사에도 조언을 구할 필요가 있다.

시장이나 경쟁사의 정보를 어떻게 입수할 것인지 고민하기 전에 주변에 있는 정보원을 효과적으로 활용해보자. 기획을 하는 사람일수록 능력 있는 인재인 경우가 많다. 그러나 우수한 만큼 머리로만 모든 것을 판단하려는 실수를 범하기 쉽다.

물리학자이자 수필가인 데라다 도라히코(故寺田寅彦)는 "과학자는 머리가 좋아야 하는 동시에 머리가 나빠야 한다"라고 말했다. 복잡한 현상을 설명하려면 머리가 좋아야 하지만 그것만으로는 부족하다. 후지산을 등반하러 갔다가 산언저리에서만 맴돌다 왔다면, 이는 후지산을 정복했다고 말할 수 없다. 실제로 힘들게 등반해봐야 산의 진면목을 알 수 있다. 마찬가지로 사업 전략을 세우는 사람도 머리가 좋은 동시에 머리가 나빠야 한다. 이론만 앞세우지 말고 실제로 행동하는 것이 중요하다는 말이다.

사례 3 포인트

사업 전략을 세우려면 활자로 이루어진 정보뿐 아니라, 가능하면 '적절한 1차 정보'를 독자적으로 입수할 수 있는 시스템을 구축해야 한다.

대리점을 통해 얻는 간접 정보에만 의존하지 말고, 실제로 발로 뛰며 고객이 될 수 있는 여러 기업을 직접 방문하는 것이 필요하다. 경쟁사나 납품업체도 중요한 정보원이 된다.

전략노트 3

1. 당신은 어떻게 정보를 수집하고 있고, 당신 회사는 어떤 시스템으로 정보를 수집하고 있는가? 특히 '적절한 1차 정보'를 입수하기 위해 어떤 노력을 하고 있는지 정리해보자.

2. 수집한 정보를 사내에서 공유하는 시스템이 있는가? 그 시스템은 효과적으로 기능하고 있는가? 그렇지 않다면 어떻게 개선해야 하는가?

3. 당신이 목표로 하는 사업 분야에서 발생하는 변화나 징조는 무엇인가? 이에 대해 당신은 어떻게 대응할 생각인가?

4. 당신의 비즈니스는 사회에 어떤 변화를 가져올 것인가?

기술자는 자칫 기술이 뛰어나면 무조건 팔릴 것이라고 착각하기 쉽다. 우수한 기술을 확보하는 것처럼 좋은 일은 없겠지만, 그것이 고객의 욕구를 만족시키지 못한다면 아무런 의미가 없다.

고객은 기술 자체를 원하는 것이 아니다. 고객이 원하는 것을 어떻게 기술로 실현할 것인지가 바로 핵심이다. 경우에 따라서는 기존의 기술로도 충분히 대응할 수가 있다.

기술을 비즈니스에 활용하려면 적어도 다음 두 가지 물음에 답할 수 있어야 한다.

첫째, 고객이 원하는 것은 무엇인가?
둘째, 기술을 어떻게 실현할 것인가?

첫 번째 질문은 고객 자신이 무엇을 원하고 있는지조차 모르는 경우가 있다. 이때 고객에게 물어본다고 해도 큰 도움이 되지 않는다. 그렇다고 고객을 무시할 수가 없다. 여기서 첫 번째 질문의 한계가 있다.

이 책에서는 1번에 어떻게 답할 것인가를 알려주려고 한다.

1장에서 성공하는 비즈니스란 '고객 창출과 제품 개발의 곱하기'라고 설명했다. 이 방정식을 잊고 제품 개발에만 몰두한다면 쉽게 '죽음의 계곡'에 빠지게 된다. 이를 미연에 방지하려면 필요한 정보를 수집하고 분석하여 전략을 짜야 한다. 전략을 세우는 작업은 쉬운 듯 보이지만 어렵고, 어려운 듯 보이지만 의외로 쉽다.

"쉬운 듯 보이지만 어렵다"라는 말은 미래 사업의 콘셉트를 그리는 일이 어렵기 때문이다. 고객의 입장에 선다는 것은 쉬워 보이지만, 사실은 무척 어려운 일이다.

특히 기술자는 '기술'이라는 상식의 틀에서 벗어나기 힘들기 때문에 고객의 다양한 요구를 "기술적으로 어렵다"고 거절해버리기 쉽다. 그러나 고객의 다양한 요구 속에 기술 개발을 할 수 있는 아이디어가 숨어 있는 경우도 많다. 비즈니스가 되는 소중한 힌트가 숨어 있을지도 모른다.

반대로 "어려운 듯 보이지만 쉽다"는 말은 가지고 있는 정보의 양과 질에 따라 좌우된다. 정보를 수집하는 노력을 포기한 채, 정보가 없는 상태에서 상상력만으로 전략을 짜려고 하면 그 어떤 전략도 세울 수 없다. 하지만 정보를 수집하고 분석하는 노력을 게을리하지 않는다면 저절로 전략은 모습을 드러낸다. 그런 의미에서 전략을 세우는 일은 무척 쉽다.

정보는 돈으로 살 수도 있다. 하지만 우리 회사에서 살 수 있는 정보라면 경쟁사도 살 수 있다는 사실을 명심해야 한다. 따라서 우리 회사

에서의 독자적인 정보 네트워크를 구축하여 인텔리전스(intelligence)*
를 축적해야 한다.

  독자적인 인텔리전스란 사람들이 모르는 정보를 얻는 것만을 의미
하지 않는다. 공개된 정보 중에서도 아직 다른 사람들이 미처 인식하
지 못한 가치 있는 정보가 많다. 설령 똑같은 것을 보고 들었다 해도
본인의 정보 감각이 나쁘면 가치 있는 정보를 발견하지 못한다. "그깟
정보쯤이야" 하면서 대수롭지 않게 여긴 그 정보가 회사의 운명을 결
정짓는 귀중한 것일 수도 있다.

---

* 인텔리전스_ 정보나 지식을 가공하여 의사결정을 할 때 판단 소재로서 적합한 지적 자산을 말한다.

고객의 보틀넥을 찾아
해결하라

제3장

회사의 강점과 약점을 발견하라

어느 시장을 공략할 것인가

사업의 보틀넥을 극복하라

초보처럼 생각하고 프로처럼 실행하라

보이지 않는 고객을 찾아라

사업의 응용 분야를 파악하라

회사의 강점과 약점을 발견하라 _ SWOT 분석의 함정

신규 사업 계획을 세우기 위해 먼저 우리 회사의 SWOT 분석을 해보았다.

강점(S) : 100년의 역사를 가진 재벌 기업, 나노테크놀로지와 마이크로
머신 기술 분야에 강하고 인재가 풍부함

약점(W) : 로봇 분야에서 실적이 없음

기회(O) : 간호 로봇, 청소 로봇, 농업 로봇, 해저 자원용 로봇, 경마 기수
로봇, 안내 로봇, 경비 로봇, 자동차 전투 로봇 등 자율이동형
로봇 시장

위협(T) : 고정형 로봇 회사의 시장 진출

SWOT 분석으로 표를 채워보니 평상시 생각을 정리할 수는 있었지만,
새로운 아이디어는 하나도 떠오르지 않았다. 이런 식의 SWOT 분석이 과

연 효과를 거둘 수 있을까?

사업화 과정

나는 SWOT 분석 방식을 검증하고자 아사히야마 동물원과 아스쿠루를 분석해보기로 했다. 아사히야마동물원과 아스 쿠루라면 이미 알고 있는 사실을 바탕으로 정확한 분석이 가능할 것 같았다. 좀 더 명쾌한 SWOT 분석이 가능하리라.

일본 최북단이라는 위치, 강점인가 약점인가

아사히야마동물원의 인터넷 사이트를 보면 '일본 최북단에 위치한 동물원'이라는 메시지가 눈에 들어온다. 이는 아사히야마동물원의 강 점일까? 아니면 약점일까?

도쿄에 사는 내가 이 메시지를 보고 드는 생각은 "아사히야마동물 원 참 멀다"다. 그렇게 보면 '일본 최북단'에 위치해 있음은 아사히야 마동물원의 약점이다. 하지만 일부러 '일본 최북단에 위치한 동물원' 이라고 강조하고 있는 것으로 봐서는 뭔가 강점이 될 만한 것이 있어 보였다.

좀 더 자세히 알아보니, 아사히야마동물원에서는 매년 12월 중순 부터 3월까지 겨울철에 약 10마리의 펭귄이 펭귄관에서 나와 동물원 안을 걸어 다니는 '펭귄의 산책'이라는 이벤트를 벌이고 있었다. 500

미터밖에 안 되는 거리지만 펭귄이 뒤뚱뒤뚱 걷는 모습을 가까이서 볼 수 있어 관람객들에게 큰 인기였다.

동물에게 먹이를 주거나 만질 수 있는 이벤트는 여느 동물원에서도 볼 수 있는 흔한 풍경이다. 다른 동물원에서도 '펭귄의 산책'이라는 이벤트를 시도해볼 만하다는 생각이 드는데, 어찌된 영문인지 이런 풍경은 아사히야마동물원에서만 볼 수 있다고 한다.

여기엔 다 이유가 있었다. 펭귄은 땅이나 아스팔트 위를 걸으면 발에 쉽게 상처가 난다고 한다. 그러니 눈 위가 아니면 위험하다. 따라서 눈이 거의 오지 않는 도쿄에서는 절대로 '펭귄의 산책'을 볼 수가 없다. 그렇다면 '일본 최북단'에 위치한 동물원은 눈이 적게 오는 지역에 있는 동물원에 비해 강점을 보인다고 말할 수 있다.

그러나 '일본 최북단'에 있다는 사실만으로는 강점도 약점도 될 수 없다. 도쿄 근방에 살고 있는 사람들에게 아사히야마동물원은 우에노동물원에 비해 멀어도 너무 멀다. '일본 최북단'에 위치해 있음은 약점이 될 수도 있다는 말이다. 하지만 눈이 많이 쌓이는 아사히가와 시에서는 '펭귄의 산책'과 같은 이벤트가 가능하다. 그런 의미에서는 '일본 최북단'에 위치한 것은 강점이 된다.

그렇다면 강점인지 약점인지는 무엇에 따라 달라지는 걸까? 우리 회사라면 어떤 것을 강점으로 내세웠을까? '100년 가까운 역사를 가진 재벌 기업'은 벤처 기업에 비하면 경영이 안정되어 있고 고객에게 신뢰감을 준다는 면에서 강점이다. 하지만 대기업이다 보니 대응이 느릴 수 있고, 그것은 약점이 될 수도 있다.

따라서 강점인지 약점인지는 어떤 시각에서 생각하고, 누구와 비교하느냐에 따라 달라진다.

누가 약점을 강점으로 만드는가

아스쿠루가 사업을 시작하기 전에는 문구업계의 최선두 기업인 코쿠요가 도·소매 시장을 독점하다시피 했다. 당시의 유통 시스템은 코쿠요에게는 강점이고 플러스에게는 약점이었다. 하지만 통신판매라는 새로운 유통 수단을 사용함으로써 아스쿠루는 약점을 강점으로 바꾸어 비즈니스를 성공시켰다. 반면 코쿠요는 본래는 강점이었던 기존의 유통 방식이 오히려 족쇄가 되어 통신판매에서 선두를 빼앗기고 말았다.

아스쿠루는 어떻게 통신판매라는 새로운 유통 방식을 고안해낼 수 있었던 것일까? 아스쿠루가 목표로 삼은 대상은 30명 미만의 소규모 기업이다. 그러나 이 시장은 노력에 비해 효율적이지 않았다. 그래서였을까, 누가 봐도 그리 매력적인 분야는 아니었다. 고객은 물론 문구회사에서도 매력이 없는, 한마디로 버려진 시장이나 다름없었다. 고객의 입장에서는 필요할 때 필요한 양의 문구를 구입할 수가 없었기 때문이다.

아스쿠루는 고객이 겪는 문제를 해결하기 위해 '다빈도 소량 배송'이란 시스템을 확립하는 것이 절실하다고 생각했다. 애초에 그런 시스템이 없었기 때문에 그 누구도 소규모 기업에 적절히 대응할 수가 없었다. 이것은 아스쿠루는 물론이고 다른 회사 역시 소규모 기업이 고객일 때 강점이 뚜렷하게 보이지 않았다는 말이다.

아스쿠루의 사례가 보여주듯이 없었던 강점을 나중에 만들어내는 일도 있다. 강점은 처음부터 존재하는 것이 아니다. 어떤 비즈니스를 할 것인가에 따라 강점이 약점으로, 약점이 강점으로 변하는 것이 아닐까?

먼저 문제점을 발견하라

아사히야마동물원과 아스쿠루의 사례를 통해서 SWOT 분석을 해보니, 고객이 겪는 문제점과 상관없는 강점은 아무리 나열해봤자 의미가 없다는 사실을 알 수 있었다. 강점이라고 할 만한 것은 시장에 진출해서 고객의 문제점을 해결할 수 있거나, 현 시점에서는 문제지만 어떤 방법으로 극복 가능한 것이어야 한다. 강점이란 현재 가지고 있는 강점뿐 아니라 앞으로 가져야 할 강점까지 포함해서 생각해야 한다.

사업 전략에 활용할 수 있는 SWOT 분석을 하려면 문제점을 해결할 수 있는 강점은 무엇인가, 없다면 어떻게 획득할 것인가 하는 시각이 전제되어야 한다. 그래서 다시 한 번 SWOT 분석을 해보았다.

마침 대학원에서 알게 된 경비 서비스 회사에서 근무하는 T로부터 경비용 로봇에 대한 이야기를 들을 수 있었다. 그의 말에 따르면, 경비 회사에서도 이미 경비용 로봇을 개발하고 있으며, 일부 시험 삼아 사용하는 곳도 있다고 한다.

경비용 로봇이란 야간에 사람 대신 경비를 서고 낯선 사람이 보이면 즉시 센터로 알리는 기능을 하는 로봇을 말한다. 기존에는 고정된 센서가 사람의 침입을 탐지했지만, 경비용 로봇은 적극적으로 돌아다니며 수상한 사람이 있는지 파악한다는 것이다.

T에 따르면, 경비용 로봇처럼 자율이동형 로봇의 과제는 주위 사람에 대한 안전성을 확보하는 것이라고 한다. 공장에서 사용하는 생산용 로봇은 고정되어 있어 사람이 일부러 접근하지 않는 한 로봇과 직접 부딪칠 일은 없다. 또 공장 안의 운송용 로봇은 움직이기는 하지만 이동 경로에 사람이 진입할 수 없도록 하여 안전성을 보장하였다.

이에 반해 자율이동형 로봇은 움직임이 자유롭기 때문에 안전성 확보에 어려움이 많다. 그러므로 사람에게 해를 입히지 않도록 최대한 주의를 기울여서 설계되어야 한다. 이를 위해서 센서를 탑재하고 인공지능 소프트웨어를 만들어야 하는 이중 과제를 안고 있다.

유감스럽게도 우리 회사는 현재 그런 강점을 확보하지 못했다. 특히 인공지능 소프트웨어는 약점에 해당하기 때문에 다른 기업과의 제휴가 필수적이다. 이제야 우리 회사의 약점이 구체적으로 보이기 시작했다.

다른 응용 분야에서도 고객이 겪는 문제점을 발견하고 그것을 우리 기술로 해결할 수 있을까? 만약 우리 회사에 없는 기술이라면 어떻게 우리의 강점으로 만들어갈까? 다른 회사와는 어떻게 제휴를 해야 할까? 이런 문제에 대해 고민하면서 우리의 고객이 될 수 있는 기업을 직접 방문해보기로 했다.

SWOT 분석은 왜 도움이 되지 않는가

SWOT 분석이란 회사의 '강점(strength)'과 '약점(weakness)', 시장의 '기회(opportunity)'와 '위협(threat)'이라는 네 가지 시각으로 사업을 분석하는 것을 말한다. 사업 전략을 세울 때에나 회사나 시장 환경을 분석하기 위한 프레임워크(framework : 사고방식의 틀)로 자주 이용된다(도표 3-1).

기업의 간부 연수에서도 이 분석이 주로 이용된다. 하지만 실제로 SWOT 분석을 전략 입안에 활용할 수 있는지에 대해서는 의심스러운 부분이 많다. 왜냐하면 SWOT 분석에만 만족하고 끝내는 경우가 대부분이기 때문이다. 안타깝지만 그것만으로는 사업을 진전시킬 수가 없다.

SWOT 분석의 프레임워크	도표 3-1

기업 내부의 분석	외부 환경의 분석
Strength 기업의 강점	**Opportunity** 시장 진출 기회
Weakness 기업의 약점	**Threat** 시장에서의 위협

그렇다면 왜 SWOT 분석은 도움이 되지 않는 것일까? 그 이유는 다음과 같다.

❶ 강점이나 약점 분석을 기업 '내부'의 문제로 분석할 뿐 경쟁사와 상대 비교를 하지 않는다.

❷ 시장에서의 기회 분석을 '고객의 보틀넥 발견'으로까지 확장하지 않는다.

❸ 기업의 강점을 '고객의 보틀넥을 해결하는 강점'으로 한정하지 않는다.

❹ 기업의 약점을 '고객의 보틀넥을 해결하는 데 필요하지만 본사에는 없는 것'으로 한정하지 않는다.

이 책에서는 고객 불만, 능력 부족, 장애 등 시장을 형성하기 위해 제거해야 하는 모든 것을 '보틀넥(bottle neck)*'으로 표현한다.

SWOT 분석을 전략 세우기에 활용하려면 위의 네 가지 원인을 해결해야 한다. 강점이나 약점 분석은 기업 내부에 국한된 분석으로, 이것만으로는 부족하다. 다음과 같은 세 가지 시각을 추가할 필요가 있다.

❶ 경쟁사와 비교한 뒤 서로 다른 점을 정리한다.

❷ 그중에서 고객의 보틀넥을 해결할 수 있는 강점만을 남긴다.

＊**보틀넥**_ 병의 입구가 좁아 내용물이 들고나는 것이 어려운 데서 유래한 말로, 일의 흐름에 장애가 되는 것을 이르는 말이다.

❸고객의 보틀넥을 해결하는 데 필요하지만 본사에는 없는 것을 약점
으로 정리한다.

바꿔 말하면 경쟁사와 강점이 같을 경우, 그것은 더 이상 강점이 될
수 없다는 말이다.

대학원 수업에서 통신 사업자를 NTT그룹, KDDI그룹, 전력회사그
룹, 일본텔레콤그룹으로 분류하여 SWOT 분석을 했던 적이 있다. 각
그룹 모두 '고속 광통신 네트워크를 보유하고 있음'이 강점으로 꼽혔
다. 하지만 모든 그룹에게 해당하는 사항은 이미 강점이 될 수 없다.
리스트로 작성한 강점이 경쟁사와 어떻게 다른가, 이 점을 검증하지
않는다면 SWOT 분석을 하는 의미가 없다.

단, 타사와 다르다고 해도 고객의 보틀넥을 해결하는 데 도움이 되
지 않는다면 이 역시 강점이 될 수 없다. 예를 들어, 재벌 기업이라는
것이 강점인지 아닌지 하는 문제는 그것이 고객의 보틀넥을 해결할
수 있는가에 달려 있다.

고객을 설정하고 보틀넥을 발견하라

시장 진출 기회를 분석할 때에는 "고객의 보틀넥은 무엇인가?"까
지 확장해서 고민할 필요가 있다. 아스쿠루가 '30명 미만의 소규모
기업이 안고 있는 보틀넥'을 명확하게 규정한 것처럼, 고객을 정하고
고객이 안고 있는 보틀넥을 명확하게 밝히는 것이 중요하다.

이를 위해서 '고객 설정'과 '고객의 보틀넥 발견'으로 범위를 확장

해서 분석하고, 그 보틀넥 해결이 가능한 것을 '본사의 강점'으로 파악하는 데서 시작해보자(도표 3-2). 동시에 고객의 보틀넥을 해결하는 데에는 필요하지만 아직 본사에 없는 것을 '약점'으로 인식하는 것도 중요하다. 왜냐하면 약점을 극복하면 얼마든지 강점으로 바꿀 수 있기 때문이다.

아사히야마동물원에 대한 고객의 보틀넥은 "동물원에 와도 생동감 넘치는 동물을 볼 수 없다"는 것이었다. 그 보틀넥을 해결하기 위해 사육사들은 동물들이 보여줬으면 하는 모습을 스케치하고, 어떻게 행동전시를 할 것인지 아이디어를 개발했다. 이런 창의적인 생각을 가진 사육사가 존재하고, 또 그것을 직접 스케치로 표현할 수 있었다는 점은 강점으로 작용했다. 반면에 행동전시를 실현하기 위한 시설이나 시설을 만들기 위한 예산과 기술은 전혀 없었다. 이것이 약점이었다. 아사히야마동물원이 성공을 거둔 것은 이들 약점을 해결하고 강점으

강점과 보틀넥을 연결짓고, 고객의 보틀넥을 해결할 수 있는 강점을 정리한다 　도표 3-2

고객을 정하고, 고객의 보틀넥을 분석하여 그것을 해결할 수 있는 본사의 강점은 무엇인지 명확하게 한다.

Strength		Opportunity
고객의 보틀넥을 해결할 수 있는 강점	◄►	고객(의 고객)의 보틀넥
Weakness 본사의 약점		Threat 시장에서의 위협

로 바꾸려는 행동을 펼쳤기 때문이다.

다른 회사와 업계에 위협이 되라

마지막으로 SWOT 분석의 위협에 대해서 알아보자. 비즈니스를 하려면 다양한 위협에 대응할 줄 알아야 한다. 생각지도 못한 경쟁사가 갑자기 등장하거나 고객이 무리하게 가격 인하를 요구하기도 한다. 또 생산에 필요한 부품을 갖추지 못해 사업 기회를 눈앞에서 놓칠 수도 있다. 이런 다양한 위협에 대응하기 위해 당연히 해야 하는 것이 위협 분석이다.

하지만 이 책에서는 주로 '고객 창출'을 주제로 삼기 때문에 위협

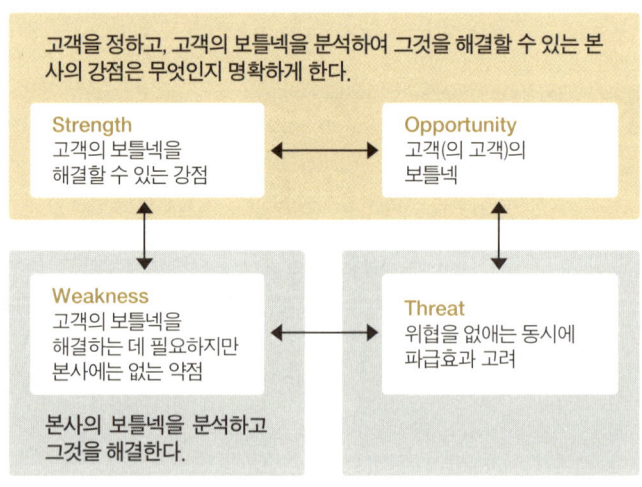

약점을 강점으로 바꾸고 타사와 타 업계에 위협이 되는 파급효과를 생각한다   도표 3-3

고객을 정하고, 고객의 보틀넥을 분석하여 그것을 해결할 수 있는 본사의 강점은 무엇인지 명확하게 한다.

Strength
고객의 보틀넥을
해결할 수 있는 강점

Opportunity
고객(의 고객)의
보틀넥

Weakness
고객의 보틀넥을
해결하는 데 필요하지만
본사에는 없는 약점

본사의 보틀넥을 분석하고
그것을 해결한다.

Threat
위협을 없애는 동시에
파급효과 고려

에 대한 대응책을 생각하기보다는 다른 회사나 업계에 위협을 주어 고객을 창출해낸다는 식의 역발상으로 접근해보기로 하겠다.

예컨대 아스쿠루는 '다빈도 소량 배송 시스템'의 강점을 십분 활용하여, 취급하는 제품을 문구에서 문구 이외의 분야로 확장시켰다. 실제로 아스쿠루는 문구뿐 아니라 일반 사무실에서 사용하는 물품으로 제품 확대를 시도했다. 이런 식으로 취급 제품을 확장하다 보면 사무용 가구, 차와 과자, 회사 유니폼 등으로 분야가 넓어지는 것은 자연스런 과정이다.

결국 아스쿠루는 문구회사에서 소규모 사업자의 구매 대행 서비스 회사로 자연스럽게 변신했다. 앞으로는 제조 공장으로의 사업 확장도 고려된다. 반대로 생각하면, 이는 다른 업계에는 위협적인 요인이 된다.

실제적인 SWOT 분석을 해보라

실제 SWOT 분석은 다음의 순서대로 실시한다.

❶ 고객을 정하고 고객의 보틀넥을 발견한다.
❷ 고객의 보틀넥을 해결할 수 있는 본사의 강점을 찾는다.
❸ 고객의 보틀넥을 해결하는 데 필요하지만 본사에 없는 것이 있다면 그것을 약점으로 정리하고, 약점을 극복하는 방법을 생각한다.

이 순서로 아사히야마동물원을 분석하면 다음과 같다.

❶ 관람객이 동물 본래의 생동감 있는 모습을 볼 수 없어 감동이 없었다.

　→ **보틀넥의 발견**

❷ 동물 본래의 생동감 있는 모습을 알고 있는 사육사들이 관람객을 감동시키기 위해 동물이 지니고 있는 본래의 모습을 살릴 수 있는 방법(행동전시)을 직접 스케치했다.

　→ **보틀넥을 해결하는 강점**

❸ 행동전시를 실현하기 위해 예산을 획득하고, 다양한 기술적 과제를 다른 기업과 함께 극복했다.

　→ **약점의 극복**

또 아스쿠루를 분석하면 다음과 같다.

❶ 30명 미만의 소규모 기업의 직원들은 일반 소비자와 같은 입장에 놓여 있어 법인으로서 필요한 때 필요한 양의 문구를 저가로 구입하기가 어려웠다.

　→ **고객 설정과 보틀넥의 발견**

❷ 그 문제를 해결하기 위해 '다빈도 소량 배송' 시스템을 구축했다.

　→ **보틀넥을 해결하는 강점**

❸ 600만 개나 되는 방대한 수의 소규모 기업을 지원할 수 있는 영업 거점과 배송 시스템을 갖추고 있지 않았지만, 영업에서 지방 문구점을 파트너로 활용하고 배송은 택배업체와 제휴했다.

　→ **약점의 극복**

SWOT 분석은 고객을 명확하게 설정하고, 그 고객의 보틀넥을 발견하는 데서 시작한다.

강점 분석에서는 고객의 보틀넥을 해결할 수 있는 강점을 몇 가지로 압축한다. 또 타사와의 차이점이 분명히 있어야 한다.

고객의 보틀넥을 해결할 때 본사에 약점이 있다면 그 약점을 강점으로 바꾸도록 한다.

고객의 보틀넥을 해결했던 강점을 다른 고객에게 어떻게 파급시킬 것인가 지혜를 모은다.

전략노트 4

1. 당신의 장래 고객은 누구인가? 그 고객의 보틀넥은 정확히 무엇인가?

2. 고객의 보틀넥을 해결하는 데 필요한 강점은 무엇인가? 당신 회사가 그런 강점을 가지고 있는가? 만일 없다면 어떻게 그 강점을 획득할 것인가?

3. 최초의 작은 성공을 어떻게 다른 분야로 확장시킬 것인가?

4. 경쟁사의 입장에서 위 1번에서부터 3번까지 순서대로 SWOT 분석을 해보자. 타사의 강점과 당신 회사의 강점이 중복되지는 않는가?

어느 시장을 공략할 것인가 _STP와 3C 분석, MECE

입수한 조사 보고서에 따르면, 미래가 밝은 자율이동형 로봇의 고객 항목에는 간호, 청소, 농업, 자원 굴착 및 탐사, 기수, 안내, 경비와 군사가 포함되어 있었다. 하지만 이 모든 분야에 대응할 수 있는 로봇을 개발한다는 것은 현실적으로 불가능하다. 각각 필요한 기능도 다를뿐더러 우리 회사의 강점을 활용할 수 없다면 비즈니스로서 성공하기가 어렵기 때문이다.

그렇다면 어떤 분야를 선택하면 좋을까?

사업화 과정

우리 회사의 강점을 활용하려면 먼저 고객의 보틀넥을 발견해야 한다. 이를 위해서는 당장 어떤 분야의 고객을 타깃으로 할 것인지 압축해야 한다.

그렇다면 어떻게 고객을 압축하면 좋을까? 고객을 발굴하려면 일반적으로는 고객이 될 수 있는 항목을 총망라해 정리하고, 각 항목에 대해 최신 정보를 입수해야 한다.

나는 고객 항목을 압축하기에 앞서 각각의 시장성에 대해 좀 더 자세한 정보를 수집하기로 했다. 각 분야를 대표하는 고객기업을 방문하기로 한 것이다.

자율이동형 로봇의 응용 분야를 조사하라

간호용이라 해도 구체적으로 들어가 보면, 로봇이 어떤 간호를 지원하느냐에 따라 로봇에게 요구되는 사양이 달라진다. 목욕 돕기처럼 힘을 쓰는 간호 지원이라면 사람이 다치지 않도록 안전을 신경 쓰는 의료적 측면이 중요하게 여겨질 것이다. 반면 환자나 노약자들의 이야기 상대라면 힘쓰는 일보다 지능형 로봇으로서의 기술이 우선적으로 고려된다. 기본적으로 안전성도 필요하지만 그보다는 사람과 대화할 수 있는 수준의 지능이 더 중요한 요소라 하겠다.

청소용이라면 가정용인가 업무용인가에 따라 로봇의 사양이 달라진다. 가정용이라면 청소라는 좁은 의미의 기능뿐 아니라 가사를 지원하는 로봇이라는 광의의 기능으로까지 확장하여 고려해야 할 것이다. 대표적인 집안일로는 밥하기, 설거지, 빨래, 청소가 있다. 현재 보급되어 있는 식기세척기, 세탁기, 청소기는 가사를 지원하는 매우 낮은 수준의 로봇으로 생각해도 무리가 없을 것이다. 여기에 자율이동형 로봇을 도입한다면 어떻게 될까?

식기세척기를 예로 들어보자. 식기세척기는 사람이 일일이 그릇을 넣고 스위치를 눌러야 한다. 이 일을 로봇이 대신해준다면 사람은 손 하나 까딱하지 않아도 된다. 세탁기도 마찬가지다. 로봇 스스로 세탁기를 돌리고 옷을 건조시킨 다음 차곡차곡 개어서 옷장 안에 정리까지 해준다면 얼마나 편리하겠는가! 또 사람이 없는 동안 청소 로봇이 알아서 집 안 구석구석을 쓸고 닦아준다면 얼마나 많은 시간을 절약할 수 있겠는가?

그런데 청소 로봇은 이미 상품화되어 있다. 미국 아이로봇 사는 2002년부터 청소 로봇 '룸바'를 생산해 세계 40여 개국에 총 300만 대를 팔아치웠고, 일본에서도 무려 5만 대나 판매했다(2008년 9월 기준).

농업용은 어떨까? 작물의 종류에 따라 요구되는 로봇의 사양은 천차만별이다. 똑같은 농작물이라도 씨뿌리기, 수확하기 등 로봇이 대행하는 작업에 따라서 사양이 달라진다. 농업용 로봇은 한마디로 규정할 수 없을 정도로 그 범위가 넓다.

자원 굴착 및 탐사용도 마찬가지다. 땅을 파야 할 자원이 어디에 묻혀 있는지에 따라 로봇의 사양이 달라진다. 평지, 산악지대, 사막, 해저, 한랭지 등 로봇의 사용 용도나 사용할 수 있는 환경은 손으로 꼽을 수 없을 만큼 다양하다.

로봇 기수를 도입한 두바이의 낙타 경주를 스포츠의 일종으로 생각해본다면 다양한 스포츠용 로봇을 생각해볼 수가 있다. 실제로 로봇 연구자들의 목표 중 하나가 2050년에는 인간 팀과 로봇 팀이 축구 경기를 하는 것이라고 한다. 로봇은 "인간에게 해를 주면 안 된다"는 로봇 3원칙*의 하나를 준수해야 하므로 이것이야말로 고도의 기술이 필요하다. 반대로 낙타 경주를 오락 산업으로 본다면 오락용 로봇을 생각해볼 수가 있다. 로봇 기수를 구체적으로 응용하여 범위를 확장시킬 수 있는 것이다.

이처럼 하나의 항목이라고 생각했던 분야에서도 좀 더 세분화하면 항목 수는 무한대로 늘어난다. 고객 항목을 종합적으로 정리하는 일은 중요하지만, 이것만 열심히 해서는 고객 숫자만 늘어날 뿐 압축할 수는 없다.

따라서 먼저 보고서에 수록된 분야 중에서 청소는 가사(家事)로, 기수는 스포츠 및 오락으로 확장하여 각각의 시장성을 분석하기로 했다 (도표 3-4). 한편 군사 분야는 우리 회사의 이념과 맞지 않아 제외하였다.

응용 분야마다 주요 기업을 방문하거나 로봇 연구자에게 자문을 구했다. 시장성에 대한 정보를 수집하다 보니 조사 보고서에 나타난 모든 시장이 매력적으로 느껴졌다.

물론 응용 분야에 따라 특징은 다 다르다. 가사처럼 로봇의 수량도 많고 기대되는 분야가 있는가 하면, 자원 굴착 및 탐사처럼 수량은 적지만 고가 시장이 기대되는 분야도 있다. 또 청소나 오락처럼 이미 시

---

*로봇 3원칙_ 러시아 태생의 SF작가 아이작 아시모프(Issac Asimov)가 제창했으며, 내용은 다음과 같다. 제1원칙: 로봇은 인간에게 위해를 가할 수 없으며 인간의 위험을 간과해도 안 된다. 제2원칙: 로봇은 인간의 명령을 따라야 한다. 단, 명령이 1조에 어긋날 때에는 따르지 않아도 된다. 제3원칙: 로봇은 1조와 2조에 위배되지 않는 한 자신을 지켜야 한다.

장에 진출한 기업 때문에 진입하기가 어려운 분야도 있다.

각 분야의 정보를 수집하는 과정에서 점차 주요 고객으로 삼아야 할 고객 항목이 간추려졌다. 그중에서도 자원 굴착 및 탐사 분야는 유망한 산업으로 보였다. 아직 연구 단계에 머물러 있고, 시장에 진출한 기업도 없다. 또한 주문 수량은 많지 않지만, 고가 시장이라서 우리 회사와 잘 맞을 것 같았다.

좀 더 조사해보니, 해저자원 탐사가 전도유망한 분야로 떠오르고 있다는 사실을 알게 되었다. 여러 대기업이 일본 근해에 있는 해저자원의 굴착 사업을 계획하고 있다고 한다.

해저자원을 파내려면 먼저 바다 속 어디에 어떤 자원이 묻혀 있는지를 알려주는 해저자원 지도를 작성해야 한다. 탐사 작업이 필요한

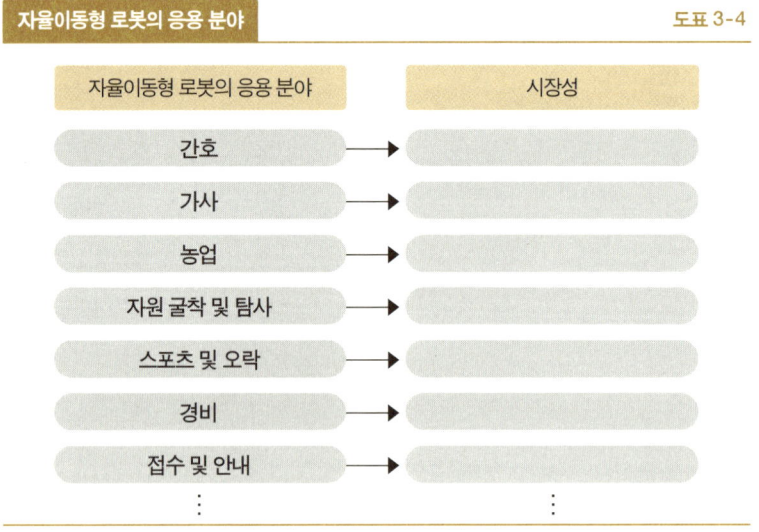

자율이동형 로봇의 응용 분야　　　　　　　　　　　　　　　　도표 3-4

자율이동형 로봇의 응용 분야	시장성
간호	
가사	
농업	
자원 굴착 및 탐사	
스포츠 및 오락	
경비	
접수 및 안내	

이유이기도 하다. 해저자원으로 눈을 돌린 기업은 "만일 해저자원을 탐사할 수 있는 로봇이 있다면 세계 최초로 해저자원 탐사 사업에 나서고 싶다"라고 말했다.

하지만 해결해야 할 과제도 만만치 않다. 케이블로 로봇을 제어하다 보니 케이블이 로봇의 몸을 휘감아 활동을 제한하는 현상이 나타날 수 있다는 것이다. 즉 케이블이 필요 없는 고도의 기술력을 갖춘 자율이동형 로봇을 만드는 것이 핵심 요건이었다. 대신 가격이 다소 비싸도 상관없었다.

아무리 생각해봐도 해저자원 탐사 분야가 사업 진출에 적합해보였다. 하지만 해저자원 탐사 로봇을 개발하려면 먼저 다양한 기술적 과제를 해결해야 한다는 점도 분명했다.

STP로 고객을 압축하라

고객을 간추리려면 'STP(Segmentation, Targeting, Positioning.)'*
라는 프레임 순서를 따라야 한다.

---

*STP_ 시장 전체를 여러 항목으로 나누고(Segmentation), 그중 어느 고객을 목표로 할 것인가를 명확하게 한다(Targeting). 시장세분화와 표적화가 기업의 입장에서 고객을 보는 시각이라면, 포지셔닝 (Positioning)은 고객의 시각에서 본사와 경쟁사의 차이점을 명확하게 하는 것이다.

❶ 시장세분화(Segmentation)

❷ 표적화(Targeting)

❸ 포지셔닝(Positioning)

'시장세분화'란 이란 고객을 어떤 특징에 따라 그룹으로 분류하는 것이다. 소비자를 세분화한다면 일반적으로 '지역', '연령', '성별' 등으로 구분한다.

지역이 다르면 소비자의 요구도 달라진다. 연령이나 성별에 따라서도 마찬가지다. 따라서 고객을 '지역별', '연령별', '성별'로 구분하여 상품을 개발하고 판매한다. 혹은 여러 요소를 조합하여 'A지역에 사는 30대 남성'이라는 항목으로 압축할 수도 있다.

하지만 'A지역에 사는 30대 남성'과 사는 곳, 나이, 성별이 같다고 해도 요구하는 내용까지 같지는 않다. 따라서 더욱 세분화된 항목이 필요하다. 신제품 사용을 즐기는 성격을 가진 사람들을 '얼리 어답터(early adopter)'라고 분류하는 것도 한 예다. 또 과학적 근거는 불분명하지만 고객을 혈액형으로 분류하는 경우도 있다.

고객이 소비자가 아니라 기업인 경우에도 세분화는 가능하다. 아스쿠루는 회사 규모로 분류했다. 그 외에도 업계로 분류하거나 조직의 기능으로 분류하기도 한다.

이렇게 분류한 항목 중에서 어디를 목표로 할 것인가를 결정하는 것이 '표적화'다. 목표로 한 항목의 사람들은 공통된 특징으로 분류되기 때문에 그 특징에 맞는 제품이나 서비스를 제공하는 것이다. 젊은 이들이 많이 모이는 시부야(涉谷)와 노인들이 즐겨 찾는 스가모(巢鴨) 지조도오리(地藏通)의 상점가는 당연히 판매 제품이나 서비스가 달라야 한다.

기업도 마찬가지다. 일찍이 IBM은 민간기업의 연구개발부를 대상으로 전자계산기 시장에 뛰어들었다. 하지만 실제로 제품이 팔리는 곳은 경리부였다. 애초에 전자계산기는 미사일의 탄도를 예측하기 위해 개발되었다. 따라서 군사용에서 민간용으로 시장을 확대할 때 과학기술 계산을 주로 하는 연구개발부를 대상으로 삼은 것은 지극히 당연한 발상이었다. 하지만 실제로는 월급 계산에 주로 사용되었다.

이 사실을 알아차린 IBM은 즉시 계산기의 사양을 회계용으로 변경했다. IBM의 이 일화는 회사의 부서로 대상을 세분화한 것까지는 좋았지만, 표적화에는 실패한 사례다. 하지만 IBM은 즉시 방향 선회를 해서 컴퓨터 업계의 리더가 될 수 있었다.

시장세분화와 표적화는 기업 측에서 고객을 보는 시각이다. 이에 반해 '포지셔닝'은 고객이 기업을 보는 시각이다. 포지셔닝은 어떤 점에서 본사와 경쟁사가 확연히 다른지를 고객에게 명확하게 보여주는 것으로, 여기서는 어떻게 차별화할 것인가가 중요한 문제다. 즉 타깃 고객이 경쟁사에 비해 우리 회사가 매력적이라고 생각할 수 있도록 차별화를 해야 한다.

예를 들어, 가격과 품질이라는 두 개의 축으로 고급 자동차 시장을 구성해보자. 도표 3-5를 보면, 미국 시장에 진출한 렉서스는 초기에는 왼쪽 위에 자리 잡았다. 즉 BMW나 벤츠와 같은 품질이면서 반값이라는 포지셔닝을 획득한 것이다. 이때 '싼 게 비지떡(왼쪽 아래 자리)'이라는 오해를 받지 않도록 PR이나 광고를 통해 메시지를 전달하는 일이 중요하다. 렉서스의 경우는 『컨슈머 리포트(Consumer Report : 미국 소비자 협회가 발간하는 월간지)』에 시승기를 게재하거나 무소음을 강조하는 광고를 선보여 효과를 톡톡히 봤다.

시장 진출에 성공한 렉서스는 그 후 모델을 바꿀 때마다 조금씩 가격을 올리기 시작했고, 지금은 BMW 및 벤츠와 같은 가격대를 유지하고 있다. 즉 도표 3-5에서 보이는 것처럼 왼쪽 위에서 오른쪽 위로 자리를 옮긴 것이다. 처음부터 오른쪽 위를 공략했더라면 성공하기 어려웠을지도 모른다. 하지만 일단 소비자에게 고급차로 인식되자, 성공적으로 왼쪽 위에서 오른쪽 위로 이동할 수 있었다.

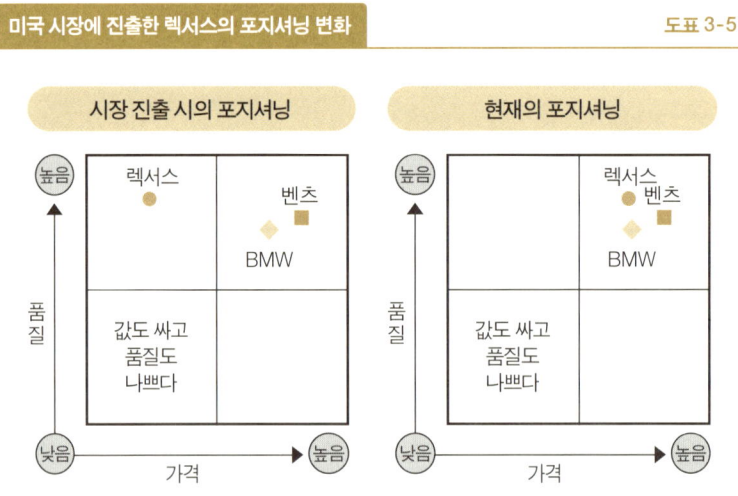

미국 시장에 진출한 렉서스의 포지셔닝 변화　　　　　　도표 3-5

현재 렉서스는 이 두 개의 평가 축에서 벤츠나 BMW와 같은 포지션이다. 따라서 렉서스로서는 다른 평가 축에서 경쟁사와 다른 포지션을 두고 경쟁해야 한다.

렉서스와 같은 고급 자동차 시장은 아니지만, 역시 경쟁사 제품의 절반 가격으로 미국 시장에 진출한 '유고'라는 자동차 회사가 있다. 이름에서 유추할 수 있듯이 옛 유고슬라비아에 있는 자동차 회사다. 유고는 동유럽의 저렴한 생산 비용을 강점으로 판매를 시작했지만, 렉서스와는 달리 미국 시장 진출에 실패한 뒤 철수하고 말았다. 자동

고객을 구분하는 영역마다 3C의 시각으로 분석한다   도표 3-6

사례 4에서 배운 SWOT 분석의 정확한 활용법을 잊지 말자.

자율이동형 로봇의 고객 항목	3C 분석		
	시장성과 고객의 보틀넥	고객의 보틀넥을 해결할 수 있는 본사의 강점	경쟁사의 존재
간호 →			
가사 →			
농업 →			
자원 굴착 및 탐사 →			
스포츠 및 오락 →			
경비 →			
접수 및 안내 →			

차의 품질이 너무 떨어졌기 때문이다. 일설에 따르면 교차로에서 멈출 때마다 엔진이 고장 났다고 한다.

미국에는 중고 자동차 시장이 있다. 이곳에서 소비자들은 유고의 신차보다 품질이 훨씬 좋으면서 가격은 저렴한 일본 중고차를 얼마든지 구입할 수 있다. 이래서는 유고가 경쟁에서 이길 수가 없다.

덧붙여 도표 3-4에서는 각 분야의 시장성을 평가했는데, 이것만으로는 충분하지 않다. 도표 3-6에서 보듯이 분야마다 경쟁사의 존재와 본사의 강점에 대해서도 분석할 필요가 있다. '고객(customers)' '본사(company)', '경쟁사(competitors)'의 세 가지 시각으로 분석하는데, 첫 머리 글자 C를 따서 이 프레임을 '3C 분석'이라고 부른다.

3C 분석에서 주의해야 할 점은 사례 4에서 배웠듯이 고객의 보틀넥을 명확하게 규정하는 일이다. 그리고 발견한 보틀넥을 해결할 수 있는 본사의 강점이 무엇인지 정리하여 경쟁사와의 차이를 도출해내야한다. 여기에서도 SWOT 분석을 정확한 방법으로 활용해야 한다.

시장을 세분화하려면 MECE를 활용하라

시장을 세분화할 때 도움이 되는 방식으로 'MECE'라는 것이 있다. MECE란 'Mutually Exclusive, Collectively Exhaustive(상호 배타적이면서도 전체를 포괄한다)'의 앞머리 글자를 따서 만든 용어다. 즉 '하나도 빠짐없이, 하지만 중복되지 않게' 생각한다는 것이다.

예를 들어 도표 3-7의 인간 전체를 '남성'과 '여성'이라는 성별로 구분하면 MECE가 된다. 하지만 인간 전체를 '남성', '학생', '여성'으

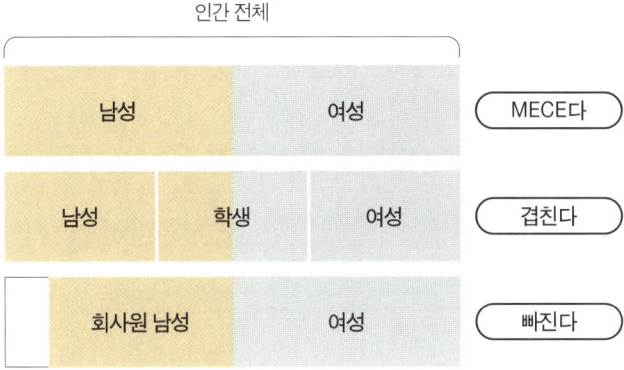

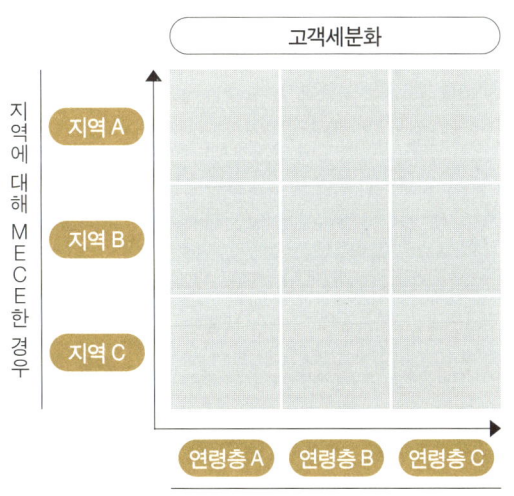

로 구분하면 서로 겹치게 된다. 혹은 '회사원 남성'과 '여성'으로 구분하면 '회사원이 아닌 남성'을 빠트리게 된다.

또 도표 3-8처럼 고객을 세분화하면서 '지역'과 '연령층'이라는 두 개의 평가 기준으로 구분했다고 하자. '지역 A'에서 '지역 C'까지 세 개 '지역' 모두를 망라하고 겹치지 않는다면 '지역'에 대해서는 MECE로 분류되었다고 할 수 있다. '연령층'도 마찬가지다. '연령층 A'에서 '연령층 C'까지 세 연령층의 사람들을 한 명도 빠짐없이 겹치지 않게 나눌 수 있다면 MECE로 분류된 것이다. 이처럼 평가 기준의 요소를 MECE로 하지 않으면 분류 항목이 빠지거나 중복되게 된다.

평가 기준의 시각은 다양하다. 스탠포드대학교의 에버렛 로저스(Everett M. Rogers) 교수는 신상품이 보급되는 시간적 흐름을 관찰하여 인간을 다음의 다섯 가지 범주로 분류했다.

❶ 이노베이터(Innovators) : 모험심이 강하며 새로운 것을 진취적으로 받아들이는 사람들. 시장 전체의 2.5퍼센트를 차지한다.

❷ 얼리 어답터(Early Adopters) : 유행에 민감하며 스스로 정보를 수집하여 판단하는 사람들. 다른 소비자들에게 미치는 영향력도 커서 '오피니언 리더'라고 불린다. 시장 전체의 13.5퍼센트를 차지한다.

❸ 얼리 메이저리티(Early Majority) : 비교적 신중하지만 평균보다 빨리 새로운 것을 입수하는 사람들. 시장 전체의 34.0퍼센트를 차지한다.

❹ 레이트 메이저리티(Late Majority) : 비교적 회의적이며 주변 대다수가 사용하는 것을 보고 난 후에야 같은 선택을 하는 사람들. 시장 전

체의 34.0퍼센트를 차지한다.

❺ 래거즈(Laggers) : 가장 보수적인 사람들. 유행이나 세상의 변화에 관심이 별로 없으며 이노베이션이 전통이 될 때까지 받아들이지 않는다. 시장 전체의 16.0퍼센트를 차지한다.

로저스 교수는 신상품이 "이노베이터에서 시작되어 얼리 어답터로 이어진다"라고 말했는데, 이 분류에 따라 상품이 보급된다. 바꿔 말하면 이 분류에 따라 신상품을 보급시키면 된다. 이 같은 분류 역시 MECE라고 할 수 있다.

단, 지역이나 연령에 따른 분류와 달리 이 같은 분류에서는 누가 어떤 그룹에 속해 있는지 판단하기가 어렵다. 대상이 되는 상품이 다르면 같은 사람이 다른 그룹에 들어갈 수도 있다. 또한 이노베이터라고 해도 상품에 따라서는 구매 능력이 없어서 구입할 수 없는 경우도 있다.

대상을 더욱 세분화하려면 평가 기준의 요소를 세분화하거나 평가 기준의 수를 늘리면 된다. 지역 A의 요소를 A1과 A2로 세분화하면 항목이 늘어난다. 또 이노베이터나 얼리 어답터라는 제3의 평가 기준을 추가함에 따라 구분 영역을 늘릴 수도 있다. 도표 3-9에서 보는 것처럼 인간이 상상할 수 있는 것은 기껏해야 3차원까지지만, 컴퓨터를 사용하면 평가 기준의 수를 네다섯 개에서 무한대까지 늘릴 수 있다.

자율이동형 로봇의 응용 시장을 생각할 때에도 MECE를 잊어서는 안 된다. 도표 3-6처럼 간호·가사·농업·자원 굴착 및 탐사·스포츠 및 오락·경비·접수 및 안내 등의 응용 분야를 정리하고, 더 세밀한 부분으로 들어가 각 분야의 내부를 MECE로 생각해야 한다.

예를 들어, 자원 굴착 및 탐사 분야는 자원이 묻혀 있는 장소에 따라 세분화하여 분류한다. 혹은 고객을 일본에만 국한하지 말고 어떤 나라가 고객이 될 수 있는가를 생각해보자. MECE로 생각하는 것이다. 해저자원이라면 도표 3-10처럼 '경제 수역이 넓은 나라', '자원이 적은 나라', '자원을 필요로 하는 공업국가', '자원을 수출하고자 하는 국가' 등이 평가 기준으로 효과적일 것이다.

자율이동형 로봇 시장을 세분화할 때에는 다음의 순서에 따르고, 각 순서별로 MECE를 의식하도록 한다.

❶ 응용 분야를 MECE로 정리한다(도표 3-6).
❷ 각 분야의 평가 기준을 MECE로 정리한다(도표 3-10의 왼쪽).
❸ 각 평가 기준의 내용을 MECE로 분류한다(도표 3-10의 오른쪽).

단, 여기서 주의할 점이 있다. MECE에는 증명할 수 있는 것과 증명할 수 없는 것이 있다는 사실이다. 도표 3-6에서 제시한 자율이동형 로봇의 응용 분야는 증명이 가능한 MECE라고는 볼 수 없다. 여기에 MECE의 어려움과 절묘함이 있다. 증명할 수는 없지만 지식을 가지고 MECE를 구사하는 것이 열쇠다. 이 내용은 다음에 좀 더 상세하게 설명하기로 한다.

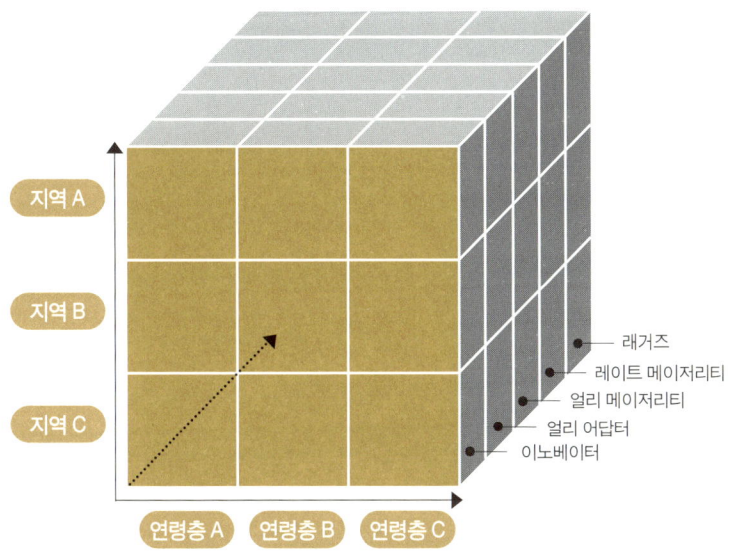

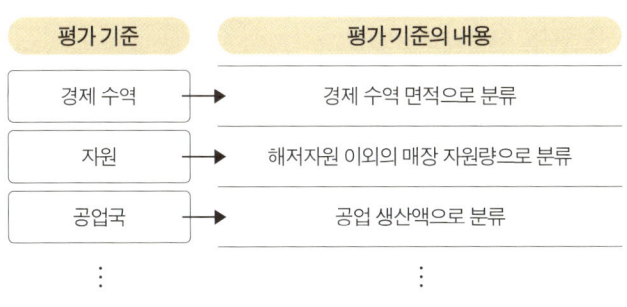

지식을 동반한 MECE로 시야를 넓혀라

사람은 누구나 자기도 모르게 자기 생각의 굴레에 갇히기 쉽다. 예를 들어, 해외 신문에 대해 물어보면 아마도 대부분 『월스트리트 저널』이나 『뉴욕 타임스』, 『파이낸셜 타임스』를 떠올릴 것이다. 하지만 프랑스의 『르몽드』처럼 앵글로색슨계와는 시각이 다른 신문도 있다. 아시아나 아프리카 국가의 신문도 해외 신문에 속한다. 이처럼 해외 신문 하나를 보더라도 알게 모르게 우리의 시야가 좁아져 있다는 것을 알 수 있다.

이런 사례를 열거하자면 사실 끝이 없다. 시야를 넓히려면 먼저 사고의 틀을 깨지 않으면 안 된다. 비록 결론이 같더라도 넓은 시각으로 생각해보자. 최종적으로 국내 시장만을 목표로 삼게 된 것과 처음부터 해외는 안중에도 없었고 오로지 국내 시장만을 목표로 삼은 것과는 사뭇 결과의 무게가 다르다.

좀 더 구체적으로 MECE의 예를 살펴보자. 부하직원을 지도하는 방법을 생각하면 얼른 다음 두 가지가 떠오른다.

❶ 부하직원을 가르친다. → 부하직원은 성장하지 않는다.
❷ 부하직원을 가르치지 않는다. → 부하직원은 성장한다.

"부하직원을 가르치지 않으면 성장한다"는 언뜻 모순된 말로 비춰진다. 하지만 부하직원을 직접 가르치지 않아도 스스로 사고할 수 있도록 하거나 제안을 하도록 만들면 부하직원은 충분히 성장할 수 있다. 이처럼 부하직원을 지도하는 방법을 MECE로 생각하면, "부하직원을 가르친다"와 "부하직원을 가르치지 않는다"라는 두 가지 답이 나온다. 하지만 제3의 방법으로 부하직원에게 가르침을 받는 경우도 생긴다.

❸ 부하직원에게 가르침을 받는다. → 부하직원이 훌륭하게 성장한다.

부하직원을 지도하는 방법이라고 하면, 으레 부하직원을 가르치는 것을 전제로 생각하기 쉽다. 그래서 "부하직원에게 가르침을 받는다"는 방법은 금방 떠오르지 않는다. 하지만 실제로는 "부하직원에게 가르쳐달라고 하라. 그러면 부하직원은 눈부시게 발전한다"라는 지도법도 존재한다.

사고의 틀이 한정적이면 아무리 MECE로 생각하려 해도 뭔가를 빠트리게 되어 제3의 지도법은 나올 수가 없다. 또 논리적으로 말하면, 네 번째 지도법으로 "부하직원에게 가르침을 받지 않는다"라는 것도 생각할 수 있다. 하지만 이것은 무의미하다. 따라서 굳이 부하직원을 지도하는 방법으로 언급하지 않겠다.

이처럼 MECE를 활용하려면 다음 두 가지가 중요하다.

❶ 틀을 좁히지 말고 넓은 시야를 가진다.
❷ 무의미한 항목은 처음부터 배제한다는 인식을 가진다.

또 다른 예를 살펴보자. 도표 3-11의 사진 세 장은 상품이나 서비스를 기획할 때 순서대로 실행해야 하는 세 단계를 나타낸 것이다. MECE의 시각으로 생각해보자. 당신은 이 사진에서 어떤 단계를 생각했는가?

순차적으로 사진을 해석하면 ① 하늘의 모습을 보고, ② 비가 올 것 같으니, ③ 우산을 준비해야겠다는 흐름이다. 즉 ① 현상 및 사실을 정확하게 파악하고, ② 거기에서 문제를 예측하고, ③ 마지막에 그 문제를 해결할 수 있는 제안을 한다는 단계를 나타낸 것이다.

상품 개발도 이 단계를 밟는다. 먼저 최대한 사실을 파악한다. 추측이 아니라 실제로 고객을 관찰하거나 이야기를 듣는다. 거기서 고객의 보틀넥을 발견하고, 그 보틀넥을 해소하기 위한 상품이나 서비스를 개발하여 제공한다.

처음 단계 ①과 ②를 거쳐 ③의 단계로 가자는 것이 지금까지 이 책에서 반복적으로 주장해온 내용이다. 하지만 유감스럽게도 실제 현장

상품 기획의 세 단계 도표 3-11

①구름 낀 하늘

②비

③우산

에서는 ①과 ②를 건너뛰고 ③으로 바로 가서, 우산의 색을 무엇으로 할 것인지 상품 기획부터 하는 경우가 많다. 그러나 문제가 무엇인지를 파악하지 않으면, 처음부터 필요도 없는 우산을 기획하느라 아까운 시간과 노력만 허비하게 된다.

보통 MECE라고 하면 정적인 것만을 대상으로 생각하기 쉽지만, 이처럼 시간적인 흐름을 MECE로 생각해볼 수도 있다. MECE는 세분화뿐 아니라 일상에서도 다양하게 활용할 수 있는 효과적인 사고방식이다.

사례 5 포인트

고객을 세분화할 때에는 다음과 같은 단계로 MECE를 활용하면 된다.

① 응용 분야를 MECE로 정리한다.
② 각 분야의 평가 기준을 MECE로 정리한다.
③ 각 평가 기준의 내용을 MECE로 분류한다.

MECE를 구사하려면 지식을 늘려 시야를 넓혀야 한다. 자신은 MECM를 활용한다고 생각하지만, 사실은 생각의 틀에 갇혀 놓치는 경우도 있다. MECE로 생각하는 기술을 익히는 것은 매우 중요하다.

전략노트 5

1. MECE의 시각으로 장래의 고객을 세분화해서 정리해보자.

2. 다음에 정리한 항목마다 3C 분석을 하고 대상으로 삼아야 할 항목을 추출해 보자.

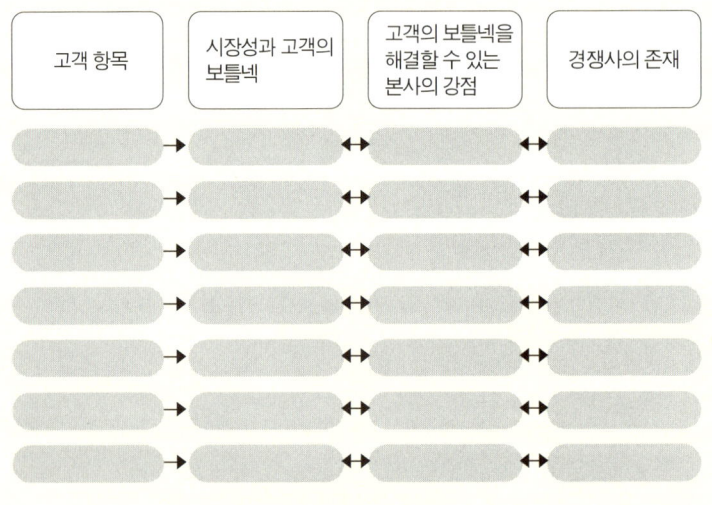

3. 타깃 고객을 구체적으로 세분화시켜보자. 중요하다고 생각되는 세 개의 평가 기준을 고른 다음 그것을 MECE로 완성시켜보자.

4. 타깃 고객에게 당신 회사를 어떻게 포지셔닝할 것인지를 생각해보고, 경쟁사와 본사의 포지셔닝을 그려보자.

case 06 사업의 보틀넥을 극복하라 _ 밸류 넷과 밸류 체인

브릭스(BRICs)*로 불리는 국가들이 급성장함에 따라 자원 부족 현상이 현실로 나타나고 있다. 땅 속에 묻혀 있는 자원은 특정 국가에 집중되어 있는데다 정치 문제와도 얽혀 있어 자원의 가격이 날로 치솟고 있다. M&A로 세계 최강 기업이 된 인도의 철강회사가 철광석을 발굴하는 기업을 매수하려는 발 빠른 움직임을 보이기 시작했다는 보고도 있다.

한 조사에 따르면, 바다 속에 매장되어 있는 자원이 이런 자원 부족 문제를 해결해줄 것으로 기대된다고 하는데, 해저자원을 탐색하고 발굴하는 기술이 실용화되지 않아서 누구도 시작할 엄두를 내지 못하고 있다고 한다. 특히 자원이 없는 일본에게 있어 세계에서 여섯 번째로 큰 경제 수역에서

---

*브릭스_ 2000년대를 전후해 빠르게 성장하고 있는 신흥 경제4국, 즉 브라질·러시아·인도·중국을 일컫는 용어다.

잠자는 해저자원을 활용할 수 있다면 산업 정책도 급변하게 될 것이다.

하지만 바다 속은 우주보다 광활한 미지의 분야다. 지금까지 달에 착륙한 사람은 12명이다. 세계 최고봉인 에베레스트 정상에 오른 사람은 무려 1500명이다. 하지만 1만 1000미터라는 세계 최대 깊이의 마리아나 해구에 들어간 사람은 겨우 2명에 지나지 않는다. 이 둘은 트리에스테(Trieste)호라는 심해 관측용 잠수정을 타고 들어갔다. 그 정도로 바다 속은 미개척 분야라고 해도 과언이 아니다.

해저자원을 발굴하는 사업을 시작하려는 기업은 아직 없지만, 몇몇 기업이 사업을 검토하고 있다는 사실을 알게 되었다. 더구나 자원의 가격이 치솟으면서 본격적인 검토에 돌입한 듯했다. 하지만 기업으로 하여금 해저자원을 발굴하는 사업에 진출하는 것을 주저하게 만드는 보틀넥이 있다. 바로 해저자원 탐사용 로봇이다.

그밖의 다른 보틀넥은 없을까? 또 다른 보틀넥을 어떻게 찾을 수 있을까?

사업화 과정

고객의 보틀넥을 해소하여 성공한 기업이 많다. 이들 사례를 조사하면 해저자원 굴착 사업의 보틀넥을 찾는 힌트를 발견할 수 있을지도 모른다. 여기서는 애플과 모리세이키(森精機: 일본의 대형 공작기계 업체)를 조사해보았다.

타사 제품으로까지 호환성을 확대한 아이팟

2008년 7월 11일, 애플의 휴대전화 아이폰 3G가 일본에서 발매되어 커다란 화제를 모았다. 애플은 원래 컴퓨터 회사지만 최근 몇 년간 MP3 플레이어부터 휴대전화기에 이르기까지 제품을 확대하고 있다. 2007년 10월부터 2008년 3월까지 6개월간 애플의 매출액 내역은 다음과 같다.

- 매킨토시(컴퓨터)―41퍼센트
- 아이팟(MP3 플레이어)―34퍼센트
- 아이폰(휴대전화)―4퍼센트

2001년에 첫 출시된 아이팟은 불과 7년 만에 매킨토시 매출과 어깨를 나란히 할 정도로 성장했다. 아이팟이 이토록 매출을 올린 비결은 고객의 보틀넥을 해결했기 때문이다.

기본적으로 아이팟을 사용하려면 컴퓨터는 필수적이다. 하지만 초기의 아이팟은 매킨토시로만 접속할 수 있도록 만들어졌다. 이는 애플에게 있어 당연한 선택이었다.

하지만 이렇게 해서는 윈도우를 이용하는 고객은 아이팟을 쓰고 싶어도 그럴 수 없다. 게다가 매킨토시의 시장 점유율은 전체 컴퓨터 시장에서 고작 2~3퍼센트에 불과하다. 이 상태가 지속되면 아이팟의 시장 규모는 매킨토시의 시장 규모에 눌려 확대될 수가 없다. 물론 매킨토시를 구입하면 아이팟을 사용할 수 있게 되니, 애플로서는 내심 매킨토시까지 구입해줬으면 하는 바람이 있었을 터다. 하지만 일부러 매킨토시를 구입하면서까지 아이팟을 사용하려는 고객이 얼마나 되겠는가.

이런 고객의 보틀넥을 해소하기 위해 애플은 매킨토시의 경쟁사인 마이크로소프트의 윈도우 체제에서도 아이팟을 접속할 수 있도록 사양을 변경했다. 그 결과 애플은 아이팟을 매킨토시와 견줄 수 있을 만큼 핵심 사업으로 성장시킬 수 있었다.

물론 아이팟 자체만으로도 매력이 있었지만, 일반 컴퓨터에도 접속할 수 있는 아이팟을 만들어내 고객의 보틀넥을 해소한 것도 주요한 성공 요인이었다. 또 아이팟이 급성장함에 따라 신규 매킨토시 사용자도 함께 늘어나는 혜택까지 누릴 수 있었다.

고객의 보틀넥은 제품에만 한정되지 않는다. 제품을 둘러싼 환경 속에서도 존재한다. 그것을 일찌감치 알아차린 애플은 경쟁사의 제품에도 접속할 수 있도록 사양을 변경해서 아이팟 고객의 보틀넥을 해소했다. 매킨토시를 담당하는 사업부에게는 쉬운 결정이 아니었을 것이다. 그러나 이를 훌륭하게 극복했기 때문에 애플의 성공이 가능했다.

A/S 과정을 바꿔 성공한 모리세이키

공작기계를 취급하는 회사라면 대개 가공 정밀도나 속도로 경쟁에서 이기려는 것이 보통이다. 그런데 모리세이키는 이와는 달리 고객의 보틀넥을 발견하고 해소하는 데 힘을 쏟았다.

모리세이키가 발견한 고객의 보틀넥이란 기계 고장으로 공장의 생산 라인이 멈추는 시간이 늘어나는데다 기계를 다루는 인원도 너무 많다는 점이었다. 이 보틀넥을 해소하기 위해 모리세이키가 취한 정책은 다음과 같다.

❶ 서비스센터 집약
❷ 네트워크에 의한 원격 진단
❸ 기계장치의 소형화

그때까지 고장 접수는 국내 41개 곳에 설치한 서비스센터가 담당했고, 각 센터에는 서비스 엔지니어가 한 명씩 배치되어 있었다. 그러다 보니 고객이 전화를 해도 늘 통화 중이거나 서비스 엔지니어 혼자서 대응하기가 불가능한 내용도 많았다. 또 공장 기계는 24시간 가동되어도 모리세이키의 서비스센터는 밤이면 문을 닫았다. 따라서 한밤중에 고장이 나면 고객은 꼼짝없이 아침까지 기다려야 했다.

이러한 고객의 보틀넥을 해소하기 위해 모리세이키가 처음으로 착수한 일은 서비스센터를 한곳에 모으는 것이었다. 서비스센터를 한곳에 모아 24시간 서비스 체제를 갖춤으로써 언제 기계가 고장 나더라도 신속하게 대응할 수 있도록 했다.

서비스센터를 한곳으로 집약하자 전화를 건 고객이 통화 중이어서 기다리는 일이 사라졌다. 전화를 받은 사원은 고장 내용에 따라 경험이 풍부한 엔지니어에게 연결해주었고, 엔지니어는 즉시 문제를 해결해주었다. 부품 교체가 필요할 경우에는 서비스센터와 인접해 있는 부품 재고센터에서 바로 부품을 보내주었다.

그 다음으로 네트워크에 의한 원격 진단을 실시했다. 고객의 설명만으로는 고장의 원인이 무엇인지 정확히 알 수 없을 때가 있었다. 따라서 공작기계를 원격 진단 모드로 바꾸어 네트워크를 통해 기계의 상황을 모리세이키의 엔지니어가 확인할 수 있도록 한 것이다.

엔지니어가 현장에 가지 않으면 알 수 없던 상황도 원격 진단으로 바로 진단할 수 있어서 신속한 대응이 가능해졌다. 고객으로서는 잦은 기계 고장으로 공장이 멈추는 시간을 최소한으로 줄일 수 있었고, 모리세이키로서도 쓸데없는 시간과 노력을 줄일 수 있었다. 결과적으로 허비하는 시간이 짧아졌다.

마지막으로 공작기계를 소형화하여 생각지도 못한 혜택을 보았다. 기존 공작기계는 기계마다 담당자가 한 명씩 필요했다. 하지만 공작기계를 소형화하자 다른 기계의 가동 상황도 살펴볼 수 있게 되어 한 명의 작업자가 여러 기계를 담당하는 것이 가능해졌다. 공장 경영자에게는 일손을 줄일 수 있는 큰 장점이었다.

이러한 장점은 기계의 도면만 들여다본다고 알 수 있는 것이 아니다. 모리세이키는 공작기계의 실물과 비슷한 크기의 모형을 스티로폼으로 만들어 그것을 고객의 회사까지 가지고 가서 논의를 했다. 그러자 도면상으로는 알 수 없었던 기계 사용법에 관한 고객의 의견을 반영할 수 있었고, 고객의 의견이 반영된 기계는 좋은 반응을 얻었다.

이렇게 모리세이키는 공작기계의 성능 향상 외에도 서비스센터 집약이나 네트워크 기술을 활용하여 기계의 고장에 대응하는 체제를 정비했다. 고객의 보틀넥이 어디에 있는지, 고객의 입장에서 생각하고 해소한 것이다.

해저자원 굴착 사업의 보틀넥

성공을 거둔 기업 사례를 조사한 결과, 고객의 보틀넥을 해소함으로써 스스로 사업을 성장시킬 수 있다는 교훈을 얻었다. 그렇다면 해저자원 굴착 사업은 어떨까? 적어도 해저자원을 산업용으로 제공하기 위해서는 다음 세 가지 기술이 필요하다.

❶ 해저자원 정보 지도 작성 기술
❷ 해저자원 굴착 기술
❸ 해저자원 운반 기술

먼저 바다 속 어디에 어떤 자원이 묻혀 있는지 탐사한 다음 그것을 바탕으로 해저자원에 관한 정보 지도를 작성할 필요가 있다. 닥치는 대로 바다 속을 파헤치는 것은 사업으로서는 그다지 효율적이지 않다. 그렇다고 바다라는 불모지에서 인간이 직접 자원 탐사 작업을 하는 것은 더욱 비현실적이고, 지상에서 바다 속의 기계를 제어하는 것도 어렵기는 마찬가지다. 이처럼 해저자원을 발굴하려 해도 해저자원에 관한 정보 지도가 없기 때문에 발굴할 엄두조차 내지 못한다.

자율이동형 로봇을 바다 속에서 작업시켜 해저자원 정보 지도를 작성할 수 있다면 해저자원 발굴은 현실로 다가올 것이다. 하지만 한 대만으로는 시간이 걸리고 효율도 떨어진다. 효율적으로 지도를 작성하려면 여러 대의 로봇을 동시에 움직여야 한다. 그렇게 하면 시간도 단축할 수 있다.

탐사 정보를 지상의 데이터센터로 업로드할 때마다 로봇을 지상으로 끌어올려야 한다면 이 또한 비효율적이다. 따라서 바다 속에서 획득한 정보를 지상으로 전송할 수 있도록 만들어야 한다. 하지만 정보를 송신하기 위해 케이블을 접속하면 로봇의 탐사 활동에 지장을 주게 된다. 케이블이 로봇의 몸을 휘감을 가능성이 높기 때문이다.

이 문제를 해결하려면 바다 속에서 지상으로 보내는 데이터 통신을 무선으로 처리하도록 만드는 것이 이상적이다. 하지만 수중에서는 전기신호나 광신호가 통과하기 어렵다. 즉 수중에서의 무선통신은 원리적으로 어렵다는 말이다. 바꿔 말하면 이 문제를 해결할 수만 있다면 저절로 고객의 보틀넥도 해결된다.

또한 에너지 보급 기술도 필요하다. 장시간 바다 속에서 탐사 작업을 지속하려면 에너지를 보급하는 기술도 필수적이어야 한다. 케이블을 사용할 수 없기 때문이다.

해저자원에 관한 정보 지도를 작성하기 위한 로봇을 만들려면 해결해야 할 기술적 과제가 그야말로 산적해 있었다. 이런 까닭으로 지금까지 어떤 기업도 이 분야에 진출할 수 없었던 것이다. 반대로 이런 보틀넥을 해결할 수 있다면 해저자원 굴착 사업을 하는 고객을 창출할 수 있다.

MECE로 보틀넥을 발견하라

사례 5에서 고객을 여러 항목으로 분류할 때 활용했던 MECE라는 사고방식은 고객의 보틀넥을 발견할 때에도 유용하다. 여기서는 디지털 정보를 송신하는 네트워크를 예로 들어 설명해보겠다.

최근에는 음악이나 영상 등 디지털 정보를 네트워크로 단시간에 전송할 수 있게 되었다. 예를 들어, 동영상 사이트인 유투브에 동영상을 올리면 어디서든 쉽게 볼 수 있다.

또 2008년 6월에는 PTP*라는 일본 기업이 모든 채널의 일주일분 텔레비전 프로그램을 동시에 녹화할 수 있는 '스파이더 프로(SPIDER PRO)'를 발매했다. 도중에 끊기지 않고 계속 녹화할 수 있기 때문에 언제나 최근 일주일분의 전체 텔레비전 프로그램을 보존할 수 있다. 따라서 더 이상 프로그램 예약을 할 필요가 없다. 내장되어 있는 하드디스크 용량의 진보가 이런 제품을 가능하게 만들었다. 앞으로 기술이 더욱 발전하여 하드디스크 용량이 더 늘어나면 일주일이 1개월로, 또 1년으로 늘어나게 될 것이다.

그런데 이렇게 눈부시게 진보하는 디지털 정보 분야라도 네트워크를 통해 정보를 보낼 때에는 어딘가에서 보틀넥이 발생한다. 그것을

---

*PTP_ 2000년 5월에 설립된 기업으로 전자 및 전기기기, 음성 및 영상 관련 소프트웨어를 제작, 판매하고 있다.

MECE로 분석해보자. 음악이나 영상 등의 정보를 네트워크로 보내거나 저장하려면 기본적으로 다음 다섯 가지 기능이 필요하다.

❶ 정보를 입력하는 기능(디지털카메라, 비디오카메라, 마이크로폰 등)

❷ 정보를 처리하는 기능(프로세서 등)

❸ 정보를 저장하는 기능(하드디스크, 플래시메모리, DVD 등)

❹ 정보를 전송하는 기능(광섬유 등)

❺ 정보를 출력하는 기능(액정 모니터, 유기EL 모니터 등)

정보량이 많은 데이터를 단시간에 전송하려면 정보를 입력하고, 처

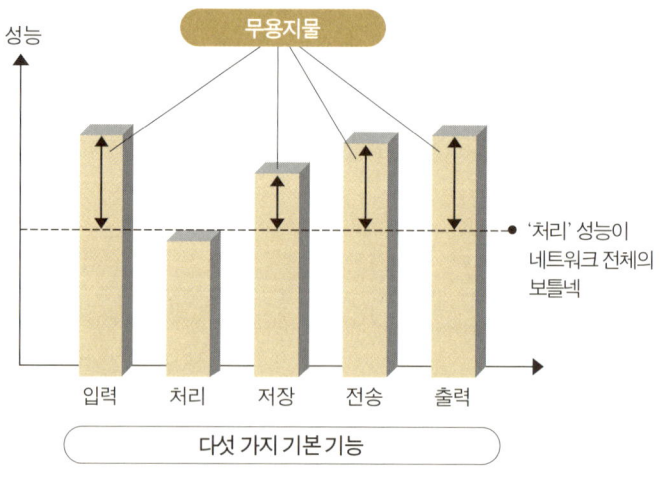

네트워크 전체의 성능이 '처리'라는 성능에서 막혀 있다   도표 3-12

리하고, 저장하고, 전송하고, 출력(표시)하는 다섯 가지 기능이 균형적으로 발전해야 한다. 도표 3-12처럼 어느 한 기능(여기서는 '처리')의 성능이 떨어지면 그것이 보틀넥이 된다.

즉 네트워크의 전체 성능이 '처리'에서 결정되고, 다른 기능이 지닌 우수한 성능은 무용지물이 되고 만다. 따라서 입력 기능이 더욱 향상되어도 네트워크 전체의 성능 향상에는 기여하지 못한다. 즉 그런 개발은 의미가 없다.

제품이나 서비스를 고객에게 판매할 경우에도 마찬가지다. 제품이나 서비스 이외의 곳에서 보틀넥이 발생했다면 제품이나 서비스의 성능을 끌어올려도 소용이 없다.

사고의 틀이 좁아지면 간과하고 있다는 것조차 인식하지 못한다 　　　　 도표 3-13

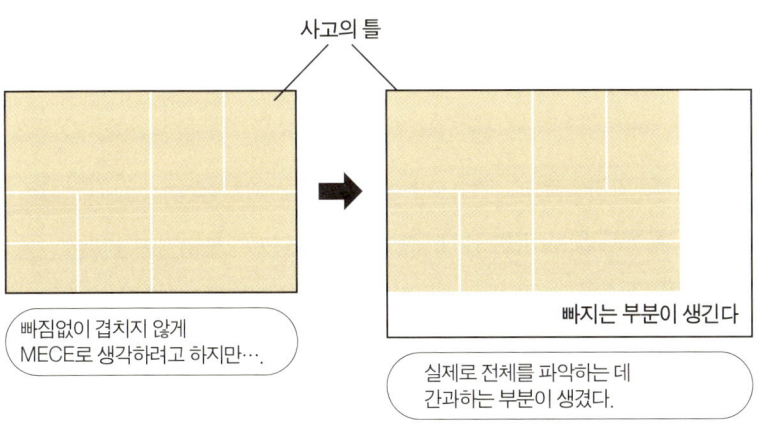

사고의 틀

빠짐없이 겹치지 않게 MECE로 생각하려고 하지만….

빠지는 부분이 생긴다

실제로 전체를 파악하는 데 간과하는 부분이 생겼다.

여기서 짚고 넘어가야 할 점이 하나 있다. 비즈니스맨 중에는 MECE가 논리적 사고의 수단이기 때문에 논리적으로 생각하는 훈련을 통해 이 틀을 활용할 수 있다고 오해하는 경우가 많다. 하지만 MECE를 구사하기 위해서는 지식을 늘리고 시야를 넓혀야 한다. 그 이유는 스스로 MECE라고 생각해도 실제로는 생각하는 틀이 좁거나 간과하는 것도 많기 때문이다(도표 3-13).

디지털 네트워크를 예로 들면, 입력 기능이라는 틀 속에서 아무리 성능 향상이나 비용 삭감을 검토한들 보틀넥을 발견할 수 없다. 틀을 확장해서 입력 이외의 기능에 보틀넥이 있는지를 봐야 한다. 본사가 담당한 기능이 아니더라도 고객에게 필요한 기능이라면 그것도 고려해야 한다.

그렇다면 사고의 틀을 확장시켜 고객의 보틀넥을 발견한 사례를 구체적으로 알아보자.

보틀넥을 발견하기 위한 프레임 '밸류 넷'

사례 5에서 배운 3C 분석은 '본사', '고객', '경쟁사'란 세 가지 시각으로 생각하라는 프레임이다. 그런데 3C 분석으로는 범위가 좁아 고객의 보틀넥을 간과하기가 쉽다. 보틀넥을 찾아내려면 또 다른 C인 '보완적 생산자(complementors)'와 '공급자'를 추가한 '밸류 넷(value net)'을 생각하는 것이 효과적이다.

먼저 보완적 생산자에 대해 설명해보자. 보완적 생산자에 대한 정의는 다음과 같다.

고객이 본사가 아닌 다른 회사의 제품을 소유했을 경우, 고객이 그것을 소유하지 않을 때보다 본사의 제품을 사용하는 고객으로서의 가치가 올라갔다면 그 회사를 '보완적 생산자'라고 부르며, 그 제품을 '보완재'라고 한다.

— 『코피티션(Co-Opetition)』 중에서

보완적 생산자는 경쟁사와는 정반대 지점에 위치한다. 고객이 경쟁사의 제품이나 서비스를 구입하면 본사의 제품이나 서비스는 팔리지 않지만(그래서 경쟁사다), 고객이 보완적 생산자의 제품이나 서비스를 구입하면 본사의 제품이나 서비스의 가치가 덩달아 올라간다.

좀 더 구체적으로 아이팟을 설명해보자. 애플은 매킨토시와 아이팟이라는 두 사업체를 운영하고 있다. 그중 매킨토시라는 컴퓨터 회사에게 마이크로소프트의 윈도우 체제 컴퓨터는 경쟁 상대다. 하지만 사고 과정에서 살펴본 것처럼 아이팟에게 윈도우 체제 컴퓨터는 보완재에 해당한다. 같은 애플에서 생산될지라도 제품에 따라서 경쟁사와 보완적 생산자가 바뀐다.

이 점을 인식하지 못하고 아이팟이 윈도우 체제 컴퓨터를 경쟁사로 간주하여 해당 제품에 호환되지 않게 만들어버리면 아이팟의 매출도 늘지 않는다. 애플은 윈도우 체제 컴퓨터가 아이팟의 보완재가 된다는 사실을 간파하고 고객의 보틀넥을 해소시켰다.

모리세이키의 사례도 보완재의 중요성을 시사하고 있다. 모리세이키는 고객의 보틀넥을 해결하여 '안정감과 편리성'이라는 시각으로

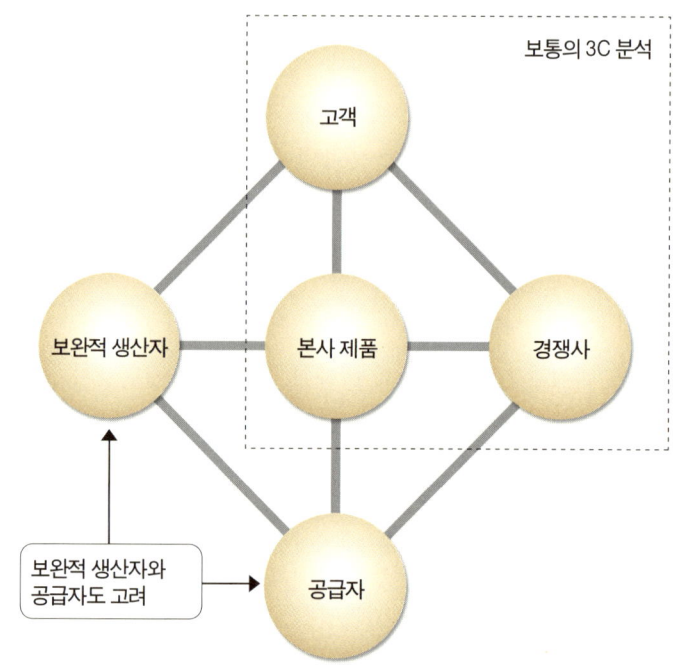

고객이 본사가 아닌 다른 회사의 제품을 소유했을 경우, 고객이 그것을 소유하지 않을 때보다 본사의 제품을 사용하는 고객으로서의 가치가 올라갔다면 그 회사를 '보완적 생산자'라고 부른다.

＊출처 : 『코피티션(Co-Opetition)』, 배리 J. 네일바프 · 아담 M. 브란덴버거 지음,
         커런시(Currency), 1996년

차별화를 꾀했다. 그러나 흔히 공작기계의 차별화라고 하면 가공의 정밀도나 속도라는 성능 향상을 먼저 떠올리는 것이 상식이다.

하지만 아무리 성능이 뛰어난 공작기계를 만들어도 고장이 자주 나서 사용하는 데 불편을 겪는다면 모든 성과는 허사로 돌아간다. 기본적인 성능에 별다른 차이가 없다면 이상적인 상황은 '고장이 없는 기계'를 만드는 것이다.

그러나 아무리 완벽한 기계를 만들어도 작업자가 사용법을 오작동해서 망가뜨리는 일이 발생하게 마련이다. 그래서 모리세이키는 서비스 체계를 갖추어 고장이 나도 공장의 라인이 멈추는 시간을 대폭 줄일 수 있도록 조치하는 차별화를 꾀했다.

고객으로서는 베테랑 엔지니어가 1년 365일, 24시간 상시 대기하기 때문에 안심할 수가 있다. 이것이 바로 공작기계의 보완재(서비스)다. 모리세이키에서는 20년도 더 된 낡고 수명이 다 된 기계장치라도 그 장치에 쓰이는 부품을 보관하고 있다. 만일 부품이 없다면 새로 만들어서라도 대응한다고 한다. 이 정도의 지원이 있으니 안심하고 모리세이키의 장치를 구매하는 것이 아닐까?

모리세이키가 실시한 또 다른 차별화는 기술적 성능이 아니라 '자유롭게 사용할 수 있는 기술의 향상'이라는 감성적인 측면에서의 개선이다. 가공 정밀도나 속도 등의 기능과는 달리 '자유롭게 사용할 수 있는 기술의 향상'은 수치로 나타낼 수 없는 부분이다. 그래서 일반적으로는 사용하고 싶은 대로 자유롭게 사용하는 기술로 차별화하려는 생각을 감히 하지 못한다. 수치로 나타낼 수 없는 것은 개선하려고 하지 않기 때문이다.

　하지만 모리세이키는 공작기계를 실제로 사용하는 작업자가 사용하기 편하도록 만들기 위해 연구했다. 그래서 나온 아이디어가 공작기계의 실물 크기 그대로 스티로폼 모형을 만드는 방법이었다. 이 모형을 고객에게 직접 가지고 가 실제로 일하듯이 시뮬레이션을 거듭하면서 실제 기계를 다루는 데 있어 고객이 불편해하는 점이 무엇인지를 파악해냈다. 예를 들어, 어떤 기계의 경우에는 작업자가 안을 들여다볼 때마다 어깨를 부딪친다는 점을 알아냈다. 기술자로서는 자칫무시할 수도 있는 점이지만 고객에게는 일상적인 일이기 때문에 매우중요하다. 이 사항은 즉시 개선할 점으로 체크된다.

　보틀넥을 발견하려면 보완적 생산자 외에 공급자도 고려해야 한다. 이는 '밸류 체인(value chain)'*이라는 사고방식으로 이어진다. 구체적인 사례를 들어 밸류 체인에서의 보틀넥에 대해 알아보자.

원자재 부족이 불러온 부품 대란

　일본의 휴대전화 가입자 수는 현재 1억 명이 넘는다. 산업수명주기로 보면 휴대전화 사업은 이미 성장 단계를 거쳐 성숙 단계로 진입하

---

*밸류 체인_ 하버드 비즈니스 스쿨의 마이클 포터(Michael Porter) 교수가 제창한 개념으로, 기업 활동에서 부가가치가 만들어지는 과정을 의미한다. 주요 과정은 '구매 물류', '제조', '출하 물류', '판매 마케팅', 'A/S' 등 다섯 가지다. 이 과정 전체를 통해 측면 지원하는 활동으로는 '조달 활동', '기술 개발', '인사노무 관리', '전반 관리' 등 네 가지가 있다. 이 책에서는 이 개념을 원자재에서 최종 소비재까지 기업 간의 부가가치를 만들어내는 연속 과정에 적용하고 있다.

였다. 1990년대 중반부터 후반까지 신규 가입자만 매년 1000만 명씩 증가했다. 당시 예상 밖의 성장으로 휴대전화기의 생산이 수요를 따라가지 못하자, 통신회사로서는 신규 가입자를 눈앞에서 놓치는 상황이 속출하기도 했다.

당시 NTT도코모('언제 어디서나'라는 뜻을 지닌 일본의 휴대전화 및 무선통신 서비스 기업)의 사장이었던 오보시 구지(大星公二)는 이 문제를 해결하기 위해 직접 휴대전화기 제조회사를 방문하여 생산을 늘리라고 강하게 요청했다고 한다. 하지만 휴대전화기 제조회사도 생산을 늘리고 싶어도 늘릴 수 없는 상황이었다. 부품이 부족했기 때문이다.

오보시 사장은 부품회사로 달려갔다. 그러자 부품회사 측에서는 원자재인 공업용 액정이 부족하다고 호소했다. 공업용 액정은 주로 시계나 게임기 등에 사용되는데, 휴대전화 시장이 급성장함에 따라 회

NTT도코모가 휴대전화기 부족을 겪을 때의 밸류 체인상의 보틀넥　　도표 3-15

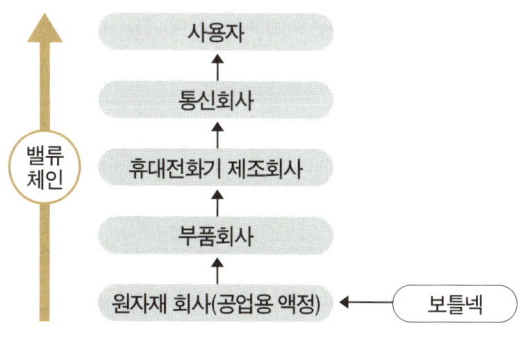

사의 생산 능력을 훨씬 초과해버린 것이었다. 주요 공업용 액정을 만드는 회사는 일본에 단 두 곳뿐이어서 오보시 사장은 즉시 사야마(狹山)에 있는 N사와 후쿠시마(福島)에 있는 T사를 찾아가 원자재를 공급해달라고 간곡히 부탁했다.

결국 통신회사에게는 공업용 액정이 보틀넥이었던 셈이다(도표 3-15). 통신회사와 휴대전화기 제조회사처럼 직접 거래하는 관계라면 생산 계획에 관한 정보를 쉽게 공유할 수 있겠지만, 통신회사와 공업용 액정을 생산하는 회사처럼 서로 멀리 떨어져 있다면 정보 공유가 어렵다. 따라서 보틀넥이 있어도 그 존재에 대해 어지간해서는 신경쓰지 못한다.

오보시 사장이 이 보틀넥을 발견한 것은 휴대전화기 제조회사, 부품회사, 원자재회사로 밸류 체인을 소급해서 들어갔기 때문이다. 이처럼 보틀넥은 상류 산업에서 하류 산업*으로 이어지는 밸류 체인의 어딘가에 반드시 존재한다. 보틀넥이 생기지 않도록 하는 것이 가장 이상적이나, 사실 어려운 일이다.

하류 산업에 대해 정보를 수집하고 개발이나 생산 계획에 신속하게 대응해 간다면 좋지만, 현실적으로는 그 사이에 끼어 있는 기업에 따라 정보가 왜곡되기 쉽다. 실제로 액정회사는 NTT도코모의 사장이 방문할 때까지 하류 산업에 휴대전화라는 절호의 사업 기회가 있다는

＊**상류 산업과 하류 산업**_ 원자재를 가공하여 제품을 만들고 부품을 조립하여 제품을 만드는 것처럼 제조의 시간적인 흐름을 강의 흐름에 비유했다. 원자재 산업 등을 상류 산업이라 부르고, 최종 제품 산업 등을 하류 산업이라고 한다. 본사를 중심으로 공급업체가 상류 산업이고, 고객이 하류 산업이 된다.

사실을 알지 못했다. 일반적으로는 공업용 액정회사가 휴대전화 업계의 비전을 간파하여 미리 생산량을 늘리는 게 상식이다.

밸류 체인의 중간에 있는 기업은 본사를 중심으로 상류 산업과 하류 산업, 양쪽의 상황을 모두 파악하고 정보를 입수할 수 있다. 하지만 하류 산업을 보고 있는 것은 판매 및 마케팅부, 상류 산업을 보고 있는 것은 생산 및 구매부이다 보니 사내에서조차 정보가 원활하게 공유되지 않는 경우가 많다. 밸류 체인의 보틀넥은 기업 간에만 있는 것이 아니라 기업 내에도 존재한다.

밸류 체인의 보틀넥을 해소하여 성공한 퀄컴

휴대전화업계에서 크게 성공한 벤처기업으로 미국 샌디에이고에 위치한 퀄컴(Qualcomm)을 들 수 있다. 1985년에 설립된 퀄컴은 당시 전문가들 사이에서 불가능하다고 생각되던 CDMA(code division multiple access)라는 기술을 휴대전화에 응용한 CDMA용 반도체 칩을 생산해냄으로써 독보적인 성공을 거두었다. 영업 이익률도 40퍼센트 내외로 매우 높다. 퀄컴이 사업을 시작하면서 세운 전략 역시 밸류 체인상의 보틀넥을 해소하고, 새로운 고객을 창출한 사례에 해당한다.

당시 퀄컴이 실시한 보틀넥 해소법은 굉장히 대담했다. 부품회사임에도 불구하고 휴대전화기 사업을 시작하면서 밸류 체인을 구축한 것이다(도표 3-16).

구체적으로 살펴보자. 당시 그 어떤 휴대전화기 제조회사나 통신회사도 CDMA를 도입하려 하지 않았다. 퀄컴의 창업자들은 CDMA야말로 미래 휴대전화의 기반 기술이 될 것이라고 확신하고 있었지만, 반도체 칩을 생산하는 부품회사의 힘만으로는 뾰족한 방법이 없었다. CDMA가 시장을 장악하려면 먼저 그 부품을 휴대전화기 제조회사가 채택해야만 하고, 또 그 휴대전화기를 통신회사가 도입해야만 한다. 퀄컴은 이 두 장벽을 넘어야 했다.

하지만 휴대전화기 제조회사가 부품을 만든다면 통신회사를 공략하기가 수월해질 것이고, 정보 공유나 개발 속도도 월등히 빨라질 것이다. 기존 고객(휴대전화기 제조회사)이 존재하는 경우에는 선택하기 어렵지만, CDMA처럼 아예 시장이 없는 경우라면 이런 전략은 매우

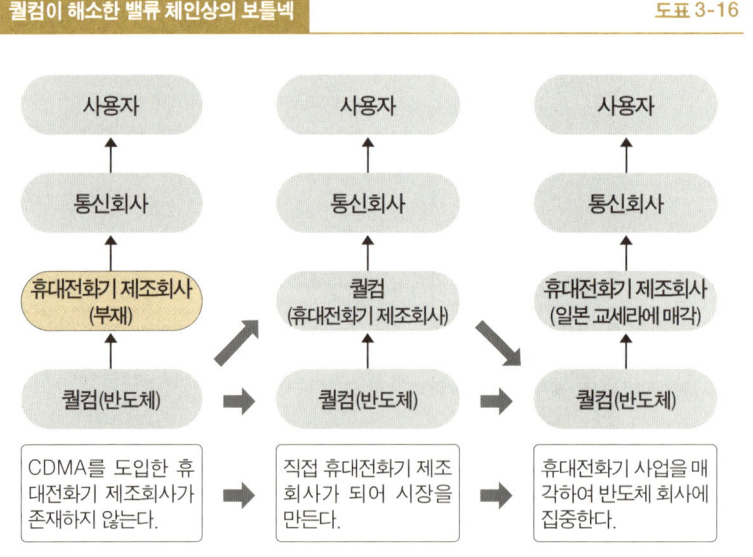

퀄컴이 해소한 밸류 체인상의 보틀넥   도표 3-16

효과적일 수 있다.

CDMA용 반도체 칩을 내장한 휴대전화 서비스가 궤도에 오른 후 퀄컴은 휴대전화기 사업을 매각했다. 그것은 퀄컴의 전략 사업이 반도체 칩이기 때문이다. 휴대전화기 사업과 반도체 사업을 동시에 해서는 퀄컴의 반도체 칩을 이용하는 고객과 경쟁하는 꼴이 된다. 이런 사태를 막기 위해 퀄컴은 당초 세운 CDMA 사업 목적을 달성하자, 휴대전화기 사업을 매각하여 반도체 칩 사업에 집중하는 전략을 채택한 것이다(도표 3-16).

일본 업체보다 휴대전화기 시장에 늦게 진출한 삼성전자는 현재 세계 2위의 휴대전화기 업체가 되었다. 오늘의 삼성전자가 가능했던 것 역시 퀄컴이라는 반도체회사가 존재했기 때문이다. 이처럼 퀄컴은 고객의 보틀넥을 해소하여 새로운 고객을 창출하고 사업을 훌륭하게 성공시켰다.

메인보드 사업에서 새로운 고객을 창출한 인텔

'인텔 인사이드(Intel Inside)'란 광고로 유명한 인텔은 컴퓨터의 심장부에 해당하는 프로세서를 제조, 판매하는 반도체 기업이다.

인텔은 컴퓨터회사뿐 아니라 새롭게 컴퓨터 사업에 진출하는 신흥 기업에도 제품을 제공하고 있다(도표 3-17). 인텔은 신규 기업이 맨바닥에서 출발해 컴퓨터를 개발한다는 것이 얼마나 어려운 일인가에 주목하여, 인텔의 프로세서와 주변 칩을 탑재한 메인보드를 제공한다는 전략을 채택했다.

인텔의 메인보드를 기반으로 일본이나 대만에서도 신흥 컴퓨터회사가 잇달아 탄생했다. 하지만 신흥 기업의 컴퓨터는 브랜드 파워가 없어 팔리지 않았다. 여기서 위력을 발휘한 것이 바로 '인텔 인사이드' 광고였다. 신흥 컴퓨터회사의 제품이라도 인텔의 프로세서를 탑재하고 있음을, 그것도 최신 제품을 탑재하고 있다는 것을 전면에 내세우면 사업은 눈부시게 성장했다(도표 3-17).

인텔의 메인보드 사업은 신흥 컴퓨터회사의 보틀넥을 말끔하게 해소시켰다. 컴퓨터 시장에 진출하려는 기업은 기술력이 없으면 안 된다. 그런 기업에게 메인보드를 제공할 뿐 아니라 '인텔'이란 브랜드를 활용할 수 있게 함으로써 시장 진출을 용이하게 만든 것이다.

보틀넥을 발견했다면, 이를 해소하는 동시에 밸류 체인상에서 본사 제품이 보틀넥이 되도록 한다. 이를 위해서 경쟁사를 늘리기보다는 고

메인보드 사업에서 고객을 창조한 인텔의 전략   도표 3-17

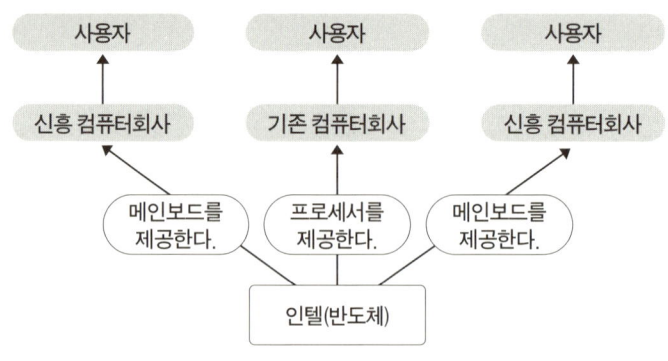

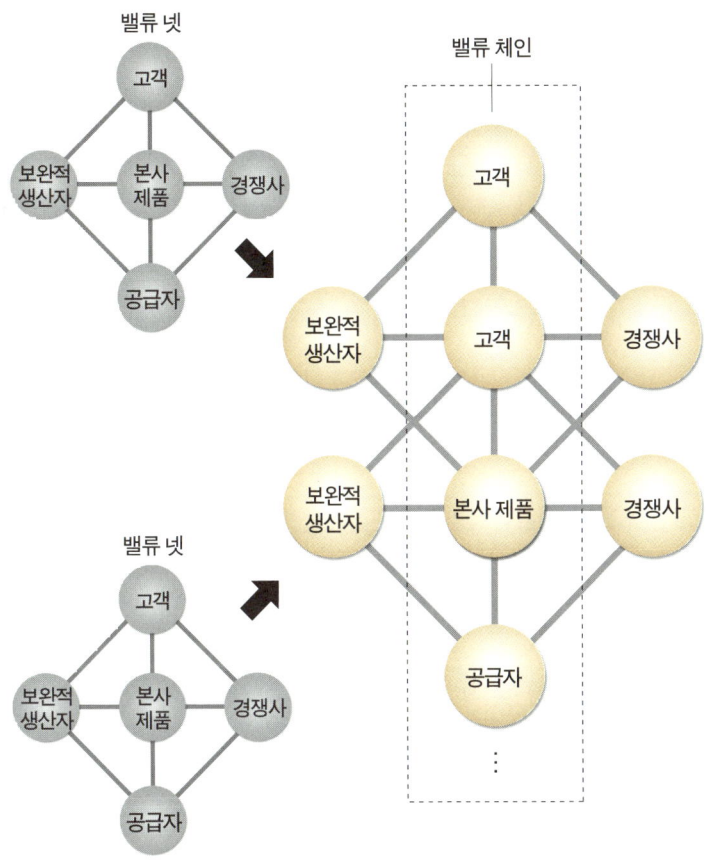

객을 늘리는 데 중점을 둔다. 인텔은 이러한 면을 멋지게 성공시켰다.

밸류 넷과 밸류 체인은 따로 생각할 것이 아니라 도표 3-18처럼 통합해서 생각해야 한다. 원자재에서 최종 소비자에 이르기까지, 이 복잡한 관계를 분석하여 어디에 보틀넥이 있는지를 발견하고 해소하도록 노력해야 한다.

단, 이 도표는 복잡하기 때문에 효과적으로 분석하려면 구체적으로 본사의 어떤 제품에 대한 분석인가를 명확하게 해야 한다. 그렇지 않으면 아이팟과 매킨토시의 사례에서 보듯이 같은 회사의 제품에서도 전혀 다른 양상을 띨 수가 있다.

사례 6 포인트

고객의 보틀넥을 발견하려면 고객의 입장에서 전체를 파악할 줄 알아야 한다. 특히 놓치기 쉬운 것이 보완적 생산자라는 개념이다. 여기에 공급자를 더한 밸류 넷으로 비즈니스를 생각해야 한다.

공급업체에서 고객에 이르는 밸류 체인을 분석하는 것도 보틀넥을 발견하는 데 효과적이다. 밸류 체인상에서의 보틀넥을 해소하고 동시에 본사 제품이 보틀넥이 되는 포지션을 확보하도록 노력한다. 마지막으로는 밸류 넷과 밸류 체인을 통합하여 어디에 보틀넥이 있는지를 찾아내야 한다.

전략노트 6

1. 컴퓨터, 휴대전화, 레스토랑, 병원을 밸류 넷의 중앙에 두고, 구체적인 고객을 상정하여 누가 보완적 생산자가 될 것인지 예를 들어보자.

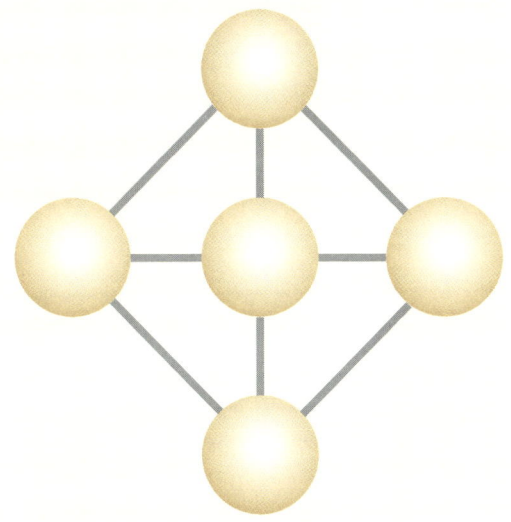

2. 당신 고객의 사업에 있어서 고객은 누구이며, 보완적 생산자와 공급자는 누구인가? 구체적인 예를 들어보자.

3. 당면한 사업에 관한 밸류 체인을 상류 산업에서 하류 산업까지 구체적인 그림으로 표현해보자.

4. 당신 고객의 사업을 중심에 두고, 도표 3-18처럼 밸류 넷과 밸류 체인을 종합하여 보틀넥이 어디에 있는지 찾아보자.

초보처럼 생각하고
프로처럼 실행하라 _ 콘셉트 창조

해저탐사용 로봇의 사업 내용이 조금씩 윤곽을 드러내기 시작했다. 직소 퍼즐의 조각이 하나둘 빈자리를 채워가듯 목표의 전망이 보이기 시작한 것이다. 이제 사장을 깜짝 놀라게 할 프레젠테이션을 염두에 두고 사업 콘셉트를 짜보자.

그런데 콘셉트를 짜려면 어떤 순서로 실행하면 좋을까?

사업화 과정

과거에 내가 몸담았던 제품개발부에서는 사업 콘셉트를 짜지 않았다. 그래서 사업화에 실패했는지도 모른다.

내가 과거 기술자여서 하는 말인데, 기술자는 아무래도 기술적 관점에서 콘셉트를 생각하기 쉽다. 고객이 요구하는 것을 영업부가 기술자에게 털어놓으면, 기술자는 기술적으로 무리라며 단칼에 거절한다. 그뿐 아니다. 기술을 통 모르는 사람을 상대하기가 피곤하다는 표정까지 짓는다. 자신도 그런 경험을 거쳐서 온지라 다른 사람을 비난할 자격이 없는데도 말이다.

대체로 밸류 체인의 상류 산업으로부터 하류 산업으로 제품이 완성되기 때문에 기술자 역시 자연스럽게 그런 흐름에 따라 생각하는 것인지도 모른다. 하지만 콘셉트를 정할 때에는 하류 산업에서 상류 산업으로 거슬러 올라가 생각할 필요가 있지 않을까? 출발점은 어디까지나 고객이 되어야 한다. 그렇지 않고서는 진정 훌륭한 콘셉트가 나올 수가 없다.

생각은 초보처럼, 행동은 프로처럼

이것저것 고민하던 차에 대학원에서 카네기멜론대학교 로봇연구소 소장을 역임한 가나데 다케오(金出武雄) 교수의 특별강연이 있었다. 가나데 교수는 "생각할 때에는 초보처럼 솔직하게, 행동할 때에는 프로처럼 치밀하게 하라"고 주장했다. 그 한 예로 가나데 교수 팀의 '자동운전 자동차 프로젝트' 연구를 들 수 있다.

오늘날의 차는 '자동차'라고는 하지만 실제로는 사람이 운전해야 한다. 이는 진정한 의미로의 '자동차'라고 할 수 없다. 그래서 가나데 교수 팀은 자동차에 카메라와 컴퓨터를 싣고 자동운전을 하는 실험을 계획했다.

일반 기술자라면 실현 불가능해 보이는 이 실험을 두고 망설일 게 분명하다. 인간에게는 쉬운 일이라도 컴퓨터가 하기에는 어려운 일도 많다. 예컨대 눈이 쌓인 도로나 낙엽이 떨어진 도로에서 사람은 어디가 도로인지 아닌지를 구별하기가 그리 어렵지 않다. 하지만 컴퓨터는 그렇지 않다.

도로를 제대로 인식하는 것만이 자동운전을 위해 필요한 사항은 아니다. 신호등은 물론 도로를 달리는 다른 자동차나 보행자도 실시간으로 인식할 수 있어야 한다. 조금만 생각해도 실현할 수 없는 어려운 기술이라는 점을 알 수 있다. 심지어 전문가들조차 어렵다는 결론을 내렸다.

하지만 가나데 교수는 그런 초보다운 발상을 실현하는 것이야말로 프로의 솜씨가 발휘되는 대목이라고 강조했다. 실제로 가나데 교수 팀은 실험용 자동차를 일반 도로에서 달리게 했다. 북미 대륙을 자동운전으로 횡단한 것이다. 이를 위해 어린이가 갑자기 뛰어들었을 때 브레이크가 작동하는 프로그램을 검증하는 실험을 거듭하며 만전을 기했다. 초보다운 발상에 프로다운 실행력이었다.

진정 '자동으로 운전하는' 차는 초보자의 거침없는 발상에서 탄생했다. 하지만 이를 가능하게 만든 기술 개발에는 프로의 능력이 필요하다. 기술적인 문제를 먼저 생각하는 프로의 발상으로는 좋은 콘셉트가 탄생하지 않는다. 자, 초보의 발상으로 고객의 입장에서 콘셉트를 생각해보자.

콘셉트 창조 프로젝트를 시작하다

사내에서 동료들을 모아 사업 콘셉트를 짜는 프로젝트를 시작하기로 했다. 멤버로는 기술부뿐 아니라 영업부나 회사 밖 사람까지도 영입할 예정이다. 사내 멤버는 일에 열정적이고, 프로젝트를 위해 업무 시간 외에도 기꺼이 시간을 투자하겠다는 사람들로 꾸려보자. 예전에 프로젝트 팀을 결성한 적이 있는데, 그때 의욕 없는 사내 멤버로 인해 전체 사기가 떨어졌던 일이 있었다. 업무 지시라고 울며 겨자 먹기 식으로 참가하는 사람은 정중히 사양이다.

사내 멤버는 지금까지의 업무 스타일로 볼 때 4~5명의 후보자가 떠올랐다. 문제는 회사 밖 후보자로, 좀처럼 적합한 인물이 떠오르지 않았다. 일단 사내 멤버부터 모아 시작하기로 했다.

나는 제일 먼저 멤버들에게 프로젝트의 배경을 설명한 후, 자율이동형 로봇의 응용 분야 중에서 해저자원 탐사용 로봇의 콘셉트에 대해 자유분방하게 아이디어를 낼 수 있도록 브레인스토밍을 했다. 회의에서 나온 아이디어를 포스트잇에 적어보니 200개나 되었다. 이를 정리하면 다음과 같다.

해저자원 사업은 크게 어디에 어떤 해저자원이 매장되어 있는지를 조사하는 '해저자원 탐사 사업'과 실제로 자원을 발굴하여 지상으로 옮기는 '해저자원 굴착 사업'으로 나뉜다. 해저자원 탐사 사업에는 바다 속을 탐사하는 자율이동형 로봇이 필수적이다. 잠수정을 이용해도 인간이 바다 깊이 잠수하는 일에는 위험이 따른다. 와이어로 연결된 로봇 역시 바다 속을 자유롭게 돌아다닐 수가 없을 것이다. 따라서 로봇이 스스로 판단하고 이동할 수 있어야 한다.

또 바다 속에서 자율이동형 로봇을 실현하려면, 고압을 견딜 수 있는 하드웨어와 스스로 상황 판단이 가능한 인공지능 소프트웨어가 필수적이다. 단, 모든 것을 로봇이 판단하기는 어려울 것이다. 가능하다면 사람이 지상에서 로봇이 보고 있는 영상을 확인할 수 있도록 하자. 로봇이 보고 있는 영상을 지상으로 전송하려면 수중에서도 가능한 무선통신 기술이 필요하다. 또 해저자원이 있는 장소를 발견하려면, 로봇의 위치를 정확하게 찾아낼 수 있는 GPS가 바다 속에서도 기능할 수 있도록 만들어야 한다.

또 바다 속에서 채취한 샘플 흙을 지상으로 운반할 때마다 로봇이 직접 올라오는 번거로움이 없어야 한다. 샘플을 담을 소형 잠수정을 바다 속에서 지상으로 발사할 수 있도록 만든다면, 로봇은 바다 속에 오래도록 머물면서 탐사를 계속할 수 있다.

여기에 로봇 여러 대가 동시에 탐사할 때에는 로봇끼리 통신하여 정보를 공유할 수 있다면 좋을 것이다. 그 지역의 탐사 노하우를 공유하며 학습할 수 있다면 탐사는 한층 수월해질 것이다.

효율적인 탐사가 되려면 잠수를 시작하고 6개월 이상은 계속해서 진행되어야 한다. 하지만 에너지 보급은 어떻게 할 것인가? 샘플 흙을 지상으로 운반하는 소형 잠수정을 활용하면 어떨까? 소형 잠수정이 바다 속과 지상을 왕복하며 배터리를 운반하게 한다. 그리고 바다 속에서 로봇은 스스로 배터리를 교환한다. 아니면 소형 잠수정에 배터리 교환 지원 기능을 추가해도 좋을 것이다.

각 로봇이 수집한 자원 정보 데이터를 수중 무선통신 기술로 지상에 전송하고, 자원 지도 데이터를 끊임없이 갱신한다. 그 정보를 다시 로봇에게 전송함으로써 로봇의 자원 탐사 작업이 효율적으로 이뤄진다. 전체적인 윤곽이 그려지면 로봇도 자신의 작업 상황을 알 수 있어 작업이 수월해질 것이다.

이처럼 해저자원 탐사 사업에만 수많은 기술 개발이 필요하다. 특히 로봇이 자원 지도 데이터를 바탕으로 스스로 판단하거나 학습하여 탐사 사업을 수시로 최적화하는 인공지능 소프트웨어 기술은 우리 회사에 없다. 이 부분은 다른 회사와 제휴할 수밖에 없다.

이런 아이디어를 쏟아내고 보니 어느새 날이 훌쩍 저물었다. 멤버들의 얼굴에도 피곤한 기색이 역력했다. 오늘 일은 이쯤에서 마무리하고 술 한잔 하러 가기로 했다.

술자리에서도 콘셉트에 대해 못다 한 이야기가 많은 듯 자연스럽게 논의가 계속되었다. 술기운이 오르자 오히려 틀을 깨는 새로운 의견이 쏟아졌다. 역시 의욕이 넘치는 멤버가 모이면 화기애애한 분위기 속에서 아이디어가 자연스럽게 나온다.

왠지 출발부터 느낌이 좋았다. 마침내 회사 밖에서 고객이 될 만한 사람의 의견을 들어보기로 했다. 영업부 직원이 평소에 날카로운 비판을 해주는 사람을 알고 있다고 했다. 우리의 아이디어를 정리하여 며칠 뒤에 설명하러 가기로 했다.

고객으로 일본 기업만을 고려했는데, 이것으로는 어딘지 부족하다는 생각이 들었다. 그래서 일본과 마찬가지로 해저자원 탐사에 흥미를 보이는 국가나 기업도 대상으로 삼기로 했다. 대상 범위가 일순간 확대되었다. 영업도 해저영업본부의 협력을 얻어야 하리라.

콘셉트에 따라 그 후의 행동이 이렇게나 달라질 수 있구나, 새삼스럽게 깨닫게 되었다. 역시 확실한 콘셉트를 만드는 일은 매우 중요하다. 앞으로도 수시로 모여 콘셉트를 창조하는 작업을 지속하기로 했다.

사례 설명

1장에서 설명한 것처럼 비즈니스에서는 가장 먼저 비즈니스의 구조나 제품 및 서비스의 콘셉트를 만드는 것이 필수적이다. 콘셉트가 완성되어야 비로소 어떤 기술 개발을 해야 할지 목표가 생기게 된다. 하지만 실제로는 현실적인 기술 범위 내에서 콘셉트를 설정해버린다. 이것은 거꾸로 가는 방식이다. 고객을 고려하지 않고 기술이 가능한 범위에서 생각한 콘셉트는 절대로 고객이 받아들이지 않는다.

제품의 콘셉트를 창조하는 방법론에 대해서는 『기술자를 위한 매니지먼트 입문(技術者のためのマネジメント入門)』의 제6장에 자세하게 설명되어 있다. 이는 도시바에서 일본어 워드프로세서나 노트북의 콘셉트를 만들어낼 때에도 사용되었다. 여기서는 그 개념에 대해 소개하기로 한다. 도표 3-19에 콘셉트를 창조하는 7단계를 정리했다.

먼저 다양한 분야에서 개발주자의 사명감을 공유할 동료이자 사고가 유연한 동료를 불러 모은다. 인원은 경험상 일곱 명에서 플러스마이너스(±) 두 명이 적당하다. 다양한 분야의 사람이 모이는 것이 중요하고, 기술계통 이외의 사람이 모이면 더 좋다. 오히려 그런 사람을 끌어들이려고 노력해야 한다. 근무시간 외에도 열심히 논의에 참여할 수 있는 동료를 모으는 것도 중요하다. 주인공은 이 첫 번째 단계를 훌륭히 완수했다.

멤버가 모였으면 구체적으로 어떤 고객이 어떤 보틀넥을 안고 있는지 멤버끼리 논의한다. 이것은 '미래 고객의 정의'라는 두 번째 단계

콘셉트 창조 7단계   도표 3-19

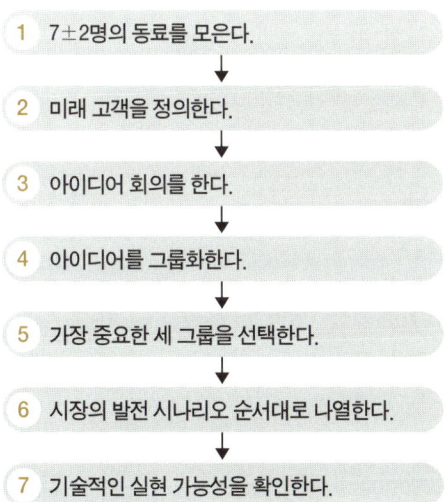

1 7±2명의 동료를 모은다.
2 미래 고객을 정의한다.
3 아이디어 회의를 한다.
4 아이디어를 그룹화한다.
5 가장 중요한 세 그룹을 선택한다.
6 시장의 발전 시나리오 순서대로 나열한다.
7 기술적인 실현 가능성을 확인한다.

＊출처 : 『기술자를 위한 매니지먼트 입문』, 이타미 히로유키·모리 겐이치 엮음,
일본경제신문사, 2006년

에 해당한다. 여기서 고객을 설정하고 보틀넥을 발견하는 일은 중요하다. 대부분 이 단계가 기본이 되기 때문에 철저하게 논의하고 고객의 의견을 최대한 경청한다. 사례 6에서 설명한 보틀넥을 발견하는 밸류 넷과 밸류 체인을 활용하면 좋다.

다음은 브레인스토밍으로 아이디어를 낸다. 고객의 입장에서 제품이나 서비스에 요구하는 기능을 최대한 더 많이 발견해서 포스트잇에 기입한다. 나온 아이디어는 비슷한 것끼리 그룹으로 묶어 정리하고, 각 그룹을 구성하는 아이디어의 내용을 나타내는 새로운 라벨을 그룹마다 붙여 표시한다. 이것이 세 번째 단계와 네 번째 단계다.

다섯 번째 단계에서는 그룹으로 묶은 기능 중에서 가장 중요한 것을 세 개 고르고, 나머지 아이디어는 모두 버린다. 이때 무엇이 중요한지는 고객의 입장에서 결정한다. 논의가 지지부진하다고 생각되면 잠시 머리를 식히는 것도 필요하다. 주인공이 술을 마시러 간 것처럼 논의 장소를 바꾸는 것도 효과적이다. 잠시 논의를 멈추고 휴식을 취하는 것도 좋다. 하지만 다른 일을 하는 동안에도 끊임없이 문제를 고민하는 것이 중요하다. 그러면 생각지도 못한 곳에서 힌트를 얻을 수 있다.

여섯 번째 단계에서는 선택한 세 개 그룹에서 시장의 발전 시나리오를 구상하고, 그 시나리오 순서대로 배치한다.

마지막으로 일곱 번째 단계에서는 기술적으로 실현 가능한지 검토한다. 기술적인 실현성을 검토하는 일은 제일 마지막 단계다.

사례 7 포인트

사업 콘셉트를 창조할 때에는 고객의 입장에서 유연하게 생각한다.

첫 번째 단계에서는 기술의 실현 가능성은 생각하지 말고 먼저 콘셉트를 창조한다.

창조한 콘셉트를 실현하려면 어떤 기술을 개발해야 하는지는 마지막 단계에서 검토한다.

전략노트 7

1. 당신이 실현하고자 하는 꿈, 그리고 다른 사람과 공유할 수 있는 사명감을 말로 표현해보자. 당신의 꿈과 사명감을 공유할 수 있으며, 사고가 유연한 멤버를 다양한 분야에서 모아보자(자신을 포함해서 5~9명 정도).

2. 미래 고객을 정의하고, 고객의 보틀넥이 무엇인지 논의하자.

3. 콘셉트 창조 단계(도표 3-19 참조)를 3번부터 6번까지 실시하고, 실현하고자 하는 콘셉트를 실현해보자.

4. 그 콘셉트를 실현하는 데 필요한 기술 개발을 열거해보자.

보이지 않는 고객을 찾아라 _ 시장 개척

사업 콘셉트 중에서도 고객 창출이 가장 중요하다는 인식이 점점 강해졌다. 애당초 고객이 없다면 매출은 있을 수 없기 때문이다. 매출을 늘리려면 '고객 수', '고객 1인당 구매 단가', '구매 빈도'라는 세 가지 요소를 늘려야 하는데, 신규 고객을 창출한다는 것은 그중에서 '고객 수'를 늘리는 길밖에 없다.

내가 종종 이용하는 오오미야(大宮) 역은 역구내에 쇼핑센터가 있어 '에키나카 비즈니스'*로 주목을 끌고 있다. 오오미야 역 외에도 시나가와(品川) 역, 다치카와(立川) 역, 닛포리(日暮里) 역이 잇달아 에키나카 비즈니스를 펼치고 있는데, 이 에키나카 비즈니스는 고객 창출에 해당하는 것일까? 본

---

*에키나카 비즈니스_ 일본어로 에키(驛)는 역, 나카(中)는 안을 의미하는데, 즉 역구내에 각종 쇼핑몰이 늘어서 있는 것을 뜻한다.

래 JR(Japan Railways) 이용자가 역구내 점포에서 물건을 구입했다면, JR히가시니혼(東日本)으로서는 고객 1인당 구매 단가가 늘었다고는 볼 수 없지 않을까?

그러고 보니 항공법의 개정으로 1997년에 일부 항공운임이 자유화되면서 새로운 항공회사가 시장에 진출했지만 모두 경영에 어려움을 겪었다. 스카이마크(SkyMark : 일본의 저가 항공사)는 비용 절감을 위해 적은 인원으로 운영을 해오다가, 운이 없게도 기장 두 명이 퇴직하자 2008년 6월부터 8월까지 3개월간 전체의 10퍼센트에 육박하는 633편이 운항을 중지하게 되었다.

미국의 사우스웨스트항공은 이와 대조적이다. 이 항공사 역시 저가 항공사로 1971년에 취항했는데, 1973년에 흑자를 기록한 이후 34년간 연속해서 흑자 경영을 이어가고 있다. 미국의 4개 항공사는 연방파산법 11조에 따라 파산했는데도 말이다.

똑같이 고객을 창출해도 그 후의 경영 상황이 달라지는 이유가 무엇일까? 또한 새로운 고객을 창출하려면 무엇이 중요할까?

사업화 과정

어떻게 고객을 창출할 것인가로 고민하고 있을 때, 마침 대학원 마케팅 수업에서 에키나카 비즈니스, 사우스웨스트항공, 키시리톨(자일리톨 껌의 일본명)의 마케팅 전략을 공부하게 됐다. 이

세 가지 사례를 조사하면 해저자원 탐사용 로봇의 고객을 찾아내는 데 힌트를 얻을 수 있을 것 같았다.

환승로가 아닌 역구내의 유동 인구를 잡은 JR히가시니혼

JR히가시니혼은 2007년 10월 5일 다치카와 역구내에 에큐트 (ecute) 다치카와(제1호)를 개업했다. 역구내의 대규모 상업시설로는 2005년에 개업한 오오미야 역, 시나가와 역에 이어 세 번째다. 역구 내라고 해도 개찰구 밖으로도 연결된 지상 4층 건물로, 매장 면적은 4300제곱미터(약 1300평)였다. 먼저 문을 연 오오미야 역(2300제곱미터)과 시나가와 역(1600제곱미터)을 크게 웃도는 면적이었다. 이곳에서 는 카페, 잡화, 신선식품 판매는 물론 일하는 여성을 지원하는 보육 서비스를 처음으로 시도했다. 하지만 JR히가시니혼은 자사가 가진 이런 강점을 오랫동안 인식하지 못했다. 그 이유가 무엇일까?

생각해보면 역이라는 곳은 사람들이 모이는 장소라서 상업시설을 마련하는 데 최적인 입지 조건을 갖추고 있다. 실제로 역 주변에는 백화점을 비롯해 많은 상업시설이 밀집해 있다. 왜 지금까지 이런 시설이 없었는지 이상하게 생각될 정도다.

하지만 현실은 그리 간단치 않다고 한다. 철도사업 경영자에게 역은 사람들이 얼마나 원활하게 통행할 수 있는가를 고민하게 하는 공간이었다. 그래서 지금까지 역 안을 지나가는 사람이 멈춰 서서 물건을 보거나, 통행을 방해하는 상업시설을 역구내에 만든다는 발상은 할 수조차 없었던 것이다.

JR히가시니혼은 에키나카 비즈니스를 통해 철도사업에서 소매업으로 사업 범위를 크게 확대하는 비즈니스상의 전기를 마련했다. 이전에도 매점이나 국수집과 같은 작은 가게는 있었지만, 상업시설로 보기엔 미비한 수준이었다. 역은 새로운 고객을 창출했다고 볼 수 있다.

역 안의 상업시설에서도 스이카(suica: JR히가시니혼이 만든 선불식 교통카드) 사용이 가능하다. 스이카 한 장으로 철도 이용은 물론이거니와 물건 구입도 할 수 있다. JR히가시니혼으로서는 소액 결제가 가능한 카드 결제 사업으로도 확대할 수 있다.

에키나카 비즈니스는 고객과 JR히가시니혼에게 철도, 소매, 결제에 이르기까지 시너지 효과가 일어난 성공적인 사례라고 할 수 있다. 스이카의 이용 상황을 분석하면 소비자 행동에 관한 상세한 데이터도 얻을 수 있기 때문에 사업 확대에 활용할 수도 있을 것이다. 어쩌면 이미 새로운 역내 시설을 설계하는 데 활용되고 있을지도 모른다.

JR히가시니혼은 역이라는 장소가 가진 강점을 활용하여 에키나카 비즈니스를 비롯한 새로운 고객을 창출했다. 거기다 에키나카 비즈니스는 고객의 보틀넥도 해결했다.

자동차 이용 고객을 목표로 한 사우스웨스트항공

저가 항공사로 시장에 진출한 사우스웨스트항공과 일본의 항공사는 고객 창출이라는 점에서 큰 차이가 있다.

스카이마크나 홋카이도국제항공은 도쿄 하네다(羽田) 공항에서 삿포로 치토세(千歲) 공항의 인기 노선을 겨냥하여 싼 항공료를 내세워 시장에 뛰어들었다. 기존의 대형 항공사에서 고객을 빼앗으려는 전략이다. 기존 항공료의 반값이라는 점은 매력적이긴 하지만, 기존 항공사도 저가를 내세우며 발 빠르게 대응했기 때문에 저렴한 가격으로는 더 이상 어필할 수가 없었다. 그 결과 승객은 감소하고 경영도 위기를 맞았다.

이에 반해 사우스웨스트항공은 기존의 항공사로부터 고객을 유치하는 것이 아니라 자동차로 이동하는 사람을 새롭게 고객으로 끌어들이는 전략을 세웠다. 예를 들어, 사우스웨스트항공은 LA에서 라스베이거스까지 가는 항공 운임을 3000엔(약 4만 원)으로 정하고 있다. 3000엔이라면 누구나 자동차로 이동하기보다는 비행기로 이동하는 쪽을 택할 것이다. 이것이야말로 진정한 의미에서의 고객 창출이다.

이런 저가에 서비스를 제공하면서도 사우스웨스트항공의 사원 급여는 업계 최고 수준을 유지했다. 당연히 사원의 만족도도 높았고, 그 덕분인지 이직률도 업계에서 가장 낮다.

또한 저가라고 해서 고객 서비스를 대충하는 것도 아니다. 고객 만족도 조사에서도 사우스웨스트항공사는 늘 상위를 달린다. 반면 스카이마크는 비용 절감을 위해 빠듯한 인원으로 항공사를 운영하다 보니 기장이 퇴직하자 운항을 중지해야 하는 사태에 직면했다.

그렇다면 사우스웨스트항공은 어떻게 이런 경영을 할 수 있었을까? 그 비밀은 비행기의 가동률을 최대한 높이려는 노력과 '쓸데없는' 서비스를 줄이고 비용 절감을 실현한 성과에 있었다.

비행기의 가동률을 높이려면, 비행기가 하늘에 있는 시간을 최대한 길게 잡고 좌석을 가능하면 많은 승객으로 채워야 한다. 최대한 오랫동안 비행을 하려면 지상에서 대기하는 시간을 줄이면 된다. 사우스웨스트항공은 착륙해서 이륙할 때까지의 평균 지상 체재 시간을 15분으로 정하고(현재는 25분 정도라고 한다), 이 목표를 실현하기 위해 다음과 같은 노력을 기울였다.

❶ 비행기를 한 종류로 통일한다.
　→ 승무원의 훈련 비용이나 기체 정비 비용을 줄일 수 있다.
❷ 기내식을 제공하지 않는다.
　→ 식재료 비용을 절약할 수 있고, 지상에서의 청소 시간도 단축할 수 있다.
❸ 좌석 예약 시스템이 없다.
　→ 먼저 도착하는 승객이 좌석 선택권이 있기 때문에 승객이 공항에 일찍 도착한다. 또한 좌석이 모두 차면 예정 시각보다 빨라도 비행기는 출발한다. 실제로 출발 시간이 되면 이미 하늘을 날고 있다.

단, 아무리 자체적으로 노력하더라도 다른 항공사의 눈치를 보느라 이륙 시간을 늦춘다면 이 목표는 달성할 수 없다. 그래서 비행기가 운항하는 노선은 1시간으로 한정하고, 시카고의 오헤어(O'Hare) 국제공항과 같은 혼잡한 곳은 이용하지 않도록 했다. 인적이 드문 지방 공항으로 직항로를 개설하여 운항하기로 한 것이다. 이는 스카이마크가 사람들이 들끓는 하네다 공항을 사용하는 것과 매우 대조적이다.

이처럼 사람들이 북적이지 않는 공항과 노선은 대형 항공사가 이용하지 않아 경쟁이 심하지 않다.

❹ 한산한 지방 공항에서 다른 지방 공항으로 이동하는 직항로를 개설해 그 노선만 운항한다.

승객의 입장에서도 지방 공항에서 지방 공항으로 운항하는 것은 장점이 있다. 기존의 대형 항공사는 허브 앤드 스포크(hub & spoke)*라고 해서 허브 공항을 중심으로 노선을 배치했다. 허브 앤드 스포크에서는 A공항에서 B공항으로 가고 싶어도 그럴 수 없다. 직행 노선이 없거나 항공 편수가 적기 때문이다.

예를 들어 유나이티드항공의 경우, 시카고의 오헤어 공항이 허브 공항이기 때문에 승객은 일단 A공항에서 시카고의 오헤어 공항으로 가서 비행기를 바꿔 타고 B공항으로 가게 된다. 시간은 시간대로 걸리고, 환승하면서 짐을 잃어버리기도 한다. 이런 불편 때문에 비행기 대신 자동차를 이용하려는 고객이 생긴다.

사우스웨스트항공은 그런 고객을 대상으로 A공항에서 B공항으로 가는 노선을 만들어 운항했다. 항공사로서는 운영하기 쉬운 허브 앤드 스포크라는 방식이 일부 승객에게는 불편한 방식이었기 때문이다.

---

*허브 앤드 스포크 　자전거의 바퀴처럼 중심이 되는 허브 공항을 설정하고, 그곳을 중심으로 바퀴살처럼 여러 지방 항공으로 노선을 제공하는 것. 항공사 입장에서는 효율적인 경영이 가능하지만, 지방 공항에서 다른 지방 공항으로 이동하는 승객은 허브 공항에 들러서 비행기를 갈아타야 해서 불편하다.

사우스웨스트항공은 그런 고객의 보틀넥을 해소한 것이다.

이 같은 사례에서 보듯이 새로운 고객을 창출하고 사원의 만족도를 높여 경영을 안정화하는 것도 좋은 방법이다.

유통 및 소매점의 압력을 이용한 키시리톨

다니스코재팬이라는 회사는 몰라도 키시리톨이라는 이름을 들어 본 사람은 많을 것이다. 다니스코재팬은 키시리톨을 제조하는 회사의 일본 법인이다. 덴마크 코펜하겐에 본사가 있고, 세계 키시리톨 시장의 90퍼센트를 차지하고 있다.

충치대국이었던 핀란드는 키시리톨에 충치 예방 효과가 있다는 것을 증명했다. 핀란드에서는 초등학생에게 키시리톨 껌을 씹게 해 충치가 있는 어린이의 비율을 대폭적으로 줄이는 데 성공했다.

하지만 일본에서는 키시리톨이 들어간 껌을 만드는 제과회사가 좀처럼 등장하지 않았다. 이유는 간단했다. 키시리톨을 첨가하면 100엔(약 1300원)인 껌 가격이 120엔(약 1600원)으로 오르기 때문이다. 게다가 약사법상의 제약으로 키시리톨에 의한 충치 예방 효과를 명확하게 광고할 수도 없었다.

이처럼 최종 소비자와 다니스코재팬 사이에는 밸류 체인상의 보틀넥이 존재했다. 게다가 키시리톨이 식품첨가물로서 당국의 인가를 받을 수 있는지도 알 수 없는 상황이었다.

이때 후지타 야스토(藤田康人)가 막 설립된 일본 법인으로 자리를 옮겨 키리시톨의 마케팅, 즉 고객 창출에 매진하게 되었다. 후지타는 치과의사들에게 키시리톨의 장점을 홍보해달라고 부탁했다. 광고보다 PR을 활용하기로 한 것이다.

하지만 당시 치과의사들은 키시리톨에 대해 거부반응을 보였다고 한다. 키시리톨로 충치가 줄어들면 충치 치료를 하는 치과의사의 일이 없어진다는 게 그 이유였다. 후지타는 치과의사가 할 일은 충치 치료뿐 아니라 충치 예방도 있다면서 강하게 어필한 끝에 지원 약속을 받았다고 한다.

PR에 신경 쓰는 동시에 후지타는 밸류 체인에도 주목했다. 제과회사에 아무리 이야기해도 꿈쩍도 하지 않았기에 제과회사의 납품업체인 유통 및 소매점에 키시리톨의 매력을 알리기 시작했다. 이들이 제과회사에 키시리톨이 함유된 제품을 개발하도록 압력을 넣는 전략을 세운 것이다. 이 전략은 보기 좋게 성공했다. 키시리톨이 언제 당국의 인가를 받느냐며 재촉하는 제과회사의 성화가 끊이지 않았다.

후지타는 앞이 보이지 않는 상황에서 여러 번 난관에 부딪혔지만 포기하지 않았다. 그의 마케팅 전략은 성공을 거두었고, 마침내 당국으로부터 인가를 받는 쾌거를 이루어냈다. 현재 일본에서 키시리톨이 함유된 껌 등 관련 제품 시장은 2000억 엔에 이를 정도로 성장했다.

창의적 발상에 의한 다양한 고객 창출

성숙 제품으로 여겨진다 할지라도 새로운 시각으로 고객을 창출할

＊OLPC_ 세계의 어린이들에게 컴퓨터를 제공하는 프로젝트를 추진하고 있는 비영리 단체로, '한 어린이마다 한 노트북'이라는 목표 아래 100달러짜리 노트북 컴퓨터를 개발하고 있다.

수가 있다. 그 대표적인 예가 바로 컴퓨터다. MIT의 니콜라스 네그로폰테(Nicholas Negroponte) 교수가 설립한 OLPC(One Laptop Per Child)* 는 개발도상국의 아이들에게 교육 기회를 제공하기 위해 1인당 1대씩 노트북 컴퓨터를 배포할 계획을 세우고, 100달러짜리 컴퓨터를 개발하고 싶다며 컴퓨터회사에 협력을 요청했다.

현재는 200달러이긴 하지만, 도표 3-20과 같은 노트북 컴퓨터가 개발되었다. 200달러라고는 해도 인터넷에 접속할 수 있는 안테나와 칩이 내장되어 있어 보통의 컴퓨터에 들어 있는 기능은 거의 기본으로 갖추고 있다. 게다가 전원이 충분히 공급되지 않는 장소에서도 사용할 수 있도록 수동식 충전기도 달려 있다. 또 컴퓨터에서 발생하는 열로 저온화상을 입지 않도록 액정 모니터 쪽에 메인보드를 내장했다. OLPC는 100~200달러라는 초저가 노트북 컴퓨터를 개발하여 새로운 고객을 창출한 것이다.

OLPC의 200달러짜리 노트북   도표 3-20

타이완에 위치한 콴타컴퓨터가 2007년 출시한 초저가 노트북. OLPC의 위탁을 받아 생산하고 있다.
＊출처 : OLPC 홈페이지 http://laptop.org/index.html

휴대전화도 개발도상국을 대상으로 20달러라는 초저가 제품을 개발하는 중이다. 40퍼센트라는 세계 최고의 시장 점유율을 자랑하고, 연간 4억 5000만 대의 휴대전화를 제조, 판매하는 노키아라면 20달러라는 최저 가격으로도 수익을 내는 휴대전화를 개발할 수 있을지 모른다.

노키아는 최저가 휴대전화를 개발하는 한편, 한 대에 1500만 엔이나 하는 휴대전화도 판매하고 있다. 버투(VERTU)*라는 브랜드가 그것이다.

버투는 고급 시계와 마찬가지로 다이아몬드나 금으로 장식되어 있고, 액정을 덮는 유리는 사파이어로 되어 있다. 다만 24시간 내내 전 세계를 대상으로 컨시어지 서비스(concierge service)**를 제공한다는 점에서 차이가 있다. 버투는 세계 50개국에서 판매되고 있으며, 중동 산유국이나 중국의 부유층을 고객으로 삼고 있다.

이처럼 같은 휴대전화기 제조회사라도 2000엔짜리 저가 제품부터 1500만 엔이나 하는 고가 제품까지 가지각색의 상품을 제공한다.

노키아는 고객을 세분화하여 각 고객층 특유의 보틀넥을 해소하는 제품을 선보이고 있다. 개발도상국 시장에서는 가격이 보틀넥이고, 중동 산유국 시장에서는 부유층의 지위를 나타낼 수 있는 고급 제품과 서비스가 보틀넥이었던 것이다. 성숙 제품이라도 창의적으로 연구

---

*버투_ 노키아가 만든 부유층용 명품 수제 휴대전화 브랜드다.

**컨시어지 서비스_ 고객 만족을 위해 고객이 원하는 바를 집사처럼 챙겨주는 고객 밀착 서비스를 뜻한다.

함에 따라 얼마든지 고객을 창출할 수 있다.

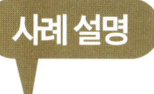

사례 설명

보이지 않는 고객층을 찾아라

JR히가시니혼의 에키나카 비즈니스는 새로운 고객을 창조했고, 물건을 구매하는 고객의 1인당 매출액도 증가시켰다고 볼 수 있다. 역내 쇼핑센터가 개업하기 전 고객의 상황을 분류한 도표 3-21을 살펴보자.

범주 ①은 JR히가시니혼 이용자이기는 하지만 역내에 상업시설이 문을 열기까지 JR히가시니혼 역 건물에서 물건을 구매한 적이 없는 고객층이다. 즉 범주 ①의 사람들은 역내에 상업시설이 생기면서 에키나카 비즈니스의 신규 고객이 된 사람들이다.

역내 고객세분화(역내 상업시설이 문을 열기 전의 고객 분류)				도표 3-21
	철도사업	소매(부동산)사업		
범주	JR 이용자	매점 이용자	역 건물 이용자	
❶	○			소매업체에게는 새로운 고객
❷	○	○		
❸	○	○	○	
❹	○		○	
❺			○	
❻				JR 측에게는 새로운 고객

범주 ②는 JR히가시니혼을 이용하며 매점에서도 물건을 구입하던 사람들이다. 소액이지만 매점의 고객이었기 때문에 소매업체는 고객 단가가 늘었다고 생각해도 좋다.

　범주 ③은 JR히가시니혼 이용자이면서 매점이나 역 건물에서 물건을 구입한 적이 있는 사람들이다. 역 건물에서 더 이상 물건을 사지 않고 역내 상업시설에서 물건을 구입하는 것으로 바뀌었다면, 소매업체에게 있어서 고객 단가는 오르지 않을 수 있다. 단, 일반적으로는 역 건물의 점포와 역내의 점포는 상품 종류가 다르기 때문에 고객 단가가 늘었다고 봐도 무방하다.

　범주 ④는 JR히가시니혼 이용자이지만, 에키나카 비즈니스로 보면 새로운 고객에 속한다. 하지만 역 건물을 이용하는 고객이었기 때문에 역 건물에서의 매출이 역내 상업시설로 옮겨온 것뿐인지도 모른다.

　범주 ⑤와 ⑥은 JR히가시니혼 이용자가 아닌 다른 층이다. 바꿔 말하면, 지금까지 일상적으로 JR히가시니혼의 역내로 들어간 적이 없는 사람들이다. 특히 범주 ⑥의 사람들은 JR히가시니혼 측에게는 전혀 새로운 고객이라고 할 수 있다. 이 사람들이 철도도 이용하게 된다면 철도사업자의 입장에서도 예상 밖의 고객을 창조하게 된다.

　이처럼 JR히가시니혼의 역내 상업시설을 이용하는 고객을 범주로 분석해보면, 실제로 어느 고객의 행동 변화가 있었는가, 매출액이 늘어난 것이 고객 수의 증가를 의미하는가, 아니면 고객 1인당 구매 금액이 늘어난 것을 의미하는가, 또는 구매 빈도가 증가한 것인가를 알 수 있다.

역 건물을 이용하는 고객이 단순히 역구내 쇼핑센터로 흘러들어간 것이라면 진정한 의미에서의 고객 창출이라고 볼 수 없다. 하지만 JR 히가시니혼의 연결실적(자회사의 실적까지 모두 합해 작성한 실적)을 보면, 철도사업 이외의 매출이 늘어났다는 사실을 알 수 있다. 역구내의 쇼핑센터가 문을 열면서 새로운 고객을 창출한 것이다.

사우스웨스트항공은 지금까지 항공기 대신 자동차로 주로 이동했던 사람들을 새로운 고객으로 만든 성공적인 사례다. 물론 결과적으로는 기존 항공사의 서비스에 만족하지 못한 사람들을 새로운 고객으로 유치한 것인지도 모른다. 그러나 경쟁사를 기존 항공사로 할 것인가, 자동차회사로 할 것인가에 따라 선택할 수 있는 전략이 달라진다.

가격을 예로 들어보자. 자동차회사와 경쟁한다면 자동차로 이동하는 비용과 비교해 매력적인 가격이 아니면 고객을 끌어들일 수가 없다. 공항의 입지도 중요한데, 가급적 접근하기 편리한 곳에 위치해야 한다. 아무리 비행기가 빨라도 공항까지의 이동이 불편하고 시간이 걸린다면 고객을 끌어들일 수 없기 때문이다.

다니스코재팬이라는 원자재 기업이 취한 마케팅 전략은 밸류 체인의 보틀넥을 해소하는 데 중요하게 작용했다. 원자재 기업의 경우, 최종 소비자에 이르기까지 중간에 거치는 기업이 많을수록 직접 나서서 통제하기가 어렵다.

이런 경우라면 퀄컴처럼 하류 산업에 참여하거나 다니스코재팬처럼 하류 산업이 압력을 넣는 전략을 채택하는 것이 효과적이다. 다니스코재팬은 하류 산업 최말단에 속하는 소매업과 유통업으로 소급해

들어가 제과업체에 키시리톨이 들어간 제품을 만들도록 압력을 행사하게 만들었다(도표 3-22). 원자재 기업이 직접 자동차회사에 손을 써서 자동차회사가 자동차 부품 제조회사에 자사의 원자재를 도입하도록 압력을 가하는 경우가 여기에 해당한다.

비상식적으로 보이는 저가 컴퓨터나 저가 휴대전화로 아프리카와 같은 개발도상국을 겨냥한 것도 고객 창출의 좋은 예다. 최근 후쿠다(福田) 전 수상이 아프리카 회의에서 적극적인 외교 활동을 벌이며 아프리카에 대한 흥미가 높아졌지만, 여전히 아프리카에 대한 보도는 적다. 그 탓인지 자연히 시장으로서의 아프리카는 관심에서 멀어졌다.

보틀넥 해결이 고객 창출로 이어진다

이처럼 고객을 창출할 때에는 시야를 넓혀 MECE로 고객을 세분화한다. 성숙 제품으로 생각되는 것도 사고의 틀을 조금 더 넓히면 새로

다니스코재팬의 키시리톨 고객 창출 전략　　　도표 3-22

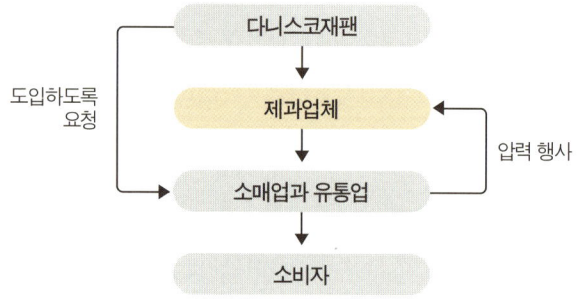

운 고객을 창출할 수 있다. 어쨌든 본사의 고객이 아닌 사람이 압도적으로 많기 때문이다.

사례 8은 새로운 고객을 창출하기 위한 수단이 고객의 보틀넥을 해결함을 시사한다. 새로운 고객을 창출하는 수단은 다음과 같이 정리할 수 있다.

❶ JR히가시니혼은 단순히 지나가는 통로에 불과한 공간을 재검토하여, 철도를 이용하는 기존 사업의 고객을 역구내에 들어선 상업시설을 이용하는 신규 사업 고객으로 창출했다.

보틀넥 → 역 밖으로 나가야 했던 것

❷ 사우스웨스트항공은 이동 시간 단축과 저가 항공료를 앞세워 자동차로 이동했던 사람들을 새로운 고객으로 창출했다.

보틀넥 → 가격과 시간

❸ 키시리톨은 계몽 활동을 통해 충치를 예방하려는 새로운 고객을 창출했다.

보틀넥 → 키시리톨의 충치예방 효과를 몰랐던 것

❹ OLPC의 100달러짜리 컴퓨터는 저가의 제품 사양으로 바꾸어 개발도상국에서 새로운 고객을 창출했다.

보틀넥 → 가격과 제품 사양

❺ 버투는 명품과 컨시어지 서비스로 전 세계 부유한 계층을 새로운 고객으로 창출했다.

보틀넥 → 고급 휴대전화와 차별화되는 서비스의 부재

앞에 나열한 것들이 모든 보틀넥을 총망라하지는 않는다. 어디까지나 당신 스스로 "보틀넥은 무엇인가?"를 생각하는 것이 중요하다.

사례 8 포인트

새로운 고객을 창출하려면 시야를 넓혀 보이지 않는 고객을 발굴해야 한다. 사우스웨스트항공은 경쟁사를 자동차회사로 선택했다. 노키아는 개발도상국을 대상으로 초저가 휴대전화를 개발하는 동시에 부유층을 타깃으로 고가의 휴대전화를 판매했다.

고객 창출이란 대상을 하나로 집중해서 보이지 않는 고객을 끌어들이는 것이다.

전략노트 8

1. 일본 가가와(香川) 현에 있는 간장 제조업체 '가메비시'는 새 제품으로 선풍을 일으켰다. 가메비시가 새로운 고객을 창출하기 위해 어떤 유형의 고객을 대상으로 했는지, 그 고객의 보틀넥을 어떻게 해소했는지 조사해보자.

2. 최근에 새로운 고객을 창출한 제품이나 서비스가 있다면 찾아보고, 그 내용을 분석해보자.

3. 당신이 진행하는 사업에서 새로운 고객을 창출하려면 어떤 고객을 대상으로 해야 할지 분석하고, 그 고객의 보틀넥은 무엇인지 분석해보자.

4. 목표로 한 고객에게 어떤 제품과 서비스를 제공해야 할지 생각해보자.

case 09
사업의 응용 분야를 파악하라 _ 기술과 시장의 상호 번역

제아무리 뛰어난 기술이라도 반드시 비즈니스로서 성공하지는 않는다. 지금까지 몇 차례에 걸쳐 제품을 개발한 경험으로 이 사실을 뼈저리게 느끼고 있다. 비즈니스로서 성공시키려면 우리 회사의 기술이 고객의 보틀넥을 얼마나 해소할 수 있고, 결과적으로 고객에게 어떤 이익을 줄 수 있는지를 구체적으로 제시해야 한다.

이를 위해서는 기술의 세계와 고객 및 시장의 세계를 제대로 연결시켜야 한다. 기술과 시장을 잘 연결시키는 요령은 무엇일까?

사업화 과정

지금까지의 내 경험을 토대로 생각하면, 실패의

원인은 기술자가 제품의 무게나 크기라는 사양(스펙)만을 중시한 나머지 고객에게 제품 사양만을 전달하려 했던 점에 있었다. 물론 학회에서는 기록을 갱신한 사양을 발표하면 그것만으로도 우수성을 인정해준다. 그러니 기술자는 자칫 고객에게도 사양만 전달하면 된다고 생각한다. 고객이 사양을 이해하지 못하면 그것은 고객의 문제라고 여기는 경우도 많다.

물론 제품을 개발할 때에는 사양 높이기가 목표기 때문에 사양으로 나타나는 수치는 중요하다. 하지만 고객이 제품을 구입하게 만들려면, 사양의 수치보다 고객에게 어떤 이익이 있는지를 명쾌하게 설명할 수 있어야 한다. 그렇지 않으면 비즈니스로서 성공할 수가 없다.

기술자에게 이것이 불가능한 이유는 상대방을 알지 못하기 때문이다. 기술자는 조금이라도 자신과 다른 분야는 무의식적으로 꺼려하는 경향이 있다. 전기·기계·화학 분야에서 전문가가 되면 자신의 전공 이외에는 모두 벽으로 만들어버린다. 최근에는 같은 전문 분야라도 그 안에서 더욱 세분화되어 전문 분야 안에서도 벽이 생기고 있다. 이는 '죽음의 계곡'을 심화시키는 결과를 초래한다.

이런 생각을 하게 된 이유는 기획부로 자리를 옮긴 후 회사 안팎의 사람들과 이야기를 나눌 기회가 많아졌기 때문이다. 나 역시 지금까지 일해온 분야 말고는 다른 기술에 대해 전혀 알지 못한다. 타 분야의 전문용어는 애초부터 관심이 없었다.

일전에 자문을 구하러 찾아간 제약회사의 마케팅 부장은 어려운 용어를 써가며 이야기를 해주었다. 전문용어다 보니 하나도 이해를 못한 나는 꿀 먹은 벙어리마냥 듣고만 있었다. 처음부터 모르는 내용을 물어보지 못해 시간만 축내다가 질문할 기회를 놓쳐버린 것이다. 결국 마지막까지 내용을 이해하지 못한 채 대화는 끝이 나고 말았다.

상대방이 어느 정도의 지식을 갖고 있는지 전혀 고려하지 않은 채 전문용어를 섞어가며 떠들어대는 기술자가 얼마나 많은가? 나도 과거에는 분명히 그랬을 것이다. 기술자에게 필요한 것은 어쩌면 다음과 같은 커뮤니케이션 능력이 아닐까?

❶ 자신이 갖고 있는 기술이 바로 고객의 이익이라고, 고객이 이해할 수 있도록 설명하는 능력
❷ 고객의 보틀넥을 해소하기 위해 무엇을 개발해야 하는지를 기술적 사양으로 풀이하는 능력

대학원 수업을 통해 시장과 기술을 연결시켜 멋지게 성공시킨 기업이 있다는 것을 알게 되었다. 오카노공업(岡野工業株式會社)*이 발명한 모기 주둥이처럼 가는 주사바늘과 도레이(Toray)**의 탄소섬유가 그것이다. 자, 어떤 사례인지 살펴보자.

---

*오카노공업_ 사원수는 여섯 명뿐인 작은 회사지만, NASA 등과 계약을 맺을 정도로 고도의 기술을 토대로 제품 개발 능력을 갖춘 회사다.

**도레이_ 합성섬유 전문회사로, 섬유 및 직물 사업뿐 아니라 플라스틱·화학·의료제품·전자제품 등 다양한 제품을 취급하는 다국적 기업이다.

모기 주둥이처럼 가는 주사바늘의 탄생

대학원 강의에서 테루모(Terumo Corporation)*와 오카노공업이 공동 개발한 아주 가는 주사바늘에 대한 일화를 들을 수가 있었다.

이 주사바늘의 사양은 '길이 20밀리미터, 굵기 0.2밀리리터, 구멍의 직경 0.08밀리미터'다. 주사바늘을 개발하는 전문가라면 이 사양만 봐도 그 뛰어난 기술력을 알 수 있을 테다. 하지만 전문가가 아닌 나는 사양의 숫자만으로는 그 기술력을 전혀 실감할 수가 없었다. 하지만 주사바늘을 실제로 봤을 때 나는 그 기술력을 알 수 있었다. 더욱 놀란 것은 그 기술 개발에 얽힌 일화였다.

테루모가 이토록 가는 주사바늘을 개발하게 된 배경에는 당뇨병 치료를 위해 매일 네 차례씩 인슐린 주사를 맞아야 하는 환자의 통증을 조금이라도 덜어주는 데 있었다고 한다. 성인에게도 하루 4회 주사는 지독한 고통이다. 그런데 어린아이는 오죽할까. 오늘날 당뇨병 치료를 받고 있는 일본 어린이의 수는 무려 30만 명에 이른다.

테루모는 주사바늘의 개발 사양을 '모기 주둥이'처럼 가는 것으로 '번역'했다. '모기 주둥이'처럼 가늘면 통증이 거의 없으리라 생각한 것이다. 이는 초보자도 상상할 수 있는 발상이다.

하지만 그 사양을 실현해줄 수 있는 회사를 찾기가 쉽지 않았다. 100여 개에 달하는 회사의 문을 두드렸는데, 불가능한 일이라며 아무도 상대해주지 않았다고 한다. 심지어 대학 교수로부터는 "이론적으

---

*테루모_ 1921년에 설립된 일본 가정용 의료기기 전문 업체다.

로 실현 불가능하다"라는 평가마저 들었다.

그러한 반응이 무리는 아니었다. 바늘 끝을 '모기 주둥이'만큼 가늘게 만들면 주사액이 그 안을 통과하지 못한다. 주사액을 원활하게 흘려보내려면 피부를 찌르는 바늘 끝은 가늘어도 밑동은 두껍게 만들어, 주사바늘의 굵기를 변경해야 한다. 하지만 주사바늘은 일반적으로 굵기가 같은 긴 파이프를 잘라 만든다. 부위에 따라 굵기가 다른 주사바늘이란 전문가의 입장에서 보더라도 있을 수 없는 이야기다.

하지만 그 어려운 과제에 과감하게 도전장을 낸 사람이 있었으니, 바로 오카노공업의 오카노 마사유키(岡野雅行) 사장이다. 스미다구(墨田區)에 있는 오카노공업은 사원이 여섯 명뿐인 작은 회사지만, 휴대전화에 사용하는 초박형 리튬전지 케이스나 머리카락 굵기의 가는 광섬유를 접속하는 커넥터 개발로 실적을 쌓아왔다. 특히 스테인리스 합판을 압축·가공하는 기술은 독보적이라 할 만했다.

오카노 사장의 경영 철학은 "다른 회사가 할 수 없는 일을 한다"였다. 100여 개에 달하는 기업이 거절한 '아주 가는 주사바늘'을 개발하는 일에 오카노 사장이 나섰다. 오카노 사장은 오카노공업의 강점인 프레스 가공 기술을 응용하여 다들 어렵다고 포기했던 주사바늘을 불과 몇 개월 만에 개발해냈다.

그 제조 방법은 정말 놀라움 그 자체였다(도표 3-23). 주사바늘은 얇은 금속판을 둥그렇게 말아서 만든다. 그런데 금속판이 직사각형 모양이면 위아래가 같은 굵기의 주사바늘이 되어버린다. 그래서 고안한 것이 사다리꼴 모양의 금속판이었다. 이 금속판을 둥글게 말면 끝은 가늘고 밑동은 두꺼운 주사바늘이 되었다.

　이렇게 설명하니 무척 간단해 보이지만, 가는 바늘을 실물로 본 순간 그 누구도 감히 흉내 낼 수 없는 기술이라는 걸 알 수 있었다. 더구나 주사액이 새지 않도록 바짝 꺾어서 구부리는 기술도 필요하다. 폭이 좁은 부위와 넓은 부위는 구부렸을 때 금속이 늘어나는 정도가 달라진다. 그 늘어나는 정도의 차이를 슈퍼컴퓨터로 계산하여 본래의 형상을 정하는 것이다.

　이처럼 불가능해 보였던 테루모의 요구 사항을 오카노 사장은 회사의 강점인 프레스 가공 기술을 통해 보란듯이 성공시켰다. 주사바늘만 봐서는 가공 기술이 얼마나 어려운지 상상할 수 없지만, '아프지

모기 주둥이처럼 가는 주사바늘의 제조 방법　　　　　　도표 3-23

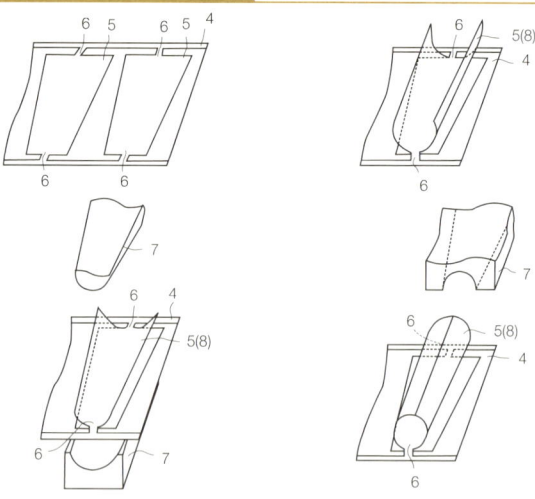

*출처 : 일본 특허청 2007. 4. 13 등록특허 제3943390

188

않은 주사바늘'이라는 장점은 누가 봐도 매력적이다. 이것이야말로
기술을 고객의 이익으로 번역한 훌륭한 사례다.

낚싯대에서 비행기까지 응용 분야를 넓힌 도레이

도레이가 40년 전에 개발한 탄소섬유가 최근 각광을 받고 있다.
2006년 4월에 보잉과 체결한 계약에는 보잉 787의 기체에 사용되는
탄소섬유를 도레이가 16년간 공급한다는 내용이 담겨 있다. 실제로
7000억 엔에서 1조 엔의 매출이 기대된다고 한다. 도레이가 여기까지
오는 데는 오랜 시간과 힘겨운 과정을 거쳐야 했다.

도레이는 1960년에 탄소섬유 연구를 시작했다. 그리고 13년 후인
1973년에 드디어 보잉의 비행기 내장 부품을 납품하는 데 성공했다.
또 10년 후인 1983년에는 기체의 일부에 부품이 쓰이면서 1992년에
는 꼬리 날개와 주 날개의 일부에도 사용되게 되었다. 그리고 마침내
2006년에 계약을 따내면서 40년 역사의 대장정 프로젝트가 완성됐다.

도레이는 그동안 비행기 업계만을 고객으로 삼지 않았다. 금속보다
가볍고 강인한 탄소섬유를 사용하는 새로운 고객을 창출하기 위해 회
사의 전 직원이 총동원됐다.

당초 연구를 시작했을 때만 해도 용도가 정해져 있지 않아서 전 사
원을 대상으로 설문조사를 하기도 했다. 그 결과 비행기 업계에 앞서
취미나 스포츠 분야에서 고객을 창출할 수 있었다. 그 역사를 돌이켜
보면 고객에 따라 대응을 달리했음을 알 수 있다.

탄소섬유의 사양은 단위 면적당 중량이나 항장력의 수치로 표시된

다. 소재로서의 사양은 어느 업계에 판매하더라도 변함이 없다. 하지만 탄소섬유를 사용하는 고객의 편익은 고객에 따라 달라진다.

예를 들어, 낚싯대에 응용하면 "장시간 피로하지 않게 낚시를 즐길 수 있다"는 장점으로 고객에게 어필할 수 있다. 또 테니스 라켓에 사용하면 "나무로 만든 라켓보다 치기 쉽고, 스위트 스폿(sweet spot)이 넓은 가벼운 라켓을 만들 수 있다"는 장점을 얻게 된다. 실제로 크고 가벼운 라켓은 여성에게 인기가 많아 빠르게 보급되었다. 지금은 남성도 탄소섬유를 이용한 라켓을 즐겨 사용한다. 골프 드라이버로 치자면 공이 날아가는 거리를 늘릴 수 있다.

그렇다면 비행기에 탄소섬유를 사용했을 때 생기는 장점은 무엇일까? "기체가 가벼워서 연료를 10~20퍼센트 절약할 수 있다"는 점이

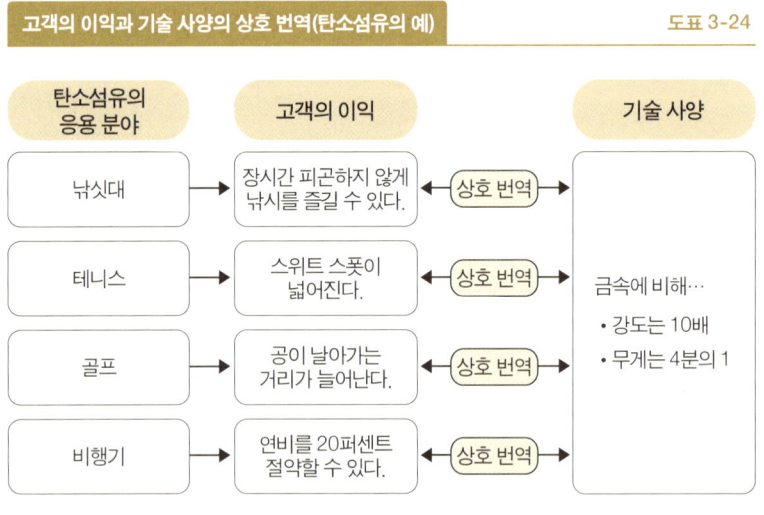

고객의 이익과 기술 사양의 상호 번역(탄소섬유의 예)　　　도표 3-24

탄소섬유의 응용 분야	고객의 이익		기술 사양
낚싯대	장시간 피곤하지 않게 낚시를 즐길 수 있다.	상호 번역	
테니스	스위트 스폿이 넓어진다.	상호 번역	금속에 비해… • 강도는 10배 • 무게는 4분의 1
골프	공이 날아가는 거리가 늘어난다.	상호 번역	
비행기	연비를 20퍼센트 절약할 수 있다.	상호 번역	

다. 오늘날과 같이 고유가 시대를 맞아 경영이 어려운 항공회사로서는 몹시 탐나는 소재임이 분명하다.

이처럼 똑같은 탄소섬유라도 어디에 사용하는가에 따라 고객이 얻는 이익이 달라진다. 그래서 고객(업계)마다 고객이 원하는 이익은 무엇인가, 이를 위해서 필요한 기술 사양은 무엇인가를 서로 비교하며 대응해가야 한다(도표 3-24).

자율이동형 로봇의 응용 분야와 이익

자율이동형 로봇도 그 로봇을 어떤 분야에 응용할 것인가에 따라 고객의 이익이 변한다.

간호용 로봇이라면 '사람이 낼 수 없는 힘을 내서 쉽게 간호하는 로봇'이 강점이 된다. 또한 로봇이라면 간호를 받는 사람이 신경 쓰지 않고 의지할 수 있다는 이점이 있다. 농업용 로봇의 경우에는 인간과 달리 기후나 컨디션에 관계없이 정확하게 농사일을 할 수 있다. 경비용 로봇이라면 인간이 감지할 수 없는 침입자를 발견할 수도 있을 것이다. 해저자원 탐사용 로봇은 인간이 들어가기에는 위험한 장소에 파견이 가능하다. 또한 인간보다 정확하게 정보를 수집하고 기억하면서 지속적인 자원 탐사를 할 수도 있다.

그러한 이점을 실현하려면 어떤 기술 개발이 필요한가를 구체적으로 생각해야 한다. 예를 들어 간호용 로봇의 경우, 인간이 할 수 없는 역할을 로봇이 가능하게 하려면 간호를 받는 사람이 불편하지 않도록 세심하게 배려하는 로봇을 만들어야 한다. 또 간호를 받는 사람이 의

지할 수 있도록 하려면 인간과의 커뮤니케이션이 가능하도록 해야 한다. 이처럼 어느 응용 분야에서 어떤 고객의 이점을 실현할 것인가에 따라 개발할 기술 분야가 달라진다.

기술과 시장의 상호 번역을 잘하는 요령은 시장을 세분화하여 각 항목마다 보틀넥이 무엇인가, 그 보틀넥을 해결하려면 본사에서는 어떤 기술을 개발해야 하는가를 차근차근 생각하는 것이다. 이를 위해서는 응용 분야에 정통한 전문가가 필요하다.

예를 들어, 낚싯대·테니스·골프 등의 엔터테인먼트 업계와 비행기 업계는 사업체가 다른 만큼 상품의 라이프사이클도 다르다. 엔터테인먼트 업계에서는 상품화가 빨리 진행되지만, 비행기 업계에서는

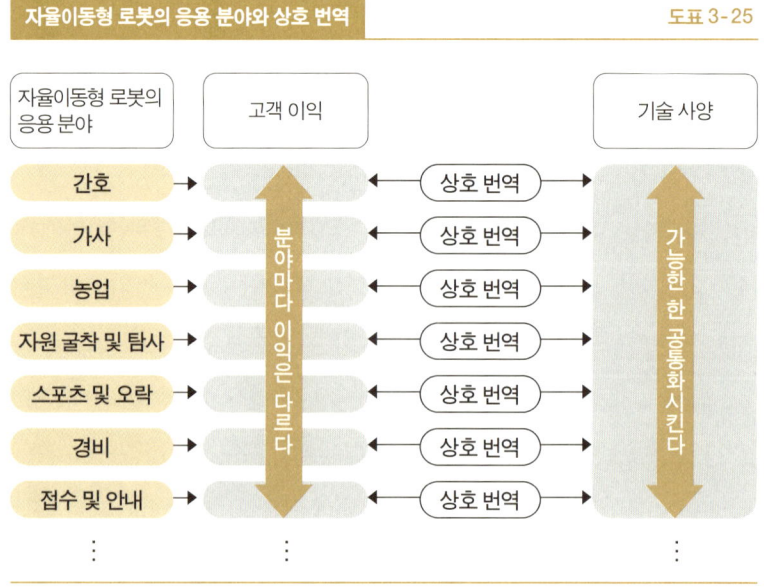

자율이동형 로봇의 응용 분야와 상호 번역　　　　　　　　도표 3-25

10년 주기로 제품을 개발한다.

"고객의 보틀넥을 해소한다"는 것은 고객에게 이익을 제공한다는 말과 같다. 하지만 응용 분야마다 고객이 취할 수 있는 이익은 다르다. 물론 분야마다 약간씩 변경되는 일도 있다. 하지만 비용을 고려해서 가능하다면 기본적인 기술 사양은 공유함이 좋다. 그 변경을 어떻게 최소화할 수 있는가가 상호 번역자, 즉 기술 마케팅*의 실력이 발휘되는 대목이라고 할 수 있다(도표 3-25).

사례 설명

기술과 시장의 상호 번역자, 기술 마케팅

기술과 시장의 상호 번역을 언어의 번역에 비유해서 설명해보자. 예를 들어, 영어를 일본어로 번역할 때 두 언어에 정통한 것은 물론이고 그 언어가 사용되는 국가, 그곳에 살고 있는 사람들, 문화, 역사, 경제 등 그 나라에서 태어나고 자란 사람과 똑같은 지식이 있다면 더할 나위 없이 좋은 일이다. 그렇지 않다면 좋은 번역은 기대하기 힘들다. 같은 영어라도 미국 서적을 번역할 때와 영국 서적을 번역할 때에는 필요한 지식이 다르기 때문이다.

---

*기술 마케팅_ 본사와 고객, 쌍방의 기술을 맺어주는 마케팅. 본사의 기술은 물론 고객의 기술도 이해한 상태에서 사업화 전략을 세워 수행한다.

마찬가지로 기술과 시장의 상호 번역을 성공시키려면 본사의 기술은 물론, 고객과 고객을 둘러싼 환경에 대해서도 자세하게 알아둘 필요가 있다. 그 내용은 기술에만 국한되지 않는다. 언어 번역과 마찬가지로 고객의 업계에서 일하는 사람처럼 깊은 지식이 필요하다. 기술과 시장이란 두 세계에 정통해 있지 않으면 상호 번역은 불가능하다.

주사바늘을 개발한 오카노공업과 테루모는 두 회사의 연대를 통해 이 상호 번역을 성공시킬 수 있었다. 공통의 목적을 실현하고자 두 회사의 전문가는 각기 자기 회사의 전문 분야를 십분 활용하여 제품 개발에서 사업화에 이르는 전 과정을 함께 이끌었다.

테루모는 의료기기 전문업체이기 때문에 의료 분야에서 무엇이 필요한지, 환자의 고민이 무엇인지, 환자를 치료하는 의료기관이나 의사들의 문제가 무엇인지를 충분히 파악하고 있었다.

반면 오카노 사장은 실현 불가능하다는 몇몇 분야에서 프레스 기술을 적용하여 성공시킨 경험이 있었다. 테루모의 요청을 받은 순간, 어쩌면 오카노 사장의 머릿속에는 프레스 기술로 실현할 수 있는 아이디어가 떠올랐을지도 모른다.

구체적으로 두 회사는 다음과 같이 '번역'했다.

❶ 테루모 : 아프지 않은 주사바늘의 사양을 '모기 주둥이처럼 가늘게'
로 번역
　→ **시장으로부터 기술 쪽으로 번역**

❷ 오카노공업 : 자사의 프레스 기술을 이용해 '빙그르르 돌린다'로 번역
  →**기술로부터 시장 쪽으로 번역**

테루모의 번역은 환자(시장)의 보틀넥을 해결하려면 어떤 주사바늘이 필요한가, 라는 시장으로부터 기술 쪽으로 행해진 번역이다. 반면 오카노 사장의 번역은 본사 기술을 제품에 활용하는 것이었다.

사양과 이익의 큰 차이는, 사양은 객관적으로 누구에게나 똑같이 적용되지만 고객의 이익은 고객에 따라 다르다는 점이다. 따라서 이익을 논할 때에는 어떤 고객을 대상으로 할 것인지 구체적으로 따져보고 하나로 집중해야 한다. 이것이 중요하다.

기술자는 이것을 망각하기 쉽다. 왜냐하면 기술의 세계란 객관적인 사양에 충실하기 때문이다. 따라서 이익도 객관적이라서 누구에게나 똑같다고 오해를 하게 된다. 이런 오해를 하지 않으려면 시장의 수만큼 번역의 종류가 존재함을 이해해야 한다.

또 고객이 기업인 경우 고객을 아는 것은 매우 중요한 일인데, 여기에는 현실적인 문제가 포함되어야 한다. 그것은 현재 자신이 상대하고 있는 담당자가 회사 안에서 어떤 위치에 있는지 이해하는 것이다. 그렇지 않으면 시간만 낭비하게 된다. 담당자가 기술자인 경우에는 특히 주의해야 한다. 본사의 기술에 호의를 보여도 그것이 비즈니스로 연결시키겠다는 의미인지, 아니면 그 담당자의 개인적인 호기심에 불과한지 꿰뚫어볼 수 있어야 하기 때문이다.

업계마다 두어야 할 기술 마케팅 매니저

본사의 기술을 여러 유망한 시장에 적용하기 위해서는 기술 마케팅의 역할이 매우 중요하다. 하지만 기술 마케팅을 담당하는 전임자를 두지 않고 제품 개발자가 겸임하는 기업이 의외로 많다. 이런 경우 장점도 있긴 하지만, 뒤에 나올 사례 11에서 설명하는 것처럼 위험도 뒤따른다는 사실을 염두에 두어야 한다.

도표 3-26에서도 보이듯이 기술 마케팅에서는 시장마다 다른 인재가 필요하다. 예를 들어, 반도체 기업에서 컴퓨터 시장을 담당하는 기술 마케터는 본사의 반도체 기술은 물론, 컴퓨터에 관한 기술부터 컴

시장마다 담당이 필요한 기술 마케팅　　　　　　　　　　도표 3-26

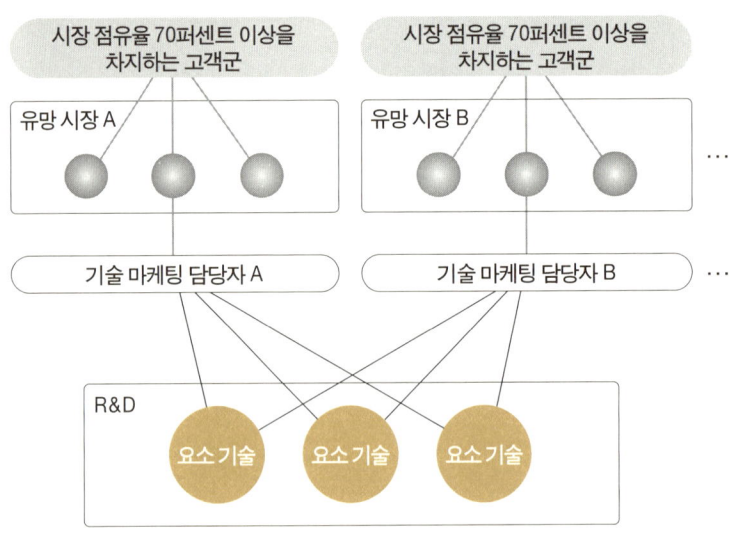

퓨터를 중심으로 하는 밸류 넷에 이르기까지 정통해야 한다. 컴퓨터 시장이 형성된 초기부터 시장에서 상위에 속하는 기업을 유심히 관찰하여 본사의 제품을 사용하도록 온갖 노력을 기울여야 한다.

같은 반도체 기업이라도 휴대전화 시장을 담당하는 기술 마케터라면 휴대전화의 기술이나 업계에 관한 지식이 풍부해야 한다. 컴퓨터와 휴대전화는 알아야 하는 내용이나 고객이 서로 다르다.

도레이가 개발한 탄소섬유를 예로 들면, 테니스 라켓이나 골프채 업계에서는 제품 개발 사이클이 짧아 끊임없이 새로운 부가가치를 창출해야 한다. 하지만 보잉과 같은 항공기 업계는 다르다. 항공기에 사용하는 소재는 오랫동안 변함없이 같은 것을 제공해주기를 원한다.

이처럼 고객으로 삼은 업계에 따라 사정은 달라진다. 따라서 낚싯대를 담당하는 기술 마케터나 비행기를 담당하는 기술 마케터처럼 업계는 기술 마케팅을 담당하는 매니저를 필요로 한다.

고객의 업계가 다르다고 업계마다 모든 것을 맨땅에서 시작한다면 효율성은 떨어질 게 자명하다. 경영자의 입장에서 보면, 고객의 업계가 달라도 사용하는 기술은 가능하면 공유하고 싶어 한다. 예를 들어 95퍼센트는 공통 기술로 하고, 나머지 5퍼센트를 변경하여 다른 업계의 제품이나 서비스를 이용하는 식으로 말이다. 이것도 기술 마케팅이 하는 일이다.

학교 교재용 모터를 시작으로 사업을 전개한 마부치모터(Mabuchi Motor)*는 DC브러시가 달린 모터를 시대 변화에 따라 다양하게 개발해왔다(도표 3-27). 모터가 필요한 새로운 시장을 발견하면 바로 그 시장에서 상위 그룹에 속하는 기업을 여러 군데 방문하고, 각 기업의 요구 사항을 정리하여 공통 사양으로 만들어 표준 제품으로 제공한다. 이런 식으로 새로운 시장에서 70퍼센트 이상의 점유율을 확보하고 있다. 이것이야말로 기술 마케팅의 모범적 사례다.

실행과 결과는 기술 마케팅 매니저의 책임

기술 마케팅이 본격적으로 기능하여 시장의 항목이 늘어나면, 각 시장에 맞는 제품이나 서비스에 필요한 자원 개발을 두고 담당자들끼리 쟁탈전이 벌어진다. 이때 경영자에게는 한정된 자원을 어떤 시장에 얼마만큼 배분할 것인지에 대한 의사결정이 중요하다. 이럴 때 철칙은 "계획을 세운 기술 마케팅 매니저가 매출이나 이익의 결과에 책임을 진다"는 것이다.

기술 마케팅 매니저로서는 납기일이나 성능 등 고객과의 약속을 지키기 위해 개발 자원을 충분히 확보하려 한다. 만일 확보하지 못해 약속을 지키지 못한다면 매니저는 고객에게 거짓말을 한 것이 된다. 이런 일이 일어나지 않도록 매니저는 자신이 담당하는 업계의 시장 규모와 성장 가능성을 최대한 매력적으로 보이도록 경영자를 설득하려 한다. 그러나 이런 노력이 간혹 과장된 이야기로 끝나버리는 일도 있다.

＊**마부치모터**_ 20퍼센트 안팎의 높은 매출액과 영업 이익률을 보이는 회사로, 기술 마케팅을 실천하며 고객을 끊임없이 창출하고 있다. DC브러시가 달린 모터라는 단품종만 생산하여, 저가 전략을 철저히 실현하였다. 최근 CD플레이어 시장이 줄어들면서 실적이 예전만큼은 못하지만, 그럼에도 10퍼센트 정도의 이익률을 확보하고 있다.

기술 마케팅 매니저의 허풍스런 말을 그대로 믿고 투자했다가 결과가 좋지 않으면 경영은 위기를 맞게 된다. 그렇기 때문에 "계획한 사람이 매출과 이익을 달성한다"라는 각오가 필요하다. 계획과 실행을 담당 매니저가 맡아야 허풍 떠는 일도 생기지 않는다.

유능한 기술 마케팅 매니저는 고객의 어려운 요구를 실현해서 고객을 창출하는 결과를 가져온다. 이를 위해서는 사내 자원을 확보해야 한다. 따라서 고객과 회사 간 커뮤니케이션 능력이 요구된다.

그러나 실제로는 기술 마케팅의 본질을 이해하지 못하는 기업이 더 많다. 매출액이나 투자 계획을 세운 사람과 이를 실행하여 결과를 도출해내는 사람이 다른 경우에 특히 주의해야 한다. 이런 경우 계획과

마부치모터의 고객 창출 과정		도표 3-27	
연도	응용 시장	연도	응용 시장
1946	학교 교재	1984	CD 플레이어, 헤드폰, 스테레오
1947	모형	1985	프린터
1953	완구	1988	LD, VTR 카메라
1960	음향, 시계, 슬라이드	1989	파워 윈도우
1963	모델 레이싱 카, 가전	1990	DAT, 연료 펌프
1966	워셔 펌프	1991	워셔 펌프 유니트
1975	자동차 거울, 테이프, 레코더, 라디오 카세트	1992	MD
1977	카메라	1994	ABS
1980	VTR	1996	람버 서포트, DVD
1981	미니 프린터, 도어락, 드릴	1997	무선호출기

실적이 맞지 않아 상대방에게 책임을 전가하기에 바빠 비즈니스로서는 실패하기 쉽다. 어디까지나 동일 인물이 계획과 결과에 책임을 지는 것. 이것이 바로 기술 마케팅의 본질이다.

사례 9 포인트

기술과 시장의 상호 번역을 하려면 기술 마케팅의 역할이 중요하다. 본사의 기술은 물론, 고객의 기술이나 비즈니스에 대해서도 고객과 같은 수준으로 이해하지 못하면 좋은 번역은 불가능하다.

다른 업계를 담당하는 기술 마케팅 매니저가 사내 자원을 획득하려고 선의의 경쟁을 하면서 매출 달성에도 책임을 지는 것이 건전한 기업 경영에서는 필수적이다.

전략노트 9

1. 똑같은 기술 사양을 여러 고객의 이익으로 번역한 사례를 조사해보자.

2. 당신이 담당하는 기술 사양을 제시하고, 그 기술에 따라 구체적으로 어떤 고객이 어떤 이익을 얻을지 번역해보자.

3. 위 2번에서 번역한 이익이 진정으로 그 고객에게 가치가 있는지, 고객의 이야기를 듣고 검증해보자.

4. 고객의 이야기를 듣고 제품 이외에 본사의 보틀넥이 되는 것이 있다면 무엇인지, 구체적으로 예를 들어보자.

고객을 창출하려면 먼저 고객을 설정하고, 그 고객의 보틀넥을 발견하는 순서로 진행한다. 하지만 고객을 생각하지 않고 본사의 강점을 먼저 분석하겠다고, 도움도 되지 않는 SWOT 분석을 하는 기업이 매우 많다.

따라서 이 장에서도 그런 오류를 상정하여 사례 4에서 고객을 압축하지 않고 SWOT 분석을 시작하는 상황을 설정해보았다. 지금껏 SWOT 분석을 수없이 해도 새로운 아이디어가 떠오르지 않았던 독자가 있다면, 자신이 그런 오류를 범하지 않았는지 다시 한 번 사례 4의 내용을 되새겨보기 바란다.

고객을 세분화할 때나 고객의 보틀넥을 발견할 때 MECE라는 프레임은 중요하다. 하지만 SWOT 분석과 마찬가지로 MECE도 능숙하게 다루는 것은 어렵다. 보통 MECE는 논리적 사고의 도구로 생각되지만, 논리적 사고만으로는 MECE를 충분히 활용할 수가 없다. MECE를 진정으로 활용하려면 지식을 늘리고 사고의 틀을 넓히는 것이 필요하다. 틀이 좁은 상태에서는 자신은 MECE로 생각한다 해도 간과하는 것이 있음을 인식하지 못하기 때문이다.

보틀넥을 발견하고 그것을 어떻게 해결할 것인가는 기술자의 능력이다. 하지만 고객 측에서 나온 요구 사항을 실현하는 기술 개발은 어려운 것이 많다. 그 이유 중 하나는 그런 기술 개발은 자신의 전문 분야에 국한되지 않기 때문이다. 다른 전문 분야와 얽혀 있거나 자신의 전문 분야가 아니면 기술자는 대응할 수가 없다. 어느새 기술자는 전문성이라는 명목하에 자신의 사고 틀을 한정시켜 버린다. 여기에 '죽음의 계곡'에 빠질 위험이 도사리고 있다.

새로운 사업 콘셉트를 설정하고, 이를 실현할 계획을 구체적으로 생각하는 것이 진정한 전략이다. 그 내용을 구체적으로 기술한 것이 사업계획서다. 중요한 것은 관계자가 그런 전략을 공유하는 것이다. 기획부의 일부 사람만이 전략을 떠안고 있어서는 전략을 실현하기 위한 행동은 수반되지 않는다. 전략을 세우는 단계는 물론, 전략을 수행하는 단계에서도 커뮤니케이션은 필수적이다.

비즈니스에 참가하면 경쟁사의 반격(counter attack)도 받게 마련이다. 비즈니스를 둘러싼 환경이 변하여 초기에 정한 전제가 무너져도 정보를 공유하지 않고 초기 전략을 고집한다면 실패할 수밖에 없다. 고객의 보틀넥은 끊임없이 변화한다는 사실을 잊어서는 안 된다.

프로젝트를 가동하라

제4장

사장의 승인을 얻어라

신규 사업 프로젝트 팀을 구성하라

저가와 고가 중 어느 쪽이 유리한가

사업 성패는 커뮤니케이션이 결정짓는다

사장의 승인을 얻어라 _ 프레젠테이션

지금까지 조사한 것을 정리하여 드디어 사장 앞에서 프레젠테이션할 일만 남았다. 설명해야 할 내용이 너무 많다.

목표로 삼아야 할 시장의 항목은 무엇인가, 그 이유는 무엇인가, 그 시장에서 고객이 안고 있는 보틀넥은 무엇인가, 어떻게 그 보틀넥을 해소할 것인가, 이를 위해서 본사의 강점은 어떻게 활용하고 약점은 어떻게 극복할 것인가, 개발할 제품의 사양은 어떻게 결정할 것인가, 개발에 필요한 예산과 기간은 어느 정도인가? 사업 전체의 콘셉트와 구체적인 액션 플랜도 알기 쉽게 설명할 수 있어야 한다.

하지만 사장 앞에서 프레젠테이션할 시간은 고작 30분. 어떻게든 한 시간으로 연장하려 했지만 중요 안건이 밀려 있다는 이유로 거절당했다. 그렇다면 설명할 시간은 겨우 20분. 나머지 10분 동안 질의응답을 하란 말인가? 이 시간으로는 도저히 모든 것을 설명할 수 없다.

사장 앞에서 주어진 시간 안에 성공적인 프레젠테이션을 마치려면 어떻게 준비해야 할까?

사업화 과정

프레젠테이션의 목적은 무엇인가

지금까지 학회에서 몇 번 프레젠테이션을 해본 적이 있다. 고객을 대상으로 기술적인 프레젠테이션을 했던 경험도 여러 번 있다. 하지만 사업 계획에 대해 프레젠테이션을 하는 것은 이번이 처음인 데다가 사장을 상대로 하는 것은 난생 처음이다. 지금까지 6개월간 조사해 온 것을 설득력 있게 전달하기 위한 프레젠테이션 요령을 알아보자.

프레젠테이션의 목적은 무엇일까? 해저자원 탐사용 로봇의 사업 계획을 이해시키는 것인가? 만일 그렇다면 기술적인 내용의 프레젠테이션과 기본적으로 다르지 않을 것이다.

하지만 프레젠테이션의 목적은 내용을 이해시키는 데만 있지 않다. 물론 사업 계획의 내용을 이해시키는 것도 목적 중 하나겠지만, 기껏 준비한 내용을 듣고 사장이 "이 계획은 전혀 가능성이 없군. 이 프로젝트를 사업으로 승인할 수 없네!"라는 반응을 보인다면 모든 것이 수포로 돌아간다.

그렇다, 이번 프레젠테이션의 목적은 사업화로 한걸음 내딛기 위해 사장으로부터 프로젝트를 승인받는 것. 즉 필요한 예산과 인재 확보를 위해 결재받는 것이다. 사장의 적극적인 지원까지 얻어낸다면 금상첨화다. 목적을 거기에 두고 준비를 시작해보자.

준비한 정보를 정확하게 전달하라

목적을 달성하려면 무엇을 준비하면 좋을까? 사장의 입장에서 생각해보면 답이 보일지도 모른다. 내가 사장이라면 사업 계획을 승인하는 사인을 하기 위해 무엇이 필요할까? 먼저 로봇 사업을 통해 앞으로 어느 정도의 매출액을 거둘 것인가? 그리고 위험 요인은 무엇이며, 필요한 투자 액수는 얼마인가? 이 정도는 최소한 알고 싶을 것이다.

그래서 제일 먼저 자율이동형 로봇의 응용 분야마다 국내에서의 시장 규모가 5년 후 얼마가 될지 추정한 결과를 살펴보기로 했다. 다른 나라의 사례도 조사했는데 아직 보고할 수준은 아니라서 이번에는 국내에 한정해서 이야기하고자 한다.

시장 규모를 추정하는 근거는 시간을 들여 분석한 것이라서 일일이 상세하게 설명하고 싶은 마음이 굴뚝같지만, 모든 응용 분야에 대해 설명할 시간이 없다. 안타깝지만 사장이 질문했을 때 자세하게 대답할 수 있도록 준비하는 선에서 만족하자.

다음으로 응용 분야마다 본사가 획득할 수 있는 시장 점유율의 추정값을 산출해보자. 경쟁사와 비교해 강점과 약점이 무엇인지, 고객에게서 얻은 정보를 고려하여 가능하다면 자세하게 산출해보고 싶었지만, 이 역시 시간 제약이 있으므로 사장이 설명을 요구한다면 그때 설명하기로 한다.

시장 규모의 산출액과 시장 점유율의 예상값에는 불확실한 요소가 많다. 따라서 낙관적인 시나리오와 비관적인 시나리오를 각각 그려보았다. 추정값 역시 각 시나리오를 바탕으로 했을 때 수치에 차이가 발생한다. 예전에 제품 개발이 사업화로 연결되지 못했던 원인 중 하나가 바로 여러 시나리오를 생각해보지 않고, 고객에게 들은 하나의 정보에 근거해 시나리오를 작성한 탓이다.

거기에 대한 반성으로 이번에는 시장에서 벌어질 수 있는 불확실한 요소들을 명확하게 사장에게 전달하기로 했다. 두 시나리오의 산출 근거에 대해서도 질문을 받으면 대답할 수 있도록 준비해두었다. 추정값의 폭이 큰 곳은 그만큼 불확실하다는 점도 이해시키자.

이렇게 예측한 시장 규모와 본사의 시장 점유율 추정값을 곱하면

일본 내 자율이동형 로봇의 시장 규모와 본사의 시장 점유율 예측			도표 4-1
자율이동형 로봇의 응용 분야	5년 후의 추정 시장 규모(억 엔)	본사의 시장 점유율 (예측, %)	본사의 매출액 (억 엔)
간호	500~650	3~5	15~32.5
농업	100~200	5~10	5~20
경비	200~250	3~5	6~12.5
해저자원	100~150	20~40	20~60
군사 응용	3,000~5,000	3~5	90~250
접수 및 안내	100~150	5~10	5~15
가사	300~450	3~5	9~22.5
스포츠 및 오락	300~450	3~5	9~22.5

매출액의 추정값이 나온다. 이들을 정리하면 도표 4-1과 같다. 이 표를 이용해 설명하고, 자율이동형 로봇의 전체 시장에 대해 개요를 이해할 수 있도록 준비한다. 또 이 중에서 본사가 대상으로 해야 하는 응용분야의 입지를 파악할 수 있도록 설명한다.

제기될 수 있는 위험을 정리하라

다음으로 응용 분야마다 시장 진출에 따른 위험에 대해 자세하게 설명한다. 위험은 다음 두 개로 분류하여 설명하기로 하자.

❶ 각 시장의 위험
❷ 각 시장에서 경쟁사와의 차별화 위험

각 분야에 대한 설명의 포인트는 이렇다. 간호, 가사, 스포츠 및 오락 분야는 시장 규모가 크다 보니 매력적으로 보인다. 하지만 소비자를 상대로 하는 비투씨(B2C: Business-to-consumer, 기업과 소비자 간의 상거래)에 경험이 없는 우리 회사에는 적합지 않다. 또 이 시장은 이미 많은 기업이 진출해 있어 진입하기에 너무 늦은 감이 있다.

농업용 로봇, 경비용 로봇, 접수 및 안내용 로봇도 틈새시장이지만 실력 있는 기업이 이미 제품을 만들어 판매하고 있다. 제품 자체만을 본다면 품질 개선의 여지가 있지만, 우리 회사가 이 분야에서 우위를 구축하기란 쉽지 않다. 군사 분야의 경우, 시장은 크지만 우리 회사의 이념과 맞지 않는다. 이 의견에는 사장도 동의해줄 것이다.

반면 내가 목표로 한 해저자원 탐사용 로봇은 시장 규모로 볼 때 결코 작지는 않지만, 기술적인 어려움이 있어 아직 어느 기업도 진출할 엄두를 내지 못하고 있다. 게다가 수중에서의 통신 기술은 타사에는 없는 우리 회사만의 독자적인 기술을 충분히 활용할 수 있다. 이런 내용으로 본사의 강점을 활용하여 해저자원 탐사용 로봇 시장에 진출할 때의 장점에 대해 사장의 이해를 얻어내자.

사장은 해저자원 탐사 사업의 장래성에 의문을 가질 것이다. 이런 의문에 답할 수 있도록 준비해두어야 한다. 아직 존재하지 않는 사업에 왜 주목했는지, 그 장래성을 제대로 이해시키기 위해 구체적으로 해저 탐사 사업을 계획하고 있는 '심해 굴착 계획'과 '해저자원 탐사 기획'의 사업 추진 내용에 대해서도 설명하자. 또 해저자원 탐사용 로봇에 두 프로젝트가 무엇을 요구하고 있는지도 자세하게 설명하기로 하자.

표면에는 드러나지 않지만, 시장에 진출할 것 같은 경쟁사가 있다는 것도 인지시켜두자. 당연히 사장도 경쟁사와의 비교가 신경 쓰일 것이다. 경쟁사에 대한 우리 회사의 우위성도 알기 쉽게 설명해야 한다.

하지만 우리 회사의 기술력만으로는 사업 진출이 쉽지 않다는 사실도 명확하게 전달해야 한다. 특히 인공지능 소프트웨어에 대해서는 문외한이기 때문에 다른 회사와 제휴를 해야 한다. 이 점을 각인시키며 거론되는 여러 후보 기업에 대해 설명을 덧붙이자. 경쟁사 역시 같은 생각을 하고 있을 수도 있으므로 타사와의 제휴는 신속한 의사결정이 필요하다는 것을 강조해야 한다.

시장과 경쟁사에 대한 개요 설명이 끝나면 개발에 필요한 비용과 기간에 대해 설명한다. 이것은 사장으로서도 가장 관심 가는 대목일 것이다. 하지만 이 설명을 시작하기 전에 이미 15분이 소요될 것이니 5분 이내에 정리해야 한다. 개발 투자액이 타당한가에 대한 판단은 예상되는 매출액과의 상대적 관계로 결정된다. 따라서 사장은 해저자원 탐사용 로봇 사업의 예상 매출액에 대해선 연도별 매출액 추이를 포함하여 자세한 설명을 요구할 것이다.

여기서 다시 한 번 예상 매출액에 대해 질문이 나올 가능성이 있다. 또 일정이 늦어졌을 때의 개발 위험에 대해서도 설명을 요구할지 모른다. 연구개발부에 있을 때라면 개발 위험에 대해서는 과소평가했겠지만, 최근 6개월간의 경험으로 위험에 대한 내 의식은 스스로도 놀랄 만큼 크게 바뀌었다.

제품 개발만 하던 때에는 사업 전체가 보이지 않았지만, 지금은 사정이 다르다. 시장이 있어도 제품 개발이 늦으면 경쟁사에 금세 뺏겨 버린다. 물론 우수한 기술은 필요하지만, 여기에 얽매이다 일정을 늦춰서는 안 된다. 그렇기 때문에 균형 감각이 무엇보다 중요하다. 그 점에 대해서는 사장에게 자신 있게 설명할 수 있을 것 같다.

그 밖에도 설명하고 싶은 것은 많지만, 프레젠테이션의 목적은 사장으로부터 사업 승인을 받는 것이니 이들 포인트에 집중해서 프레젠테이션 자료를 준비하자.

특히 대상 항목으로 하는 시장의 매력에 대해 이해시키는 것이 중요하다. 초기 대상으로 국내의 주요 2개 회사에 대해 설명하겠지만, 이미 해외를 포함해 후보 고객 12개사와는 접촉을 시도하고 있다. 질문이 나오면 확실히 대답할 수 있도록 만반의 준비를 하자. 최종적으로는 국내 2개사, 해외 4개사를 포함해 총 6개사에게 어필하는 것을 목표로 한다. 이 목표가 달성된다면 예상한 매출액을 능가할 수 있다.

대충 골격이 완성되어 이 시나리오에 따라 프레젠테이션 자료를 준비하기로 했다. 프레젠테이션의 목적이 분명했기 때문에 자료 준비나 프레젠테이션에서 강조해야 할 부분을 정하는 일도 한결 수월했다. 시장의 승인을 얻을 수 있을지 여부는 여전히 불안하지만, 프레젠테이션을 준비하는 과정이 즐거워 시간 가는 줄 몰랐다.

사례 설명

프레젠테이션의 일곱 가지 요점

프레젠테이션을 할 때에는 다음과 같은 요점을 잊지 말아야 한다.

❶ 무엇이 목적인가?

❷ 듣는 사람(의사결정자)이 누구인가?

❸ 전달하고 싶은 메시지가 무엇인가?

❹ 설득할 재료가 무엇인가?

❺ 어떻게 설득할 것인가?

❻ 말하지 않을 내용은 무엇인가?

❼ 질의응답은 어떻게 구성할 것인가?

가장 먼저 '프레젠테이션의 목적을 명확하게 설정'해야 한다. 즉 "프레젠테이션이 끝난 단계에서 듣는 사람(의사결정자)이 어떤 심리 상태가 되는 것을 목표로 할 것인가?"를 생각해야 한다. 이 사례를 예로 들면 '사장에게서 사업 승인 허가를 받는 것'이 목적이다.

종종 분명한 목적도 없이 프레젠테이션을 하는 경우가 있는데, 그런 프레젠테이션은 잘되지 않는 경우가 많다. 목적이 명확하지 않아서 준비를 해도 초점이 하나로 모이지 않는다. 처음부터 목표가 분명하지 않았기 때문에 프레젠테이션이 성공했는지조차 판단하지 못한다.

기업 내에서 "사장에게 설명하라"는 것처럼 "○○에게 설명하라"고 표현하는 일이 있는데, 이것은 적절한 표현이 아니다. 결재를 받기 위한 프레젠테이션은 '사장에게 설명'하는 것이 아니라 '사장을 설득'하기 위한 것이다. '설명'과 '설득'은 프레젠테이션의 준비부터 다르다. 따라서 목적이 중요하다.

목적은 모든 프레젠테이션에서 가장 중요하다. 예를 들어, 기자회견에서 불의의 사건에 대해 사과를 할 때에도 "회견이 끝난 단계에서 기자(및 그 뒤에 있는 시청자나 독자)가 어떤 심리 상태가 되는 것을 목표로 할 것인가?"를 사전에 생각하고 임해야 한다. 그렇지 않으면 사과를 위한 기자회견이 오히려 의혹을 증폭시키는 결과를 낳을 수 있다.

두 번째로 '누구를 향해 프레젠테이션을 할 것인가를 명확히' 해야 한다. 이 부분은 의외로 간과하기 쉬운데, 듣는 사람이 누구인가는 "무엇이 목적인가"와도 관련된다. 이 책의 사례에서는 사장에게서 사업 승인을 받는 것이 목적이라서 듣는 사람은 의사결정자인 사장이 된다.

누가 의사결정자인지 미리 파악하지 않고 프레젠테이션을 준비하거나 실시한다면 실패하기 십상이다. 프레젠테이션은 먼저 목적을 분명히 하고, 그 목적을 달성하는 데 필요한 '듣는 사람(의사결정자)'을 프레젠테이션하는 자리에 올 수 있도록 준비하는 데서 시작된다. 만일 그 자리에 의사결정자가 없다면, 프레젠테이션을 들은 사람이 간접적으로 전달하게 된다. 그렇게 되면 메시지는 정확하게 전달되지 않는다.

세 번째로 '프레젠테이션으로 전달하고 싶은 메시지를 명확히' 해야 한다. 핵심 메시지는 20~30초로 전달할 수 있는 간결하고 명료한 것이어야 한다. 결코 장황하게 설명하지 않도록 주의하자.

프레젠테이션이란 전달하려는 핵심 메시지를 납득시키기 위해 어떤 재료를 사용하여 어떻게 구성할 것인가를 생각하면서 준비해야 한다. 이번 사례의 핵심 메시지는 "해저자원 탐사용 로봇 사업에 진출하고 싶다, 따라서 이러저러한 예산과 인원이 필요하다"라고 정리할 수 있다.

이 이야기를 들은 사장은 왜 다른 분야가 아니고 해저자원 탐사용 로봇 사업인지 설명을 요구할 것이다. 또 그만큼의 예산을 들여 어느 정도의 매출을 얻을 수 있는지도 알고 싶을 게 분명하다. 그런 질문을 자기 나름대로 상정하여 대답하는 식으로 프레젠테이션을 준비하면 된다.

네 번째로 "설득 재료는 무엇인가?", 다섯 번째로는 "어떻게 설득할 것인가?"를 정해야 한다. 도표 4-2에 나타난 것처럼 핵심 메시지를 전달하여 납득시키려면 논리의 피라미드 구조*를 생각하면 된다.

핵심 메시지를 납득시키기 위해 먼저 A와 B와 C를 설명해야 한다고 하자. 이때 A, B, C의 요소는 MECE여야 한다. 이 장의 사례를 예로 들면, 자율이동형 로봇의 응용 시장을 빠짐없이 조사하는 것이 해당된다. 이때 누락된 사항이 있으면 듣는 사람은 핵심 메시지를 의심하게 된다.

다음으로 A, B, C라는 요소에 대해 각각 설명한다. A를 설득하기 위해 A_1과 A_2라는 요소로 설명한다. 그 요소도 MECE여야 한다. B와 C에 대해서도 마찬가지다. 단 A, B, C 중에서 중요도나 듣는 사람의 관심이 낮은 요소에 대해서는 설명을 생략해도 무방하다.

이렇게 피라미드 구조를 구축할 때에 계층의 위아래는 두 개의 접속사로 연결된다. 계층을 내려갈 때에는 '왜냐하면', 계층을 올라갈 때에는 '그래서'다. 같은 계층의 요소 사이는 MECE라는 것은 앞서 설명한 바와 같다.

하지만 논리의 피라미드 구조를 구축해도 언제까지나 논리 상태에 머물러 있다면 듣는 사람은 납득하지 못한다. 납득시키려면 사실이 필요하다. 즉 논리의 피라미드 최상층은 사실이 바탕이 되어야 한다.

건물을 지을 때 기초 공사가 중요하듯이 논리의 피라미드에서도 기본을 구성하는 사실이 중요하다. 물론 장래의 시장 규모처럼 정확한 사실을 얻을 수 없는 일도 있을 것이다. 그래도 최대한 사실을 수집하고 거기서 추측하도록 노력해야 한다. 미래의 징조는 현재 일어나고 있는 일들 속에 있기 때문이다.

＊**논리의 피라미드 구조**＿ 말하고 싶은 메시지를 가장 꼭대기에 둔 다음, 그것을 설득하기 위한 논리적인 구조를 가리킨다. 같은 계층은 MECE로, 상하관계는 '그래서(아래에서 위로)'와 '왜냐하면(위에서 아래로)'으로 연결된다. 최하위층은 사실이 바탕이 되어야 한다.

도표 4-3은 사장 앞에서 프레젠테이션할 때의 피라미드 구조다. 이번 프레젠테이션의 목적을 달성하기 위해 자율이동형 로봇 시장에 대해 MECE로 설명하고, 왜 해저자원 탐사용 로봇 시장에 진출하기로 결정했는지를 납득시킨다.

다음으로 해저자원 탐사 로봇 시장에서 유망한 고객을 정리하고, 고객의 보틀넥과 그것을 해결할 수 있는 본사의 강점 및 약점, 경쟁사의 상황에 대해 설명한다. 가능하면 구체적인 사실을 들어 각각 설명한다. 이런 골격으로 준비하면 된다.

여섯 번째로 "무엇을 말하지 않을 것인가"를 정해야 한다. 이것저것 설명하려고 하면 결국 핵심 메시지가 모호해진다. 시간 배분을 염두에 두고 핵심 메시지를 납득시키기 위해 필요한 것에만 집중하라.

설득을 위한 논리의 피라미드 구조　　　　　　　　　　도표 4-2

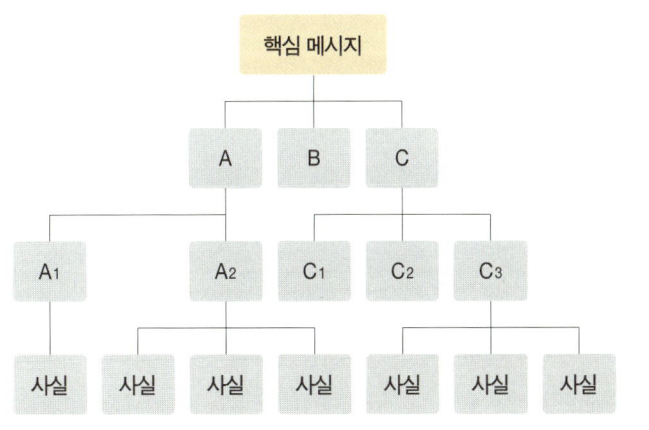

준비한 자료를 모두 설명하려 하지 않는 것이 요령이다. 모두 설명하려고 들면 실패하게 마련이다. 프레젠테이션을 할 때에는 준비한 자료를 모두 사용하지 않을 용기도 필요하다. 중요하지만 누락된 내용에 대해서는 듣는 사람이 질문할 것이다. 이때 만반의 준비를 해두었다가 답변할 수 있으면 그것으로 충분하다. 주인공이 프레젠테이션에서 말해야 하는 것과 그렇지 않은 것을 구분한 것은 현명한 판단이었다.

일곱 번째로는 '질의응답 구성'을 잘해야 한다. 특히 팀 프레젠테이션을 할 경우, 팀원에 따라 답변이 달라 당황하는 일이 없도록 사전 준비를 철저히 하는 것이 중요하다.

보통 발표하기 전에 사전 연습을 한다고 해도 질의응답까지 할 여유는 없다. 하지만 완벽을 기하고 경쟁사와의 차별화를 꾀하려면 질

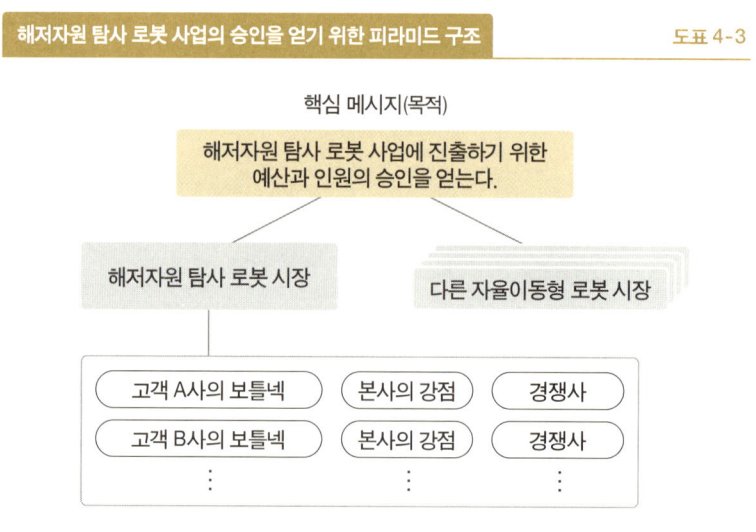

해저자원 탐사 로봇 사업의 승인을 얻기 위한 피라미드 구조　　　　　도표 4-3

의응답에 대한 사전 준비까지 완벽하게 마쳐야 한다. 미리 예상 질문을 생각하고 그 대답을 팀원들끼리 공유한다면, 실제 프레젠테이션에서 당황하는 일 없이 무사히 마칠 수 있을 것이다.

프레젠테이션할 때 주의할 점

마지막으로 프레젠테이션을 할 때 주의할 점은 무엇인지 알아보자.

가능하다면 미리 프레젠테이션을 할 장소에 직접 가서 분위기를 파악한다. 모니터, 시계, 청중, 발표자의 위치를 확인해둔다. 프레젠테이션을 시작하면 시간 관리를 잊지 말아야 한다. 자료를 보고 설명할 때에도 시간 배분을 잘해야 한다. 처음부터 설명하는 데 많은 시간을 빼앗겨 결론을 말할 시간을 놓치지 않도록 주의하라.

그렇다고 시간 관리에 너무 신경 쓴 나머지 일방적인 프레젠테이션이 되어서는 곤란하다. 청중의 반응을 관찰하면서 유연하게 대응하는 것이 중요하다. 청중이 알고 있는 내용을 장황하게 설명할 필요는 없다. 반대로 청중이 흥미를 보이는 내용은 자세하게 설명하며, 청중의 반응과 상황에 따라 대응한다.

또 청중과 쌍방향의 커뮤니케이션도 시도해보자. 청중의 상황을 관찰하면서 강약을 조절하며 주장을 전달하는 것이 핵심이다. 그리고 항상 "프레젠테이션의 목적은 무엇인가"를 의식한다.

프레젠테이션이 끝났다고 모든 게 정리된 건 아니다. 그 후의 피드백이야말로 가장 중요한 부분이다. 프레젠테이션을 청중이 어떻게 이해했는지, 전달하려고 한 핵심 메시지는 제대로 전달됐는지 반드시 피드백 과정을 거치도록 한다.

여기까지 됐을 때 비로소 프레젠테이션이 완결됐다고 할 수 있다. 프레젠테이션은 커뮤니케이션의 일종이자, 커뮤니케이션의 기본을 배우면서 숙달되는 기술이다.

프레젠테이션을 성공시키기 위한 일곱 개의 요점을 기억하자. 프레젠테이션의 목적과 청중(의사결정자)을 명확하게 설정한다. 또 전달하고 싶은 핵심 메시지는 무엇인가, 어떤 자료를 준비하고 그 자료를 어떻게 사용하여 설득할 것인가 하는 논리의 피라미드를 구축한다.

프레젠테이션에서 말할 것과 말하지 않을 것을 결정하고, 질의응답을 구성한다. 프레젠테이션의 성공 여부는 사전 준비로 80퍼센트는 결정된다고 해도 무방하다.

전략노트 10

1. 당신이 하려는 프레젠테이션의 목적, 그리고 청중을 적어보자.

2. 프레젠테이션의 핵심 메시지를 쓰고, 그것을 설득시키기 위한 논리의 피라미드 구조를 그려보자.

3. 1번과 2번에서 그린 논리의 피라미드 구조에서 토대가 되는 사실을 적어보자.

4. 프레젠테이션에서 말할 것과 말하지 않을 것을 정하고, 질의응답 내용을 직접 구성해보자.

case 11 신규 사업 프로젝트 팀을 구성하라 _ 조직과 인적자원 관리

마침내 프레젠테이션이 모두 끝났다. 30분을 목표로 시작했는데, 끝나고 보니 한 시간이 훌쩍 넘어 있었다. 프레젠테이션 도중에 사장과 임원들의 질문이 이어지면서 예상 시간을 초과했고, 거기에 예상치 못한 질문까지 받았던 탓이다.

나는 해저자원 탐사 분야의 시장성에 대해 사장이 질문하리라 생각하고 만반의 준비를 갖췄지만, 사장은 오히려 나보다 더 잘 알고 있었다. 앞으로는 경영자가 어떤 정보를 어느 수준으로 알고 있는지 파악하여 준비해야겠다는 생각을 했다.

사장은 생산부와 어떻게 연계하여 일을 할 것인지 물었다. 그런데 나는 생산과 관련한 문제는 먼 미래의 일로 생각했던 터라 생산부와는 어떤 논의도 하지 않았다. 심지어 로봇의 가격을 얼마로 책정할 것인지, 얼마를 벌어들일 수 있는지 물어보는 데 이르러서는 꿀 먹은 벙어리가 되고 말았다.

수익은커녕 가격에 대해서도 시기상조라 생각하고 전혀 염두에 두지 않았기 때문이다. 하지만 지적을 받고 곰곰이 생각해보니, 가격과 수익에 대한 검토가 없는 사업화는 전략의 핵심이 빠져 있는 것이나 다름없었다.

로봇 사업의 조직과 인재에 대해서도 질문이 이어졌다. 설마 이번 프레젠테이션에서 거기까지 구체적으로 논의가 될까 싶어 방심한 것이 화근이었다. 조직을 구체화하는 문제는 아예 손도 대지 못했고, 인재에 대해서도 "인사부에서 알아서 하겠지"라는 안일한 생각으로 일관했다.

하지만 사장은 5년 후에 사업의 매출을 실현하기 위한 조직과 인재에 대한 구체적인 안이 없으니 어떻게 매출 예측*을 믿을 수 있겠냐며 의문을 표시했다. 열심히 준비한다고 했건만 허점투성이였다.

그런데 뜻밖에도 사장은 즉시 프로젝트 팀을 구성하여 사업화를 검토하라는 지시를 내렸다. 자, 그렇다면 프로젝트 팀은 어떻게 구성하면 좋을까?

사업화 과정

이번 프레젠테이션을 진행하면서 사장과 임원들에게는 나와는 전혀 다른 정보 네트워크가 있다는 사실을 분명히 알게 되었다. 그렇다면 사내의 다양한 계층이나 부서 사람들도 각기 다른 정

---

*매출 예측_ 어떤 제품이 언제, 어느 지역에서, 어느 정도의 수량으로, 얼마에 팔릴 것인지를 예측하는 것. 이 예측을 바탕으로 생산계획, 인원 배치, 현금 흐름 등의 기업 활동을 결정하기 때문에 중요하다.

보를 가지고 있을 것이다. 해저자원 탐사용 로봇에 대해서도 사내에 축적되어 있는 정보를 활용하는 것이 중요하다는 점을 깨달았다.

프레젠테이션이 끝난 다음 날, 지금까지 직접 대화를 나눴던 적이 없는 연구개발 본부장이 나를 찾아왔다. 자신의 실패담을 들려주며 전날 있었던 프레젠테이션의 사업화 계획에 대해서도 격려해주었다.

본부장은 이러이러한 점이 좋았다고 말해주면서, 가능하면 연구개발부도 지원해주거나 필요한 인재를 배정해주겠다는 약속도 했다. 연구개발부에 있을 때에는 본부장과 대면해본 적도 없었다. 이번 사업화 계획에 있어 사전에 커뮤니케이션을 하지 못한 것이 두고두고 후회가 되었다.

사업화로 이어지지 않는 개발만 했기 때문에 본부장에게 약간 주눅이 들어 있었는지도 모른다. 하지만 본부장은 나를 잘 알고 있었고, 당시의 제품 개발에 대해서도 평가해주었다. 경영기획부에 나를 추천한 사람도 본부장이었다는 사실도 알게 되었다.

본부장과 대화가 끝난 후 사장실에서는 프레젠테이션 때 사장과 임원들이 제기한 문제를 정리하여 다시 보고하라는 지시가 내려왔다. 또 사업화를 전제로 사내에 프로젝트 팀을 꾸리고 고객과도 구체적인 논의를 진행하라는 명령도 떨어졌다.

생산부, 경리부를 비롯한 마케팅부나 인사부와도 논의를 해야 한다. 지금까지도 바빴지만 앞으로는 더욱 바빠질 것이다. 또 지금까지는 혼자 모든 일을 처리해왔지만 앞으로는 혼자하기가 벅차다. 외부에 내가 원하는 부하직원이 있기는 해도, 일단 회사 안에서 적합한 인재를 찾아봐야 한다.

지금까지 인사이동이나 조직 변경에 관련된 일은 다른 누군가가 결정하는 일이라고 생각했는데, 이제는 내가 직접 해야 한다. 고민도 되고 힘들 테지만, 여러 가지 구상이 떠오르면서 의욕이 앞선다. 이 일이 즐겁다. 경영기획부로 옮기면서 겪은 어려움이 점차 즐거움으로 바뀌기 시작했다.

빨리 해저자원 탐사용 로봇의 사업화를 위한 팀을 꾸려 사업을 구체화하자. 사장이 제기한 문제에 대해서도 나 혼자가 아니라 팀원들과 협력하며 풀어가도록 하자.

프로젝트 팀 결성

프로젝트명은 '블루오션 프로젝트(약칭 블루프로)'라고 정했다. 팀명을 '해저자원 탐사용 로봇 사업'이라고 붙이면 팀원끼리 무심코 나눈 대화가 회사 밖으로 새어나갈지도 모른다. 그래서 내용을 알 수 없는 이름으로 정했다. 팀원이 구체적으로 확정되기 전에 어떤 역할이 필요한지 정리하고, 그 역할을 맡을 인재를 어느 부서에서 영입하면 좋을지도 생각했다.

먼저 '블루프로'의 책임자는 나다. 당연히 다른 팀원들은 모두 겸임을 하게 된다. 전임이 필요한 역할은 상황에 따라 결정해서 맡기자. 고객 대응과 상품 기획을 담당하는 기술 마케팅 매니저는 처음부터 전임으로 했으면 싶었는데, 그렇게 되면 능력 있는 인재가 선뜻 나서지 않을 것 같다. 일단은 겸임하도록 부탁하고, 우수한 인재를 확보하여 실적을 쌓게 한 후 전임으로 돌리기로 했다.

고객 대응은 현 단계에서는 디자인 원(design win)＊이 주목적이기 때문에 기술 마케팅부를 중심으로 하자. 하지만 영업부도 관여할 수 있도록 하는 것이 좋다. 가능하면 국내 영업부와 해외 영업부에 도움을 구하자. 처음부터 세계 시장을 겨냥하는 것도 좋지만, 국내·외 영업망을 두루 갖추는 것이 국내 영업과 해외 영업의 선의의 경쟁으로 이어져 좋은 결과를 낼 수 있다. 해외 영업부는 전화상으로 회의에 참여할 수 있게 한다면 회의에 대한 부담을 줄일 수 있다.

구체적인 로봇의 사양을 결정하는 일은 역시 기술 마케팅부와 설계부가 담당해야 한다. 디자인 원을 겨냥한 6~12개 고객사로부터 피드백을 받으면서 사양을 결정해나가야 한다. 회사마다 다양한 요구가 나오겠지만, 각 회사의 요구에 맞는 제품을 만드는 일은 효율적이지 않다. 이상적인 형태는 똑같은 사양을 모든 고객에게 제공하는 것이다. 이것이 불가능하다면 공통되는 부분이 가능한 많게 하고, 고객마다 발생하는 차이점은 일부분에서 대응할 수 있도록 한다.

이것이 기술 마케팅의 능력이다. 물론 기술 마케팅은 설계를 담당한 책임자와 수시로 연대해야 한다.

나도 프레젠테이션의 단계에서는 기술 마케팅과 설계 및 개발에 대해 충분히 생각했었다. 예를 들어, 기술 마케팅과 설계의 역할 분담이

＊**디자인 원**_ 개발 단계에서 본사 제품을 채택하도록 하는 것. 단, 생산에서 채택되는 것을 보장하지는 못한다. 기술 마케팅의 역할은 '디자인 원까지'와 '디자인 원에서 생산까지' 두 가지 측면으로 분류된다.

그렇다. 내가 제품 개발을 했을 때에는 나 자신이 기술 마케팅과 제품 개발이라는 역할을 겸하고 있었다.

각기 장점이 있었다. 고객이 기술자인 경우는 두 사람 다 기술에 정통해 있어 이해가 빠르다. 하지만 단점도 있다. 제품 개발의 어려움을 잘 알고 있는 만큼 고객에게 성능을 낮춰 달라거나 개발 기간을 늦춰 달라고 부탁하게 된다.

결국 개발하기는 편해지지만 고객은 시장에 진출할 기회를 놓치게 된다. 우리 회사의 사업도 실패로 끝난 아픈 경험이 있다. 그 실패를 통해 제품 설계를 담당하는 책임자와 기술 마케팅의 책임자는 분리시키는 것이 좋다는 교훈을 얻었다.

기술 마케팅 매니저는 고객의 입장에서 개발 스케줄을 짜거나 사양을 결정하고, 그것을 설계 담당자가 준수하도록 해야 한다. 그래야 최종적으로 설계 담당자가 고객 만족도가 높은 로봇을 개발할 수 있다. 같은 사람이 두 가지 업무를 하다 보면 아무래도 개발에 허점이 생기게 된다.

사장의 피드백에 따라 생산, 구매, 재무, 경리부의 사원도 참여시켜 가격과 이익에 대한 검토를 시작했다. 가격을 책정할 때에는 고객의 요구나 경쟁사의 정보도 필요하지만, 반드시 생산과 경리부로부터 검토를 받아야 한다. 생산이나 구매부가 합류함으로써 설계 단계부터 비용을 절감하는 다양한 의견을 적극적으로 개진하는 장점도 있다. 지금처럼 생산하기 어려운 설계를 하는 일도 없어질 것이다.

또 생산 수량이나 구매 상황이 변하거나 판매관리 비용이 늘어나는 등 환경의 변화가 사업의 이익에 어떤 영향을 미치는지, 경리부의 지원을 받는다면 이것에 대한 보다 세밀한 예측도 가능하다. 그 상황을 프로젝트 팀 전원이 공유한다면 영업부가 안일하게 가격을 인하하는 일도 사라질 것이다. 그리고 보니 이번 사업에 흥미를 보이던 경리부 사원이 떠올랐다. 그라면 흔쾌히 이번 프로젝트에 참여해주리라.

조직을 꾸리고 인재에 대한 조언을 구하려면 인사부의 직원도 팀원으로 영입해야 한다. 사장의 지적을 받은 후에야 내 계획에 허점이 있었다는 사실을 알게 되었다. 아무리 훌륭한 제품을 만들어도 그것을 사업화시킬 사람이 없다면 무용지물이 아닌가? 그런데도 나는 "어떤 조직에서 사업을 운영할 것인가?", "사업이 확대됨에 따라 인재 채용·교육·배치는 어떻게 할 것인가?"라는 생각은 시기상조라고 여겼다. 하지만 인재를 채용하고 육성하는 데 시간이 걸린다는 점을 감안하면 결코 빠르지 않다. 사업을 확대한 후에 인재가 없어 당황하는 일이 없도록 인사부와 긴밀하게 연대해야 한다.

광고나 홍보를 책임질 팀원도 필요하다. 지금까지 우리 회사는 개발부와 광고 및 홍보부의 관계가 좋지 않았다. 효과적인 광고 및 홍보를 위해서라도 개발 초기부터 정보를 공유하도록 하자. 마케팅부나 광고부도 제품 개발 초기부터 관여한다면 제품의 메시지를 어떻게 전달할 것인지 깊게 이해할 수 있다.

사장에게도 자문을 구하기로 했다. 프레젠테이션 때 사장이 질문한 내용을 보면, 해저자원 탐사 사업에 대해 개인적으로 관심이 많은 듯 보였다. 그 분야의 인적 네트워크도 다양할 것이다. 빨리 그 네트워크를 이용해 이 분야에 정통한 전문가를 소개받아 프로젝트에 대해 수시로 조언을 구하기로 했다.

프로젝트 팀에 관한 최종안이 완성되자 상사에게 자문을 구했다. 상사는 지적 재산권 담당자나 법무팀 직원도 영입해두는 것이 좋겠다고 조언해주었다. 경우에 따라서는 외부의 변리사를 소개해주기도 하는 모양이다. 고객이나 인공지능 소프트웨어 회사와 제휴할 때에는 계약서를 주고받는 일도 생긴다. 법무팀의 지원은 그래서 필수적이다.

이렇게 블루프로 팀의 구성이 확정되었다(도표 4-4). 이제부터는 구체적으로 인원을 모으는 작업이 남았다. 각 후보자가 즐겁게 참여할 수 있도록 우리 프로젝트의 전략을 다시 한 번 정리하기로 했다. 이 작업이 사장이 내준 숙제에 대한 답이 될 것이다. 다음번에 사장에게 보

블루오션 프로젝트 팀 구성   도표 4-4

역할	담당자
리더	나
고객 대응	기술 마케팅, 영업(국내와 해외)
상품 기획 및 개발	기술 마케팅, 설계
생산	생산관리, 제조, 구매
가격 책정	기술 마케팅, 재무, 경리
조직 및 인재	인사
광고 및 홍보	마케팅, 홍보
조언자	사장, 외부 전문가
지적 재산권	지적 재산, 법무

고할 때에는 프로젝트 팀을 완벽하게 꾸려 당장 시작할 수 있는 수준으로 만들고 싶다.

지금까지는 프레젠테이션이 목표였다. 하지만 사장과 임원들의 피드백을 검토해보니, 프레젠테이션은 목표가 아니라 오히려 전략을 강화하고 실천에 옮기게 하는 중요한 이정표라는 것을 실감했다. 프로젝트 팀은 결여되어 있는 시각을 보완해주고, 회사는 필요한 지원을 해준다. 이만큼 강력한 아군은 없다.

사례 설명

앞선 장에서 프레젠테이션의 준비와 과정에 대해 설명했는데, 대기업에서는 프레젠테이션을 하기까지 모든 내용을 꼼꼼하게 확인한다. 그 확인 과정에서 프레젠테이션 내용이 개선되는 경우가 있는 반면, 알맹이가 빠져버리는 경우도 있다. 만일 당신이 진행했던 프레젠테이션이 후자의 경우가 되었다면 신규 사업이 성공할 것이라는 생각은 일찌감치 버리는 것이 현명하다.

사장이 지원하는 프로젝트의 장점과 단점

앞 사례처럼 사장이 실질적인 논의에 참여할 것인가는 회사의 규모나 풍토에 따라 다르다. 또 사장이 신규 사업에 관여하는 데에는 장단점이 존재한다.

장점은 이 사례처럼 사장의 지원을 얻을 수 있어 회사 내에서 활동하기가 훨씬 편해진다는 점이다. 또한 사장의 훌륭한 인적 네트워크를 활용할 수도 있다.

단점은 단기적인 성과를 요구하기 때문에 순조롭게 사업이 진행되지 않으면 프로젝트가 무산될 가능성이 높다는 점이다. 처음부터 원활하게 진행되는 신규 사업은 거의 없다. 기존 사업과 같은 평가 기준으로 신규 사업을 평가해서는 안 된다. 회사 모르게 활동하는 편이 외려 일을 순조롭게 진행시킬 수가 있다. 신규 사업의 성공 사례를 보면 비밀리에 추진한 경우를 볼 수 있는데, 바로 이런 이유 때문이다.

사장이 지적한 것처럼 미래(여기서는 5년 후)의 조직도를 그려보는 것도 중요하다. 거기에 전략이 지향해야 할 목표가 '조직'이라는 형태로 구체적으로 표현된다. 미래의 조직도를 그리고, 각 조직의 기능과 인원 규모를 채워감으로써 사업은 보다 선명해진다. 목표가 명확해지면 그것을 위해 무엇을 해야 하는지가 보다 구체화된다. 이 작업이 전략을 강화시키고 실천하게 만든다.

또 조직의 책임자가 처음부터 모든 것을 채울 수는 없다. 처음에는 혼자서 여러 일을 해야 하는 경우가 보통이다. 사업이 점차 커지면 본인의 일을 줄이고 적임자를 선정해 업무에 배치하면 된다.

신규 사업에 필요한 오피스 매니저

벤처 기업을 새로 시작할 때에는 오피스 매니저(office manager)의 역할이 매우 중요하다. 초기에 오피스 매니저가 할 일은 매우 광범위하다. 접수, 비서, 총부, 경리, 인사(특히 채용), 섭외 등을 모두 혼자서 처리한다. 사업이 확대되면 필요한 포지션의 인재를 채용하여 자신의 역할을 하나씩 줄여나간다. 마침내 적당한 시기가 오면 모든 포지션에 인재가 배치되고, 오피스 매니저로서의 역할도 끝이 난다. 그러면 오피스 매니저는 새로운 벤처로 이동한다.

요약하면, 오피스 매니저란 벤처 기업 초창기부터 어느 정도의 규모에 도달할 때까지 회사에 필요한 모든 역할을 담당하는 인재를 말한다. 실리콘밸리처럼 벤처 기업이 많은 지역에는 이러한 오피스 매니저가 전원 활동하고 있을 정도로 수요가 많다.

이런 인프라를 갖추는 것도 사업 성공에 필수적인 요소다. 이런 인재를 찾지 못하면 처음부터 모든 능력을 갖춘 인재를 고용하게 되고, 후선 업무(back office)에 들이는 인건비로만 투자액을 순식간에 탕진하게 된다.

신규 프로젝트 팀의 운영

프로젝트나 고객은 코드네임(code name)으로 부르게 한다. 회사 내에서 대화를 나눈다면 심각하게 신경 쓰지 않아도 되지만, 음식점이나 카페 같은 공공장소는 주의해야 한다. 이런 장소에서는 정보가 금방 새어나갈 수 있다. 따라서 프로젝트에는 반드시 코드네임을 붙여, 평상시 회사에서도 코드네임을 사용하도록 한다. 그러면 부주의한 실수로 정보가 회사 밖으로 새어나가는 것을 방지할 수 있다.

프로젝트 팀원과 하는 회의는 가능하면 쓸모없는 시간을 줄이고 실질적인 것으로 만든다. 정보를 공유하는 회의라면 사전에 자료를 나눠주고, 자료를 숙지한 상태에서 문제 해결을 도모한다. 가능하면 회의에서 결론을 낼 수 있도록 한다. 만일 실행해보고 오류가 발생했다면 다시 수정하면 된다.

다양한 업무를 맡은 팀원은 회의에 참석하지 못할 수도 있다. 이런 경우에는 전화로 회의를 진행해 모든 팀원이 참여할 수 있도록 조정하는 것도 중요하다. 또 본업에 지장이 없도록 배려해야 프로젝트 팀원으로서 차질 없이 일을 계속할 수 있다.

사업이 진행됨에 따라 한 사람이 여러 일을 맡아 하다가 하나의 업무에만 몰두하게 된다. 역할에 따라서 다르겠지만, 어느 역할을 전임으로 하고 어느 역할을 부차적으로 할 것인지 초기에 대략적인 그림을 그려보자. 여기에서도 장래의 조직도가 판단하는 데 도움이 된다.

커뮤니케이션은 프로젝트 팀원 간이나 고객과의 관계에 있어서도 중요하다. 커뮤니케이션의 어려움과 그 개선 방법에 대해서는 사례 13에서 자세하게 다루기로 한다.

사례 11 포인트

프로젝트 팀을 구성할 때에는 사업 콘셉트를 실현하는 데 필요한 모든 기능을 갖춘다. 참여하는 팀원이 본래 맡고 있는 업무에 부담을 주지 않도록 노력하고, 가능하면 우수한 인재가 참여할 수 있도록 유도한다.

전략노트 11

1. 사장이나 임원들의 정보 네트워크를 활용하는 방안을 생각해보자.

2. 사장이나 임원들의 경험을 활용하는 방안을 생각해보자.

3. 사장이나 임원들의 고정관념에 도전하는 방안을 생각해보자.

4. 최강의 프로젝트 팀을 구축하기 위한 인재(이름과 역할)를 정리해보자.

저가와 고가 중 어느 쪽이 유리한가 _ 가격과 이익

사장이 지시한 가격과 이익에 대해 프로젝트 팀원과 검토하기로 했다. 사장이 내준 숙제는 5년 후의 사업을 예측하여 가격과 이익을 판단하라는 것이다.

가격을 결정하는 요소는 세 가지다. 첫째 요소는 고객의 요구. 해저자원 탐사 사업을 하는 고객도 이익을 올려야 한다. 로봇의 가격은 가능하면 싼 편이 좋으나 필요 이상으로 낮추면 안 된다.

아무리 가격이 매력적이라도 로봇의 성능이 나쁘면 소용이 없다. 모처럼 잠자고 있는 해저자원을 발견하고도 발굴하지 못하는 기술력이라면 일찌 감치 단념하는 것이 낫다. 반대로 있지도 않은 장소에 해저자원이 있다는 잘못된 정보를 알리는 기술력이어서도 곤란하다. 가격은 고객에게 제공하는 가치와 균형을 이루는 선에서 결정된다.

가격을 결정하는 둘째 요소는 경쟁사의 존재다. 다른 회사가 비슷한 제품을 제공하면 당연히 가격 경쟁이 벌어진다. 가격 경쟁을 피하려면 타사에 없는 기능이나 성능으로 차별화해야 한다. 제품 개발의 사명은 경쟁사를 이기는 것은 물론, 조금이라도 높은 가격으로 제품을 팔기 위한 것이다. 본사 기술에 어느 정도의 가치가 있는지는 제품의 가격으로 평가된다.

셋째 요소는 제품의 이익을 얼마로 하느냐이다. 여기에는 제품에 관한 가격과 비용을 조절해야 한다. 비용에 대해서는 제조 비용은 물론, 판매나 관리에 드는 비용도 모두 조사해야 한다. 이때 영업부, 마케팅부, 생산관리부, 경리부, 인사부의 도움이 필요하다.

자, 가격 책정에 관한 세 가지 요소는 대충 이해가 됐을 것이다. 그렇다면 이익과 연관시켜 가격을 책정할 때 주의할 점은 무엇인지 구체적으로 알아보자.

사업화 과정

블루프로 팀의 첫 미팅. 사장이 지적한 가격과 이익에 대해 논의하기로 했다. 팀원들은 다양한 의견을 쏟아냈다. 영업부에서는 "초기에는 실적이 없으니 어쨌든 가격을 낮춰 다른 업체들이 채택할 수 있도록 해야 한다"는 의견이 주를 이뤘다. 반대로 생산부는 "처음에는 생산량이 적어 원자재 비용을 낮출 수가 없으니 당연히 가격을 높게 책정해야 한다"고 맞섰다.

두 부서의 의견이 정면으로 팽팽하게 대립했다. 각각의 주장은 일견 타당해보였지만, 모두 자기 부서의 상황만을 고집하는 것 같았다. 논의가 평행선을 달리자 이번 미팅은 결론을 내지 못한 채 끝나고 말았다. 첫 미팅이어서 화목한 팀 분위기를 만들려고 생각했는데, 내 예상은 완전히 빗나가고 말았다.

미팅이 끝난 후 경리부의 A씨가 나를 찾아와 제안을 했다.

"영업부나 생산부는 경영적인 시각에서 가격 책정을 고려하지 않아요. 그래서 자기 입장만 고집하는 거라고 봐요. 그러니까 다음에는 가격 책정의 의미에 대해서 팀원에게 강의를 해주면 어떨까요? 괜찮다면 제가 맡아서 해도 좋습니다."

나는 그에게 강의를 맡기기로 했다. 솔직히 나도 가격이나 이익에 대한 이해가 부족했다. 나를 포함한 팀원들이 가격과 이익에 대해 배우는 좋은 기회가 될 것이다.

가격을 올리면 어떻게 될까

두 번째 블루프로 미팅. 경리부 A씨는 가격과 이익에 대해 초보자도 알기 쉽게 설명하기 시작했다. 다음은 A씨가 강의한 주요 내용이다.

매출액은 다음의 식으로 나타낼 수 있다.

매출액 = 수량 × 가격

이 식에서 알 수 있듯이 매출액은 수량에 비례한다. 따라서 수량을

1퍼센트 증감하면 매출액도 1퍼센트 증감한다. 가격에 대해서도 마찬가지다. 가격을 1퍼센트 증감하면 매출액도 1퍼센트 증감한다.

그런데 영업이익은 약간 복잡하다.

영업이익 = 수량 × 가격 − (고정비 + 변동비)

영업이익은 위의 식처럼 나타낼 수 있는데, 보다시피 수량이나 가격과 비례 관례가 아니다.

여기에서는 구체적인 수치를 사용하여 가격과 영업이익의 관계를 살펴보자. 도표 4-5는 세계의 공개기업 1200개사의 평균적인 수익 구조를 나타낸 것이다. 이 평균적인 수익 구조에서 가격을 100으로 하면 고정비는 24.5, 변동비는 66.4가 된다. 영업이익은 제품가격에서 비용(고정비+변동비)을 빼면 되기 때문에 다음의 식처럼 9.1이 된다.

영업이익 = 제품가격 − (고정비 + 변동비)
$$= 100 - (24.5 + 66.4)$$
$$= 9.1$$

이때 매출액의 영업이익률은 9.1퍼센트가 된다.

여기서 제품가격을 100에서 101로 1퍼센트 인상했을 때, 영업이익이 어떻게 되는지 살펴보자. 가격을 조금 인상했기 때문에 고객의 구매 행동에 변화가 생기기 않으며 생산량도 변하지 않는 것으로 본다.

고정비와 변동비는 변하지 않기 때문에 다음과 같이 영업이익은 9.1에서 10.1로 증가한다.

영업이익 = 제품가격 − (고정비 + 변동비)

　　　　 = 101 − (24.5 + 66.4)

　　　　 = 10.1

따라서 가격을 1퍼센트 늘리면 영업이익은 9.1에서 10.1로, 11퍼센트나 증가하게 된다. 이 모습을 도표 4-6에 나타냈다.

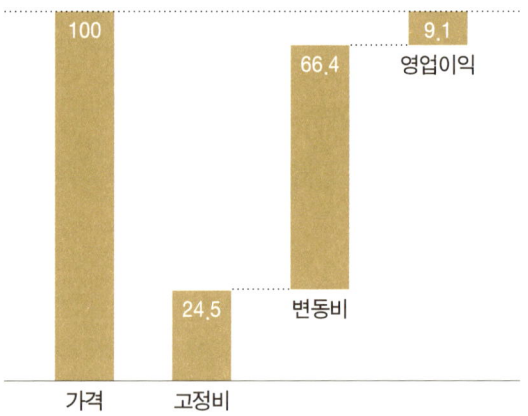

공개기업 1200개 회사의 평균적인 수익 구조　　　　　　도표 4-5

*출처 : 『가격 우위 전략(The Price Advantage)』, 마이클 V. 만(Michael V. Marn)·
에릭 V. 로그너(Eric V. Roegner)·크레이그 C. 자와다(Craig C. Zawada) 지음

가격을 내리면 어떻게 될까

다음으로 고정비나 변동비를 삭감하면 영업이익은 얼마나 늘어날까? 먼저 고정비를 1퍼센트 삭감했을 때의 영업이익을 도표 4-5의 수익 구조 데이터를 이용하여 계산해보자. 영업이익은 9.1에서 9.345로 2.7퍼센트 증가한다.

$$영업이익 = 가격 - (고정비 + 변동비)$$
$$= 100 - (24.255 + 66.4)$$
$$= 9.345$$

가격과 영업이익의 관계(도표 4-5의 수익 구조에 근거)　　　　　　　　　도표 4-6

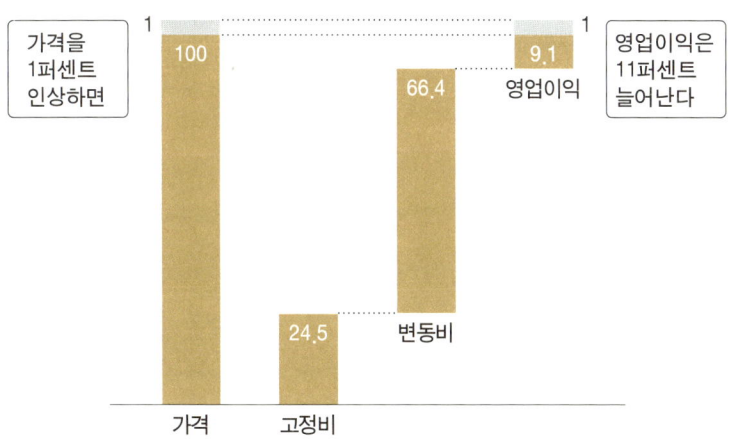

*출처 : 『가격 우위 전략(The Price Advantage)』, 마이클 V. 만 · 에릭 V. 로그너 · 크레이그 C. 자와다 지음

마찬가지로 변동비를 1퍼센트 삭감하면 영업이익은 9.1에서 9.764
로 7.3퍼센트 증가한다.

영업이익 = 가격 − (고정비 + 변동비)

　　　　 = 100 − (24.5 + 65.736)

　　　　 = 9.764

기업은 비용 삭감을 둘러싸고 사투를 벌이지만, 이익에 대한 공헌
율로 따지면 고정비나 변동비의 삭감보다 제품 가격을 올리는 것이
효과적이다. 매출액의 영업이익률이 낮은 기업이 가격을 올리면 이익
개선율은 훨씬 커진다. 예를 들어 매출액의 영업이익률이 5퍼센트인
기업이 가격을 1퍼센트 올리면 이익은 20퍼센트나 개선된다.

판매수량을 늘리면 어떻게 될까

그렇다면 판매수량을 늘리면 영업이익은 얼마나 개선될까? 역시 공
개기업 1200개 회사의 평균 데이터를 사용하여 계산해보니, 가격이
같으면 판매수량이 1퍼센트 늘 때 영업이익은 3.7퍼센트 증가한다. 가
격을 1퍼센트 올린 경우의 3분의 1밖에 늘지 않았다.

이상의 결과를 정리한 것을 도표 4-7에 나타냈다. 다시 한 번 이 표
를 보면 공개기업 1200개 회사의 데이터에 관한 한 제품 가격의 상승
이 영업이익에 가장 공헌하는 것을 알 수 있었다.

우리 회사의 경우는 어떨까? A씨가 회사의 수치를 예로 들어 보여

주었는데, 역시 가격의 효과가 가장 높다는 결과가 나왔다. 게다가 우리 회사의 영업이익률은 5퍼센트로 낮기 때문에, 가격을 올리면 이익 향상의 효과가 더욱 커지는 것을 알 수 있었다.

가격을 1퍼센트 인하하면 얼마나 더 팔아야 할까

경쟁사와 입찰에서 맞붙게 되면 일반적으로 가격 인하라는 방법으로 대응하려 한다. 하지만 가격을 내리는 것은 이익에 막대한 영향을 미친다. 그렇다면 어느 정도나 영향을 줄까?

A씨가 팀원들에게 문제를 냈다.

"가격을 5퍼센트 인하했을 때, 인하하기 전과 같은 이익을 확보하려면 얼마나 많은 수량을 팔아야 할까요?"

영업부 쪽에서 즉시 대답을 했다.

"5퍼센트 더 많이 팔면 되지 않을까요?"

이익 개선 수단의 비교(도표 4-5의 수익 구조에 근거)	도표 4-7

개선 요인	영업이익의 개선율(%)
가격 1% 증가	11.0
고정비 1% 삭감	2.7
변동비 1% 삭감	7.3
판매수량 1% 증가	3.7

＊출처 : 『가격 우위 전략(The Price Advantage)』, 마이클 V. 만 · 에릭 V. 로그너 · 크레이그 C. 자와다 지음

A씨는 웃으면서 "매출액의 경우라면 5퍼센트 인하했을 때 5퍼센트 더 팔면 같은 매출액을 달성할 수 있어요. 그래서 영업부는 즉시 가격 인하를 생각하지요. 하지만 이익은 다릅니다"라고 설명했다.

A씨는 도표 4-8을 보여주며 "공개기업 1200개사의 평균 데이터에 따르면, 단가를 5퍼센트 낮출 경우 이전과 같은 이익을 확보하기 위해서는 17.5퍼센트나 더 많이 팔아야 합니다"라고 말했다. A씨의 설명을 듣고 영업부는 깜짝 놀랐다.

여기서 영업부의 실적 평가에 나타난 매출액을 달성 목표로 할 경우의 위험이 도사리고 있다. 매출액을 달성 목표로 하면, 가격을 5퍼센트 인하해도 수량을 5퍼센트 더 팔면 목표를 달성할 수 있다고 단순하게 생각하기 쉽다(정확하게는 5.26퍼센트를 더 팔아야 한다). 확실히 매

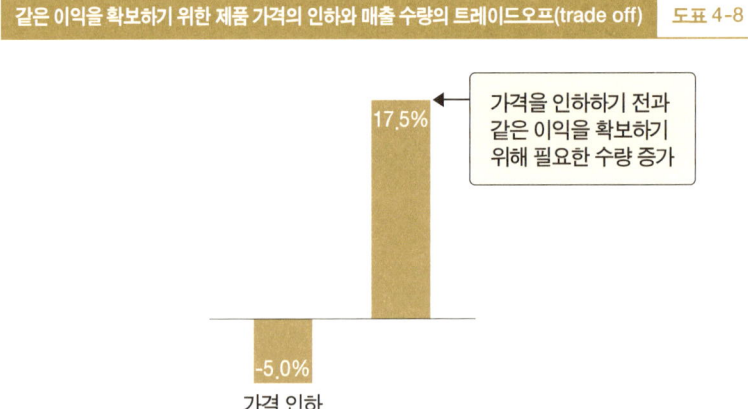

같은 이익을 확보하기 위한 제품 가격의 인하와 매출 수량의 트레이드오프(trade off) 도표 4-8

17.5%

가격을 인하하기 전과 같은 이익을 확보하기 위해 필요한 수량 증가

-5.0%

가격 인하

＊출처 : 『가격 우위 전략(The Price Advantage)』, 마이클 V. 만·에릭 V. 로그너·크레이그 C. 자와다 지음

출액 목표는 달성할 수 있다. 그러나 수익에는 미치지 못하고, 심지어 그런 사실조차 깨닫지 못한다. 수익이 떨어지는 것보다 더 큰 문제는 이것을 인식하지 못하는 것이다.

해저자원 탐사용 로봇 가격은 얼마로 책정하면 좋을까

사장이 "가격을 어떻게 할 것인가, 그래서 얼마나 벌 수 있는가?"라고 물었던 의미를 이제야 깨달았다. 자율이동형 로봇의 제품 가격은 이익이 나도록 정해야 한다. 비용을 삭감하는 것도 필요하지만, 조금이라도 비싼 가격에 팔리도록 기능과 성능을 높이고 타사와의 차별화를 꾀해야 한다.

경리부와 생산부의 힘을 빌려 본사 제품의 수익 구조를 확실히 분석해보자. 소정의 이익을 확보하려면 가격을 얼마로 해야 하는지, 그 가격은 고객의 시각에서 본 제품 가치에 합당한지, 또 경쟁사와 차별화할 수 있는지 등 전략적으로 가격을 정할 수 있다.

지금까지 가격은 가장 마지막에 결정하면 된다고 생각했다. 하지만 이는 큰 착각이었다. 가격과 이익은 사업의 근간으로, 거기에 모든 것이 집약되어 있다.

프로젝트 팀도 A씨의 설명을 듣고 가격의 전략적 의미를 이해할 수 있었다. 영업부는 조금이라도 높은 가격에 팔기 위해 '고객에게 가치가 있고 타사에 경쟁력이 있는 제품'을 개발해 달라고 기술 마케팅부와 설계부에 요구하기로 했다. 생산부 직원은 가능하면 비용을 낮춰서 이익을 올리겠다고 약속했다. 팀의 분위기도 어느새 부드러워졌다.

제품마다 영업이익을 산출해내기란 쉽지 않다. 그래서인지 처음부터 영업이익을 산출하지 않는 기업도 많다. 이렇게 되면 필연적으로 영업이익이 아니라 매출액을 목표로 하게 되고, 가장 쉬운 방법인 가격 인하를 제일 먼저 선택하게 된다.

그러나 아무리 가격을 낮춰도 이익을 내려면 제품 원가를 낮춰야 한다. 당연히 원가 절감에 힘을 쏟게 된다. 그런데 이는 제품의 질 저하를 초래하게 된다. 따라서 더욱 가격을 낮출 수밖에 없는 악순환에 빠지게 된다. 이런 식으로는 미래를 보장할 수 없다.

이런 악순환에 빠지지 않으려면 가장 먼저 제품별 이익을 낼 수 있는 구조를 파악해야 한다. 기업 활동의 모든 경비를 파악하고, 그것을 제품별로 배분하는 작업을 매일 지속할 수 있는 시스템을 갖춰야 한다. 다행히 최근에는 IT가 눈부시게 발전하여 규칙을 정해놓기만 하면 그 후에는 데이터 수집이나 분석을 비교적 쉽게 할 수 있다.

기업 중에는 도표 4-9에 나타낸 것처럼 제품별, 고객(법인고객)별 이익까지 산출하는 기업도 있다. 이 경우의 '고객'이란 회사 단위가 아니다. 예를 들어, 고객 C_1에게 제품 P_1을 팔았을 때의 이익률처럼 각 요소의 이익을 파악하여 가격 설정이나 고객 지원에 활용하는 것이다. 따라서 같은 회사라도 사업부가 다르면 다른 고객으로 간주한다.

이 데이터에서는 고객 단위의 판매 상황과 이익 상황, 또는 제품 단위의 판매 상황과 이익 상황을 일목요연하게 알 수 있다. 하지만 이 데이터는 운용 방법에 주의해야 한다. 기계적으로 모든 항목에서 이익을 올리겠다는 단순한 생각으로 관리해버리면 실패할 수 있다.

각 항목의 상황을 고려하여 지금은 이익을 생각하지 않고 시장에 참여해야 할 시기라거나, 이익을 얻을 수 없다면 가격 인하보다는 시장 철수를 한다거나 하는 등 세밀하게 운용하지 않는다면 모처럼 힘들게 입수한 데이터가 무용지물이 된다는 점에 주의하자.

가격을 설정할 때는 어떤 고객 항목의 가격 정보를 수집함과 동시에 특정 고객기업의 가격 정보를 수집하여 도표 4-9의 이익 데이터에 맞추어 의사를 결정하는 것이 중요하다. 대부분의 경우 그런 데이터 분석을 하지 않고 가격을 정하는 경우가 많다. 왜냐하면 이익이 아니

제품별, 고객별 이익표   도표 4-9

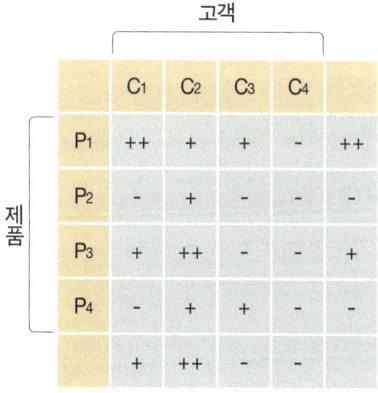

++, +, - 는 이익의 대소를 나타낸다. 실제로는 이익률의 숫자가 들어간다.

라 매출을 목표로 하기 때문이다.

저가 전략으로 성공한 기업들

이익을 내려면 기본적으로 1엔이라도 비싸게 팔아야 한다. 하지만 철저한 저가 전략으로 경쟁사보다 높은 수익률을 올리는 회사도 있다. 그 대표적인 경우가 베이시아 슈퍼마켓, 사우스웨스트항공, 마부치모터다. 이들 회사의 저가 전략을 알아보자.

베이시아의 저가 전략

이토요카도(イト-ヨ-カ堂)*나 이온(Aeon)** 등의 대형 슈퍼마켓은 저가를 무기로 기존 백화점을 겨냥해 시장을 확대해왔다. 하지만 이들 회사의 영업이익률은 1.1퍼센트로 매우 낮다. 이러한 면이 저가를 자랑거리로 내세우는 슈퍼마켓 업계의 상식이라면 그뿐이지만, 기타간토(北關東)를 중심으로 점포를 늘려온 베이시아는 이토요카도나 이온의 세 배에 달하는 3.7퍼센트의 영업이익률을 기록하고 있다.

"영업이익률이 3.7퍼센트라고? 베니시아의 상품이 이토요카도나 이온보다 비싼 거 아냐?"라고 생각하는 사람이 있을지도 모르겠다. 하지만 『닛케이비즈니스(日經ビジネス)』가 실시한 조사 결과를 보면 그

렁지도 않다(도표 4-10).

『닛케이비즈니스』는 시즈오카(靜岡) 현 하마마츠(浜松) 시에 있는 베이시아와 이온(저스코)에서 같은 날 같은 식품을 구입하고(두 곳은 인접해 있으며, 도보로 3분 거리다.), 그 가격을 비교 조사한 결과를 발표했다.

그 결과, 베니시아가 이온보다 모든 상품이 저렴했고, 총 합계로 따지면 30퍼센트나 낮았다. 물론 이는 샘플 조사일 뿐 전체 상품을 대상으로 하지는 않았다. 또 구입한 상품도 모두 동일하다고 볼 수 없기 때문에 정확한 비교라고도 할 수 없다. 먼저 이런 사실을 전제로 하자. 그

베이시아와 이온(저스코)의 상품 가격 비교		도표 4-10
식품	**베이시아**	**이온(저스코)**
식빵 6개들이	98엔	108엔
컵라면	68엔	78엔
조리용 된장	98엔	198엔
토마토케첩	118엔	128엔
낫토 3개들이	60엔	78엔
녹차 페트병 2리터	100엔	148엔
간장 1리터	118엔	128엔
연두부	35엔	58엔
푸른 차조기 드레싱	92엔	148엔
아이스 바	38엔	58엔
야키소바	98엔	138엔
합계	**923엔**	**1268엔**

＊조사일 : 2008년 6월 18일
＊출처 : 『닛케이비즈니스』 2008년 7월 14일호

럼에도 상품 가격이 30퍼센트나 저렴한 베이시아가 영업이익률이 세 배나 높게 나타난 것은 경영에 상당한 노력을 쏟아 부은 탓이 아닐까?

베이시아는 1958년 군마(群馬) 현 이세자키(伊勢崎) 시에 '이세야(い せや)'란 이름으로 설립되었다. 다이에이(大映: 1957년에 설립된 일본의 도소매 가게 운영회사)나 요카도(ヨーカ堂: 이토요카도가 1958년에 설립한 주식회사)와 거의 같은 시기에 창립했다. 베이시아의 저가 전략은 철저한 비용 절감에 있다. 상품 개발이나 점포 개설 전략은 물론 거래처와의 관계까지 철두철미했다.

예를 들어, 어음은 일절 사용하지 않았다. 1982년에 발행한 어음을 마지막으로 모두 현금 거래를 하고 있다. 월말에 결산하고 다음 달에 지불하는 시스템을 갖추었다. 식품에 따라서는 매주 현금으로 결제하는 일도 있다고 한다. 이런 현금 거래는 거래처에서도 좋아한다. 따라서 베이시아는 좋은 조건으로 상품을 조달할 수 있었다.

또 거래처에서 하는 접대나 답례품도 일절 금지했다. 최근 문제가 되는 본사의 파견업무에 대해서도 베이시아는 선을 그었다. 새로운 점포를 개설할 때마다 일손을 확보하기 위해 본사에서 파견노동자를 채용하기도 하지만, 그런 경우에 합당한 임금을 확실히 지불한다고 한다. 회사에 부담을 주면서까지 점포의 비용을 절감하는 것은 결국 에 오래가지 못하기 때문이다.

베이시아의 비용 절감에 관한 일화는 끝이 없다. 비용을 절감하는 '저비용 연구 모임'의 회원이 매일 가게를 구석구석 돌아다니며 주 단 위로 매장을 바꾼다. 시간 비용을 줄이기 위해 연구 모임의 회의를 서서 할 때도 있다고 한다.

이처럼 쓸모없는 지출 비용을 줄이는 반면, 매월 목표를 초과할 때에는 파트타임 사원을 포함한 전 사원에게 격려금을 준다. 격려금은 1인당 10만 엔이 한도지만, 파트타임 사원에게는 큰 자극이 된다. 격려금뿐이 아니다. 상품의 발주 작업까지 파트타임 사원이 담당하는 등 파트타임 사원(전 사원의 90퍼센트를 차지할 정도로 비율이 높다)이 일하기 편한 환경을 갖추고 있다.

베이시아는 운영 전체를 고려하여 비용을 삭감했고, 동시에 일하기 쉽고 보람을 느낄 수 있는 분위기를 조성하는 데 노력하고 있다. 저가 전략은 회사에 속한 전원이 힘을 모아야 빛을 발할 수 있다.

사우스웨스트항공의 저가 전략

사례 8에서도 설명했던 사우스웨스트항공은 자동차로 이동하는 사람들을 항공기로 유치하기 위해 자동차로 이동할 때와 비교해 손색이 없는, 혹은 그 이상의 혜택을 주기 위해 저렴한 가격과 짧은 이동 시간을 장점으로 내세우고 있다. 이것은 저가라도 이익이 나도록 지상 대기 시간을 단축시킨 노력의 덕분이다. 그 구조를 도표 4-11에 나타냈다.

모든 방침이 '지상 대기 시간 15분'이라는 목표를 달성할 수 있는지에 대한 시각에서 의사결정이 이루어진다. 모든 것은 그 목표를 기준으로 한다. 신규 노선을 선택할 때에도 이 목표를 달성할 수 있는 노선을 선택한다. 이런 목표가 없다면 '유료 기내식을 도입하면 이익을 낼 수 있을 텐데'라는 마음으로 판단이 흔들렸을지도 모른다.

또 특징적인 것은 사우스웨스트항공의 경영진은 고객 제일주의가 아니라 직원 제일주의를 표방하고 있다는 점이다. 언뜻 보면 고객을 중시하지 않는 것처럼 보이지만, 실상은 그렇지 않다. 고객을 대하는 직원의 만족도가 오르면, 결과적으로 고객에게도 훌륭한 서비스를 제공할 수 있다. 사우스웨스트항공은 저가와 단시간 내 이동이라는 목표를 주지함으로써 고객 만족도를 확보하고 직원의 만족도까지 배려했다.

마부치모터의 저가 전략

저가 전략에서 중요한 것은 가격이 낮더라도 지속적으로 이익을 내는 기업 문화를 만들기 위해 근본적으로 운영 체제를 재검토해서 철

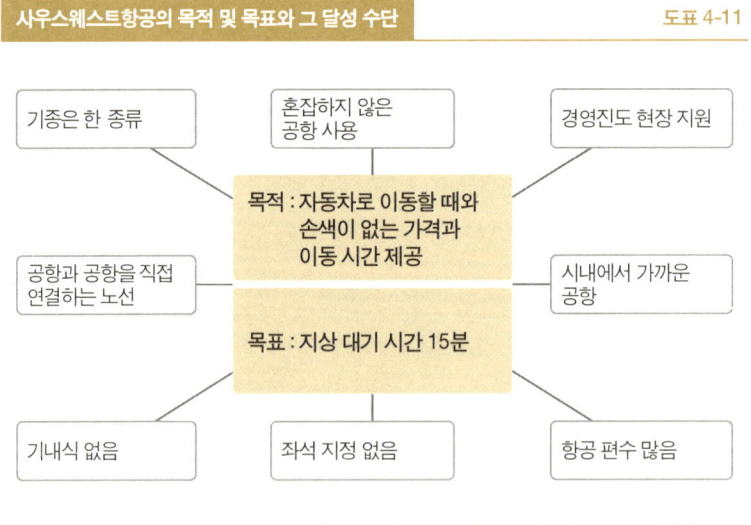

사우스웨스트항공의 목적 및 목표와 그 달성 수단　　　도표 4-11

기종은 한 종류

혼잡하지 않은 공항 사용

경영진도 현장 지원

목적 : 자동차로 이동할 때와 손색이 없는 가격과 이동 시간 제공

공항과 공항을 직접 연결하는 노선

시내에서 가까운 공항

목표 : 지상 대기 시간 15분

기내식 없음

좌석 지정 없음

항공 편수 많음

저하게 전략을 실시하는 것이다. 그런 각오 없이 경쟁사가 가격을 내렸다고 덩달아 가격을 내리는 전략이라면 당장 그만두는 것이 낫다.

마부치모터의 저가 전략은 철저하게 이루어졌다. 자사가 만드는 모터를 DC브러시가 달린 모터 한 종류로 한정하고, 경쟁사가 따라올 수 없는 최저가 전략을 취한 것이다. 저가 전략이라고 하면 이익률이 낮을 것으로 생각하지만, 마부치모터는 달랐다. 평균 단가 90엔 이하라는 모터를 만들면서 2001년 1000억 엔의 매출액을 올렸고, 300억 엔 이상의 영업이익을 올리는 놀라운 실적을 거두었다.

1970년대 마부치모터는 가전제품으로 시장을 확대하는 데 성공했다. 그 와중에 독일의 고급 면도기 회사인 브라운에서 마부치모터에게 뜻밖의 신규 거래를 제의했다.

브라운 면도기는 세계 최강의 브랜드다. 하지만 면도기에 사용되는 독일제 코어리스모터는 단가가 1400엔으로 고가였다. 최강의 기업인 브라운도 시장에서 가격 인하를 요구하는 압력에 부딪혔고, 원가를 절감하기 위해 모터를 1000엔에 조달하기로 마음먹었다. 당시 브라운은 이미 헤어드라이기에 마부치모터를 사용하며 신뢰를 쌓고 있었다.

하지만 마부치모터는 이 제안을 단번에 거절했다. 그 이유는 마부치모터는 DC브러시가 달린 모터만을 생산하고 있을 뿐 브라운이 요구한 코어리스모터는 생산하지 않았기 때문이다. 보통 회사들 같으면 제안을 받아들였을 것이다. 브라운과 같은 유명 회사와 거래할 수만 있다면 다른 종류의 모터라도 생산하려 들었을 것이다. 하지만 마부치모터는 오로지 단품 생산만을 고집했다. 그것이야말로 마부치모터의 저가 전략을 성립시키는 원동력이기 때문이다.

하지만 이것만을 고집하다간 사업 기회를 잃고 만다. 따라서 마부치모터가 선택한 것은 자사가 생산하는 DC브러시가 달린 모터에 코어리스모터의 성능을 갖춘 제품을 개발하는 것이었다. 개발진의 노력에 힘입어 100퍼센트 완벽하지는 않지만, 거의 만족할 만한 성능으로 DC브러시가 달린 모터에 코어리스모터 기능을 추가한 제품을 만들 수 있었다.

브라운도 그 성능에 만족했지만 가격만큼은 뜻을 굽히지 않았다. 브라운은 1000엔을 고집했다. 보통 때라면 현재의 납품 가격과 희망 가격을 두고 1200엔 선에서 교섭을 시작했을 것이다. 하지만 마부치모터가 제시한 가격은 뜻밖에도 100엔대였다.

왜 그렇게 낮은 가격을 제시했던 것일까? 그 이유는 "경쟁사가 이 시장에 뛰어들 마음이 없게 만들어야 한다"는 마부치 켄이치 회장의 소신 때문이었다.

만약 1000엔으로 납품한다면 브라운은 다른 회사로부터 더 낮은 모터를 조달하려고 할 것이다. 하지만 100엔대의 가격으로 납품한다면, 그 누구도 시장에 뛰어들려 하지 않을 것이다. 브라운으로서도 이익이다. 마부치모터는 500엔 정도의 가격을 제시해 고객은 물론 자사의 이익을 실현할 수도 있었다. 하지만 마부치 켄이치 회장은 단기적인 이익보다 장기적인 관계를 중요시했다. 이 판단에도 철저한 전략이 숨어 있다.

물론 대전제는 100엔대의 가격이라도 이익이 나는 구조를 만들겠다는 생각이다. 최근 마부치모터의 영업이익률은 10~15퍼센트를 밑돌지만(그래도 전기업계 중에서는 단연 최고다), 장기간 20~30퍼센트라는 높은 매출액과 영업이익률을 유지해왔다. 철저한 전략이 있었기 때문에 이런 좋은 실적을 거둘 수 있었다.

고객에게는 저가 이외의 장점도 있다. 제품의 수요 예측이 빗나가 급히 부품이 필요해도 규격 제품이라면 곧바로 대응할 수 있다. 부품의 조달이라는 점에서도 고객에게 이익을 제공할 수 있다.

고가를 선택할 것인가, 저가를 선택할 것인가

경영자뿐 아니라 거래처, 직원, 고객까지 모두 만족시키는 시스템을 실현하지 않으면 경영을 오랫동안 지속할 수 없다. 물론 일시적으로 가격을 내릴 수는 있겠지만, 저가 전략으로 직원이 만신창이가 된다면 기업을 제대로 경영하기 어렵다. 저가 전략이 직원의 대량 해고 사태로 이어진다면 전략에 어떤 무리수가 있었는지 곰곰이 생각해봐야 한다. 직원이나 납품업체에 어려움을 떠넘기는 무리한 저가 전략은 언젠가는 기업 파탄으로 이어진다.

고객을 고려하지 않고 경쟁사만 보고 우왕좌왕하는 것도 문제다. 경쟁사가 가격을 내린다고 덩달아 가격을 내리는 일은 그 업계 전체가 파멸하는 지름길이다. 경쟁사가 아닌 고객에 초점을 맞추어야 한다.

가격 전략*에는 고가와 저가라는 두 개의 전략이 있다. 고가로 하려면 경쟁사에 대한 차별화가 필요하다. 더구나 고객에게 가치가 있는 차별화가 아니면 안 된다. 고객에게 가치가 높을수록, 경쟁사에 대한 차별화가 강할수록 가격을 높게 책정할 수 있다.

반면에 마부치모터나 사우스웨스트항공은 가격을 낮춰 가격 자체를 차별화 요인으로 삼았다. 주의할 점은 '저가=낮은 이익률'이 아니라는 것이다. 낮은 가격으로도 높은 이익률을 달성하는 것이 진정한 저가 전략이지, 이익이 생기지 않는 저가 전략은 아무짝에도 소용없다.

경계해야 할 것은 고객에게 가치가 있는 차별화 요인이 없어 고가로 하지도 못하고, 그렇다고 저가로 높은 이익률이 나는 운영도 하지 못하는 어중간한 상황이다.

＊**가격 전략**＿ 고객의 요망, 경쟁사와의 차별화, 자사의 이익, 보완재와의 균형 등을 종합적으로 고려하여 제품이나 서비스의 가격을 책정하고, 그것을 실현하기 위해 변혁의 시나리오를 짜는 일. 렉서스가 미국 시장에 처음 진출할 때 경쟁사의 절반 가격으로 진출했으나, 모델을 바꿀 때마다 가격을 올려 최종적으로는 경쟁사와 같은 가격대로 만든 것은 훌륭한 가격 전략의 사례다.

비즈니스에서 이익을 올리기 위해 제품 가격을 인상하는 것의 중요성을 다시 한 번 인식하도록 하자. 본사 제품의 이익 구조를 파악하여 사내에서 공유해야 한다. 가격을 정하고 이익을 올리는 것이 비즈니스에서 중요한 부분이라는 것을 잊어서는 안 된다.

저가 전략으로 성공하려면 회사 직원이 총동원되어 철저히 운영하는 시스템을 만들어야 한다. 또 저가 외에도 고객에게 무엇을 제공할 수 있는지 제대로 파악해야 성공할 수 있다.

전략노트 12

1. 당신이 취급하고 있는 제품이나 서비스의 이익 구조를 분석하고, 고정비·변동비·가격·수량을 1퍼센트 변경했을 때 각각 영업이익이 어느 정도 변하는지 계산해보자.

2. 취급하고 있는 제품이나 서비스의 판매 가격을 5퍼센트 낮췄을 때, 가격을 내리기 전과 같은 이익을 확보하려면 얼마나 많은 수량을 팔아야 하는지 분석해보자.

3. 취급하고 있는 제품이나 서비스를 저가 전략으로 판매할 경우, 이익을 내려면 어떤 노력이 필요한지 최소 10개 항목으로 정리해보자.

4. 취급하고 있는 제품이나 서비스를 저가로 제공하려 할 때, 가격 이외에 고객에게 제공할 수 있는 가치에는 무엇이 있는지 정리해보자.

사업 성패는 **커뮤니케이션**이 **결정짓는다** _ 섀넌의 통신 이론

블루오션 프로젝트의 첫 미팅도 끝났다. 가격에 대한 기본 인식도 갖추었고, 팀의 결속도 다져졌다. 프로젝트도 본격적인 궤도에 올라 뿌듯하기만 하다. 그런데 미팅을 진행하면서 나와 다른 팀원 간에 사업에 대한 시각차가 있다는 느낌을 지울 수 없었다.

영업부와 기술부처럼 다른 팀원 간 커뮤니케이션도 원활하게 이뤄지지 않았다. 팀 내 커뮤니케이션이 잘되지 않으면, 고객이나 제휴기업 간 커뮤니케이션도 어려워진다. 우리가 결속되지 않으면 고객에 대한 제안조차 하나로 통합되지 않을 것이다.

고객과 논의하고 온 팀원이 그 내용을 다른 팀원에게 보고할 때에도 가끔 대화하는 요령이 부족해 일을 그르치는 적이 있다. 아무래도 고객이 말한 내용을 확실하게 전달하지 못한 것 같다. 그렇다고 전체 팀원이 일일이 고객과 만날 수는 없는 노릇이다. 순조롭게 진행되는 것처럼 보였던 프로젝트가 다시 벽에 부딪히고 말았다.

팀원끼리 커뮤니케이션을 잘하려면 어떻게 하면 좋을까?

사업화 과정

나와 팀원 간의 생각 차이는 어찌 보면 당연한 것인지도 모른다. 나는 최근 6개월 동안 많은 시간을 들여 사업화에 대한 아이디어를 짜고, 시장의 데이터를 수집하며 고객이 될 만한 기업의 사람과도 논의를 진행해왔다.

이와는 반대로 프로젝트 팀원은 갑자기 모인 사람들로, 자신의 본래 업무만으로도 바쁜데 거기에 프로젝트 일까지 맡았다. 보조가 맞지 않는 것은 어쩔 수 없는 일이다. 하지만 이 프로젝트를 성공시키려면 팀원들도 나와 같은 생각과 각오를 공유하고 있어야 한다. 이제 어떻게 하면 좋을까?

팀원에게 프로젝트 내용을 이해시켜라

특히 로봇 기술의 현재 상황에 대해 깊이 이해할 필요가 있다. 팀원들은 혼다의 아시모(asimo: 인간처럼 걷는 직립보행 로봇)나 무라타(村田)제작소의 무라타세이사쿠군(무라타제작소가 씨텍 2006에서 선보인 자전거 타는 로봇)이라는 로봇은 이미 텔레비전 광고를 통해 알고 있어 친숙하다. 하지만 그것은 어디까지나 모의실험용일 뿐 자율이동형 로봇을 만든다는 것은 그 누구도 상상하지 못한 일이다.

따라서 가장 먼저 프로젝트 팀원에게 응용 분야별 로봇의 실상을 설명해주기로 했다. 여기서 프레젠테이션을 위해 준비했던 데이터와 자료가 큰 도움이 되었다. 기술적인 측면뿐 아니라 시장 동향, 고객, 경쟁사, 본사의 시장 점유율 예측, 리스크 등 로봇 시장의 상황을 팀원들에게 자세하게 설명할 수 있었기 때문이다.

로봇의 상황을 동영상으로 보여주자 팀원들도 점차 흥미를 갖기 시작했고 열띤 질문이 이어졌다. 특히 군사 응용 분야의 로봇 기술의 진전에는 모두가 놀라움을 금치 못했다. 블루오션 프로젝트에 참가할 정도니 로봇에 흥미가 없을 리 없다. 개발부는 물론 다른 부서의 팀원도 마치 어린아이처럼 로봇의 최신 상황에 흥분한 기미가 역력했다.

자율이동형 로봇에 대해서는 팀원들이 어느 정도 이해한 것으로 보였다. 다음 단계로 해저자원 탐사 사업에 대한 이해를 넓히기 위해 딥씨(deep sea: 심해 굴착 계획)의 사업 추진 실장을 초빙해 좀 더 구체적인 프레젠테이션을 진행하기로 했다.

이 프레젠테이션에서는 구매부와 경리부의 팀원이 매우 진지한 질문을 던졌다. 그들 말에 따르면, 요즘 원자재 가격 상승이 가장 심각한 문제로 떠오르고 있다고 한다. 향후 자원 부족이 만성화되면 본사 제품의 이익을 압박하여 경영적으로도 어려운 상황에 직면하게 될 것이라고 한다. 그래서 어떻게 원자재 가격을 낮출 수 있을까, 매일 골머리를 썩고 있다고 털어놓았다. 그런 연유인지 구매부와 경리부에서는 해저자원 탐사 사업의 중요성을 통감하고 있는 것처럼 보였다.

문제는 해저자원 탐사와 굴착의 어려움이다. 그것을 해결할 수 있다면 그들의 문제도 해결할 수 있다. 사장도 같은 문제의식을 가지고 있을 것이다. 그래서 해저자원 탐사에 대해서 훤히 알고 있었던 건 아닐까? 해저자원 탐사 사업의 중요성에 대해서는 내가 팀원에게 설명할 필요도 없이 구매부와 경리부의 팀원이 다른 팀원에게 열심히 설명해주었다.

개발부만으로 프로젝트를 시작하지 않은 것이 정말로 다행이라는 생각이 들었다. 또 고객을 초빙해 팀원들 앞에서 직접 프레젠테이션을 하게 만든 것도 이 프로젝트를 이해시키는 데 도움이 됐다.

지금까지 프로젝트의 내용을 간접적으로만 들어왔던 팀원들도 오해를 해소할 수 있었다. 이번 프레젠테이션을 진행하면서 다른 사람을 통해 이야기를 듣다 보면 정보가 왜곡될 수 있음을 깨달았다.

상대방 입장에서 말하고 생각하라

간신히 프로젝트 팀원 간 커뮤니케이션이 이뤄지고 일체감이 생겼을 무렵, 외국 기업을 포함해 여러 기업이 우리 회사를 방문했다. 각 회사의 다양한 요구가 여기저기서 쏟아져 나왔다.

해저자원 탐사라 해도 국가에 따라 사정이 다르다. 일본 근해와 같이 바다가 깊은 나라가 있는가 하면, 그렇지 않은 나라도 있다. 그러면 당연히 요구되는 로봇의 사양도 달라지는 법.

여러 기업고객과 협의를 거치면서 조금씩 해저탐사 사업의 전체 이미지가 그려지기 시작했다. 경우에 따라서는 해저자원 탐사 사업에 대해 고객에게 제안할 수 있는 수준이 되었고, 고객의 신뢰도 높아졌다. 고객과의 커뮤니케이션이 원활해진 것은 고객과 같은 입장에서, 고객이 미처 생각하지 못한 시각에서 제의했기 때문이다.

또 고객의 입장에서도 편한 회사와 그렇지 않은 회사가 있다는 것도 알 수 있었다. 우리를 파트너로 인정해주는 회사가 있는가 하면, 단순히 사업체로만 취급하는 회사도 있었다. 또 국내뿐 아니라 해외의 주요 기업과 주기적으로 대화하면서 고객기업의 실력이나 특징을 정확하게 알 수 있게 되었다.

커뮤니케이션을 원활하게 하려면 서로 공통된 지식을 가지고 상대방의 입장에서 이야기하는 것이 중요하다. 제품 개발을 하던 시절에 제조부가 클레임을 걸었을 때가 불현듯 떠올랐다. 당시 나로서는 기술 사양만큼은 타사에 뒤지지 않는다는 자부심이 있었던 터라 제조부의 클레임이 충격으로 다가왔다.

지금은 당시의 철없는 생각을 반성하고 있다. 제조부는 제조부 나름의 지식이 있다. 나는 그때 상대방의 입장에서 생각할 수 없었다. 이것은 설계부와 제조부에만 국한된 이야기가 아니다. 사내의 각 부서와 연계해서 일할 때에는 상대 부서의 입장을 정확히 이해하고 커뮤니케이션을 하는 것이 중요하다.

거래처와 우호적인 관계를 구축하라

인공지능 소프트웨어를 개발하는 회사와도 본격적으로 사업화 논의를 시작했다. 후보업체로 선정된 몇몇 회사를 방문하고, 자율이동형 로봇의 소프트웨어에 어느 정도 협력할 수 있는지 타진해나갔다. 그중에서 두 회사가 로봇 분야에서 이미 상당한 실적을 거둔 것을 알게 되었다.

상당한 업적을 이룬 기업답게 우리의 설명을 듣자마자 무엇이 과제고, 언제까지 개발이 가능한지 말해주었다. 지금껏 그들이 개발해온 소프트웨어를 약간 수정하는 것만으로도 어느 정도는 대응할 수 있을 것 같았다.

우리와 달리 그들은 자율이동형 로봇의 인공지능 소프트웨어를 제품화하고 싶어 했다. 이를 위해서 대표적인 기업과 제휴를 맺고 싶다는 것이다. 다른 분야의 기업과는 개발을 추진하고 있지만, 해저자원 탐사용 로봇 분야에 대한 논의는 우리가 처음이라고 했다. 그런 의미에서 시기가 적절했고, 함께 개발할 수 있을 것 같았다. 재빨리 개발부 기술자들과 이 일을 협의했다. 두 회사 중 어느 쪽으로 결정할지는 개발자들의 협의 상황을 지켜보면서 결정하기로 했다.

프로젝트가 드디어 항해하기 시작했다. 이즈음에서 사장에게 현재 상황을 보고하기로 했다.

사례 설명

커뮤니케이션의 목적은 무엇인가

커뮤니케이션의 목적은 무엇일까? 이 장에서 나온 사례를 예로 들면, 프로젝트 팀원 간에 지식과 가치관을 공유하고 인간관계를 구축하는 것이다. 고객과의 커뮤니케이션이라면 고객의 의도를 이해하고, 고객이 원하는 것이나 그 이상의 것을 제공해야 한다.

이를 위해서는 고객으로부터 확보한 정보를 프로젝트 팀원끼리 확실히 공유할 필요가 있다. 이 역시 커뮤니케이션의 목적 중 하나다. 경우에 따라서는 단순히 정보를 전달하는 데 그치지 않고 감정을 전달하는 일도 생긴다. 이처럼 커뮤니케이션의 목적은 때와 장소와 상대에 따라 수시로 변한다.

어떤 상황에서도 잊지 말아야 할 중요한 목적은 '말하는 사람이 기대하는 행동을 상대방이 하도록 만드는 것'이다. 말하는 사람의 의도가 듣는 사람에게 충분히 전달되었다고 해도 듣는 사람이 행동을 취하지 않으면 커뮤니케이션이 완결되었다고 볼 수 없다. 인간관계를 맺으려고 열심히 이쪽의 감정을 전달했는데, 상대방이 마음의 문을 열지 않으면 커뮤니케이션의 목적은 달성되지 않은 것이다.

커뮤니케이션의 목적을 달성하려면 왜 커뮤니케이션이 어려운가를 이해한 후, 각각의 어려움을 해결해야 한다. 여기서는 커뮤니케이션의 어려움을 이해하기 위해 먼저 섀넌의 통신 이론을 살펴보자.

커뮤니케이션, 통신 이론에 답이 있다

정보통신 분야에 커다란 공헌을 한 연구자로 AT&T 벨연구소의 클로드 섀넌(Claude Elwood Shannon)을 들 수 있다. 1948년 벨연구소의 기술 저널에 발표한 「통신의 수학적 이론(A Mathematical Theory of

Communication)」이라는 그의 논문은 그때까지 애매모호했던 '정보' 라는 개념을 정량적으로 정의하고, '비트(bit)'라는 단위로 수치화할 수 있도록 이론으로 만들었다. 정보 이론의 기초를 확립한 것이다.

정보량을 비트로 나타냄으로써 문서, 음악, 영화 등의 정보량을 디지털화하여 숫자로 표현할 수 있게 되었다. 전화의 네트워크를 디지털화하여 음성뿐 아니라 문서나 영화까지 디지털화할 수 있는 정보는 모두 네트워크를 통해 전송할 수 있게 되었다. 또 전송하는 정보에 따라 최적의 네트워크를 설계할 수 있게 된 것도 섀넌의 논문 덕분이다. 이처럼 섀넌의 통신 이론이 현재의 IT 발전을 일궜다고 해도 과언이 아니다.

섀넌은 논문에서 통신 네트워크 시스템을 도표 4-12와 같이 표현했다. 정보원(information source)으로부터 받은 메시지는 송신기(transmitter)

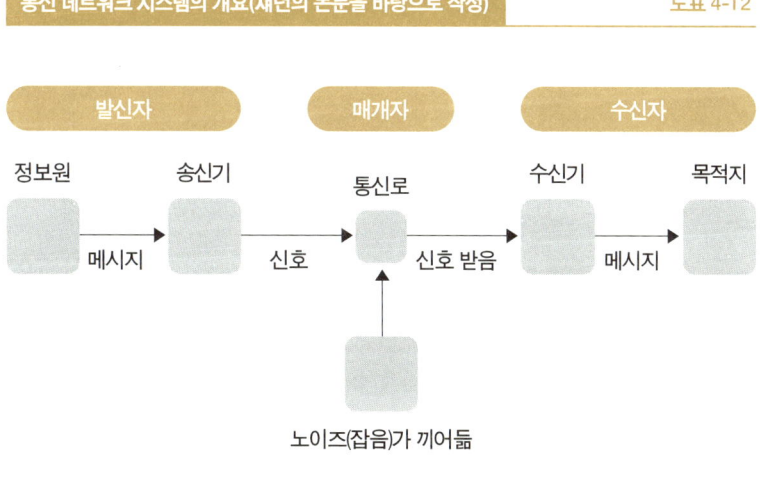

통신 네트워크 시스템의 개요(섀넌의 논문을 바탕으로 작성)　　　도표 4-12

발신자　　　　　　매개자　　　　　　수신자

정보원　　송신기　　　통신로　　　수신기　　목적지

메시지　　　신호　　신호 받음　　메시지

노이즈(잡음)가 끼어듦

에서 신호(signal)로 바뀌어 네트워크로 보내진다. 보낸 신호는 도중의 통신로(channel)에서 노이즈(noise: 잡음)의 영향을 받는다. 네트워크를 매개로 보내진 신호는 노이즈가 섞인 상태에서 수신기(receiver)에 도달한다.

정확한 메시지를 얻으려면 수신자가 통신로에 끼어든 노이즈를 제거해야 한다. 따라서 통신 시스템의 설계는 "통신로로 노이즈가 끼어드는 것을 어떻게 방지할 것인가?", "어쩔 수 없이 끼어든 노이즈를 수신기가 어떻게 제거할 것인가?"에 달려 있다. 송신기도 가만히 있지 않고 신호를 전송하는 동시에 통신로에 끼어든 노이즈를 줄이려고 노력한다.

통신 시스템의 품질을 향상시키려면 다음 항목을 시행한다.

❶ 송신기가 노이즈에 내성이 있는 신호를 전송한다.
❷ 통신로에서는 가능하면 노이즈가 끼어드는 것을 막는다.
❸ 수신기는 끼어든 노이즈를 제거하고, 송신기의 메시지를 정확하게 이해한다.

이 통신 시스템의 구조를 송신기를 발신자, 통신로를 매개자, 수신기를 수신자로 치환하면 인간의 커뮤니케이션에 적용할 수 있다. 통신 시스템의 품질 향상에 비추어서 인간의 커뮤니케이션을 보다 원활하게 하려면 다음과 같이 하면 된다.

❶ 발신자는 알기 쉬운 전달 방법을 사용한다.

❷ 매개자는 정보를 왜곡하지 않는다.

❸ 수신자는 정확하게 이해하고, 발신자가 기대하는 행동을 취한다.

통신 시스템의 경우, 전달된 내용 자체에 좋고 나쁨을 따질 이유는 없다. 하지만 커뮤니케이션의 경우에는 메시지의 품질이 중요하다. 따라서 커뮤니케이션을 잘하려면 위의 세 가지와 아울러 또 하나의 요소를 추가해야 한다.

❹ 메시지 자체의 품질을 좋게 만든다.

커뮤니케이션은 왜 어려운가

커뮤니케이션이 왜 어려운가는 앞의 4개 요소 중 어느 하나, 혹은 모두가 원활히 이뤄지지 않았기 때문이다.

④의 '메시지 자체의 품질이 나쁜' 경우, 즉 무엇을 말하고 싶은지 메시지가 명료하지 않거나 듣는 사람이 전혀 모르는 분야인데도 기본적인 설명이 없는 경우에는 그 후의 커뮤니케이션이 아무리 좋아도 메시지는 전달되지 않는다. 따라서 커뮤니케이션을 원활하게 하려면 제일 먼저 메시지 자체의 품질을 높이는 것이 중요하다.

반면 메시지의 내용이 아무리 좋아도 말하는 사람의 전달 방법이 나쁘면 듣는 사람에게 제대로 전달되지 않는다. 프레젠테이션을 예로 들면, 목소리가 작거나 청중을 보지 않고 원고를 단조롭게 읽거나 논리적으로 설명하지 못하는 등 말하는 사람의 기술이 떨어지는 경우가 여기에 해당한다. 따라서 말하는 사람의 기술도 향상시켜야 한다.

또 말하는 사람과 듣는 사람 사이에 매개자가 생기면 커뮤니케이션에 문제가 생긴다.

예를 들어, 제품 디자인을 정하는 마감 직전에 사장이 담당자에게 디자인을 변경하라고 지시했다고 하자. 이때 사장이 담당자에게 직접 지시하지 않고, 몇몇 관리자를 통해 변경을 지시하면서 그 이유를 전달했다고 하자. 디자인을 변경하는 이유는 어디론가 사라져버리고, '디자인을 변경할 것! 이것은 사장의 명령임!'이라는 사실만 부각된다. 이래서는 담당자가 납득할 수가 없다.

하지만 사장이 디자인 변경을 지시한 이유를 들으면 담당자도 납득할 수 있다. 아무리 사장의 지시라 해도 그 이유가 분명치 않다면 담당자로서는 일할 의욕이 꺾인다. 이것은 매개자의 노이즈가 커뮤니케이션을 나쁘게 만든 전형적 사례다.

미디어 역시 매개자로서 커뮤니케이션에 노이즈를 만들기 쉽다. 예를 들어, 회사나 제품에 어떤 문제가 발생하여 사장이 국민에게 사과하는 기자회견을 가졌다.

잠시 후 회견장을 나온 사장이 엘리베이터 앞에서 기자들에게 둘러싸였다. 그때 사장이 피곤에 지친 나머지 자신도 모르게 "어젯밤에 한숨도 못 잤다고! 날 좀 내버려둬!" 하며 버럭 화를 냈다고 치자. 그러면 미디어는 중요한 기자회견의 모습보다 사장이 신경질적인 반응을 보인 장면을 반복해서 내보낸다. 이것도 매개자가 끼어들어 커뮤니케이션이 흔들린 사례다.

마지막으로 듣는 사람의 능력 문제다. 아무리 훌륭한 내용의 메시지라도, 발신자가 아무리 알기 쉽게 설명해도, 또 매개자의 노이즈가 없어도 듣는 사람의 주의력이 산만하면 커뮤니케이션은 원활하게 이뤄지지 않는다.

예를 들어, 회사 간부 앞에서 애써 준비한 프레젠테이션을 하고 있다. 그런데 그 간부가 오전에 있었던 예산회의에서 예산 미달 건으로 질책을 당한 것이 속상해 프레젠테이션 내내 그 생각만 하고 있다면 어떨까? 눈앞의 프레젠테이션에 집중하지 못할 것이다. 이번 주주총회에서 물러나게 되어 다른 자리를 알아봐야 하는 상황이라면 더더욱 프레젠테이션이 귀에 들어올 리 없다.

사람은 듣고 있는 것처럼 보여도 완벽하게 듣고 있지 않다. 그래서 말하는 사람이 먼저 듣는 사람에게 집중해야 한다. 상대방의 표정을 보면서 내용을 이해하고 있는지 체크하고, 상황에 따라 말하는 속도를 조절하면서 이야기를 해야 한다.

이렇게 하면 메시지는 전달된다. 그럼에도 듣는 사람이 행동을 취하지 않는 경우가 있다. 기껏 전달했지만 행동을 취하지 않는다면 커뮤니케이션이 완결되었다고 볼 수 없다. 그래서 커뮤니케이션이 어려운 것이다. "인간은 자신이 듣고 싶은 것만 듣고, 보고 싶은 것만 본다"라는 커뮤니케이션의 제1법칙을 이해하고, 커뮤니케이션을 잘하기 위해 끊임없이 노력해야 한다.

언제나 노이즈는 생기게 마련이다

커뮤니케이션에서 노이즈의 원인을 생각해보자. 예를 들어 다음과 같은 것을 생각할 수 있다.

- 지식의 차이
- 언어 해석의 차이
- 문화와 습관의 차이
- 고정관념

말하는 사람과 듣는 사람 사이에 지식의 차이가 있으면 커뮤니케이션은 잘되지 않는다. 또 같은 말을 사용해도 해석이 다르면 역시 오해가 발생한다. 예를 들어 전자업계에서 '코모디티(commodity)'라고 하면 부가가치가 없어 이익이 나지 않는 제품을 의미하지만, 금융업계에서는 밀가루나 옥수수 등의 농산물, 석유·석탄·금·은 등의 광물자원, 섬유 및 고무 등의 원자재를 가리킨다.

문화의 차이도 크다. 국가에 따라 예스(yes)를 의미할 때 고개를 가로젓고, 노(no)를 의미할 때 고개를 끄덕이기도 한다. 그런 습관을 알지 못하면 커뮤니케이션은 되지 않는다. 고정관념도 주의해야 할 대상이다. 커뮤니케이션의 가장 어려운 과제 중 하나가 "상대방의 고정관념을 어떻게 깨뜨릴 것인가?"다.

이런 다양한 노이즈를 의식하면서 최대한 노이즈를 제거하려는 노력을 기울여야 커뮤니케이션이 원활하게 이루어진다.

로고스, 파토스, 에토스를 갈고닦아라

커뮤니케이션을 잘하려면 다음의 세 가지 요소가 필요하다. 바로 로고스(logos), 파토스(phatos), 에토스(ethos)다.

로고스란 언어, 논리, 지식 등을 가리킨다. 같은 지식을 공유하고, 같은 언어로 해석하고, 논리적으로 설명한다. 이런 기본이 없으면 커뮤니케이션은 어렵다. 상대방의 입장에서 로고스 측면을 고려하여 노이즈를 최대한 줄이려고 노력해야 한다.

하지만 로고스만으로는 메시지가 전달되지 않는다. 상대방이 아무리 로고스 능력이 뛰어나도 열의가 없는 화법으로 말한다면 어떻게 될까? 커뮤니케이션에는 로고스와 함께 파토스, 즉 열정이 중요하다. 같은 말이라도 열정이 있는 사람과 없는 사람의 말은 듣는 사람에게 전혀 다른 느낌을 준다.

그렇다면 로고스와 파토스만 있으면 커뮤니케이션이 잘될까? 같은 사람에게서 똑같은 말을 들어도 "저 사람이 말하는 일은 왠지 하고 싶지 않아"라는 사람과 "저 사람이 말한 것이라면 어떤 일이라도 하고 싶어"라는 사람이 있다. 후자처럼 상대의 마음을 움직이는 요소가 바로 에토스다.

발신자가 수신자에게 신뢰를 얻으면 그 메시지는 쉽게 전달된다. 기업이 브랜드 가치를 높이려는 것은 에토스를 높이는 것과 같다. 에토스에는 외모, 경력, 교육 등을 나타내는 초기 에토스와 인간으로서의 매력이나 신뢰감을 나타내는 최종 에토스가 있다.

커뮤니케이션을 잘하려면 로고스·파토스·에토스, 이 세 요소를 갈고닦는 것은 물론, 말하는 사람·매개자·듣는 사람의 노이즈를 최대한 제거하는 것이 중요하다.

커뮤니케이션을 잘하려면 메시지의 품질을 높이고, 말하는 사람의 기술을 향상시킨다. 매개자의 노이즈를 최대한 줄이고, 수신자의 성능을 올려야 한다. 이를 위해서는 로고스, 파토스, 에토스라는 세 요소를 갈고닦아야 한다.

전략노트 13

1. 커뮤니케이션이 잘되지 않았던 사례를 뽑은 다음 그 이유를 메시지의 품질, 발신자의 능력, 매개자의 노이즈, 수신자의 능력이란 시각에서 분석해보자.

2. 커뮤니케이션이 잘된 사례를 뽑은 다음 그 이유를 메시지의 품질, 발신자의 능력, 매개자의 노이즈, 수신자의 능력이란 시각에서 분석해보자.

3. 로고스나 에토스를 높이기 위해 어떤 노력을 하면 좋을지 구체적인 방안을 생각해보자.

4. 광고 선전과 PR의 차이를 분석해보자. 또 이 둘을 혼합한 사례를 들어보자.

기업 활동뿐 아니라 우리가 살아가는 데 없어서는 안 되는 것이 커뮤니케이션이다. 하지만 그 중요성만큼 커뮤니케이션은 복잡하고 어려운 것이 사실이다. 커뮤니케이션은 정보뿐 아니라 감정을 전달하는 것으로 그 목적이 다양하다.

사례 10에서 다룬 프레젠테이션도 커뮤니케이션의 하나다. 기업이 광고 선전을 하거나 PR 활동을 하는 것도 커뮤니케이션의 일종이다. 광고 선전을 전문으로 하는 곳이 광고대행사이고, PR을 전문으로 하는 곳이 PR회사다. 광고 선전과 PR은 비슷한 것처럼 보이지만, 회사의 성격이 다른 것처럼 전혀 다른 분야다. 그 차이를 이해하고 그 둘을 잘 혼합하면 커뮤니케이션은 몰라보게 향상된다.

사업 전략을 세우거나 전략을 수행하려면 정보를 수집해야 한다. 가격을 정하는 의사결정 하나에도 경쟁사의 정보는 물론, 제품의 제조·판매·지원과 관련한 비용에 관한 정보가 필수적이다. 여기에도 커뮤니케이션이 등장한다. 이렇게 보면 커뮤니케이션은 모든 것의 기본임을 알 수 있다.

이렇듯 커뮤니케이션이 중요한데도 그저 어렵다는 이유만으로 그 것을 분석하고 개선하는 노력을 게을리 한다면 영영 진보할 수 없을 것이다. 여기서도 다시 한 번 커뮤니케이션의 구조에 대해 깊이 이해 하고, 커뮤니케이션을 개선하려면 무엇을 해야 하는지 주인공과 함께 생각해보자.

사례 12에서는 주로 가격과 이익에 대해 공부했다. 당신도 자신이 관여하는 제품이나 서비스의 이익 구조를 파악하여 분석해보기 바란 다. 이익을 올리는 것만이 기업 활동의 목적은 아니지만, 이익을 올리 지 않으면서까지 기업 활동을 지속할 이유는 없다.

또 이익을 올리기 위해 자칫 비용 절감에만 신경 쓰기 쉬운데, 대부 분의 경우 고정비나 변동비를 낮추는 것보다 가격을 올리는 쪽이 이 익을 내는 경우가 많다. 반대로 말하면 가격 인하는 이익을 큰 폭으로 압박하는 것이다. 이익 구조를 파악하지 않고 안이하게 가격 인하를 감행해서는 안 된다.

이렇게 말하면 "그리 쉽게 가격 인상을 할 수 있다면야 아무도 고민 안 하겠지!"라는 말이 돌아올 것이다. 그렇기 때문에 전략이 중요하 다. 전략도 없이 가격을 인하하면 상황은 더욱 악화된다.

"가격이 싸니까 이익률이 낮은 건 어쩔 수 없다"라는 고정관념을 버리고, 저가라도 이익이 나는 전략을 세우고 운영해야 한다. 대개 가 격 결정을 제품 개발의 최종 단계에서 하는 경우가 많은데, 사실 가격 부터 정하는 게 바람직하다. 가격 결정이야말로 경영에서 가장 중요 하게 다룰 의사결정 사항임을 명심하자.

제품 개발자가 짜는 고객 창출 전략

비즈니스의
성공 확률을 높여라

제5장

수집한 데이터를 분석하라

최고 책임자를 스카우트하라

실제로 사업이 본격화되면 기업 활동에 관한 다양한 정보를 수집하고 분석하는 시스템이 필요해진다. 매일 수시로 변하는 정보를 신속하게 고치고, 누구나 쉽게 정보를 공유할 수 있고, 심지어 최신 정보에 근거한 분석 결과를 통해 사업의 의사결정까지 가능한 시스템이 있다면 얼마나 좋을까?

물론 시스템에는 고객의 동향이나 경쟁사 분석, 회사의 이익 구조에 관한 정보도 축적되어 있어야 한다. 다양한 요인이 변화했을 때, 그것이 회사의 경쟁력에 어떤 영향을 미치는지 모의실험이 가능하다면 더욱 좋을 것이다.

그래서 정보시스템부에 자문을 구해보니 "그런 정보 시스템을 구축하려면, 먼저 시스템의 요건을 정의해야 합니다"라는 답변이 돌아왔다. 구체적으로 수집할 정보의 내용, 분석하여 출력할 정보의 내용, 축적할 데이터의 증가량, 이용할 사용자의 수, 사용 빈도, 물리적인 사용 범위, 안전관리 수준, 응답 속도 등 결정해야 할 사항이 수두룩하다는 것이다. 하지만 사업이 아직 궤도에 오르지 않은 현 단계에서는 필요한 항목을 확정할 수가 없고, 임시로 정한다 해도 금세 갱신해야 하는 번거로움이 있다.

그런 사정을 고려해 시스템 요건도 유연하게 갱신할 수 있는 정보 분석 시스템을 빠르고 저렴하게 구축할 수 없는지 정보시스템부에 의뢰해보았다. 하지만 "그런 비상식적인 것은 어렵다"라는 반응이 돌아왔다. 더구나 사내에 다른 개발 안건이 밀려 있어, 구체적인 사양이 결정됐다고 해도 개발에 착수하려면 1년은 기다려야 한단다. 이래서는 시스템의 완성부터 사용까지 족히 2~3년은 걸린다.

그렇다면 사업 초기의 정보 수집과 분석 시스템은 어떻게 구축하면 좋을까? 시간과 비용이 많이 들지 않고 시스템 요건도 유연하게 변경할 수 있는 정보 시스템은 불가능한 것일까? 이런저런 고민을 하는 사이에 사업은 본격적인 궤도에 올랐다. 촌각을 다투는 상황이라 곧장 사용하고 싶은데, 뭔가 좋은 방법이 없을까?

사업화 과정

사업을 시작하면 어떤 정보가 필요할까? 제품 개발을 할 때에는 기술 정보가 가장 중요했지만, 사업 전체를 관리하다 보니 필요한 정보의 범위가 훨씬 넓게 느껴졌다. 예를 들어, 제품 가격 하나만을 보더라도 수익을 올리는 가격으로 책정하려면 고정비나 변동비를 확실히 파악해두어야 한다. 하지만 이는 어려운 일이다. 사업이 안정된 상태라면 고정비나 변동비를 파악하는 일쯤은 어렵지도 않 겠지만, 사업이 초기 단계일 때에는 고정비나 변동비가 수시로 변하기 때문이다. 경리부 직원도 지금까지 해본 적 없는 일이라며 어려움을 토로했다.

또 사업이 성장함에 따라 사내의 다른 부서로 사람이 이동하거나 새롭게 채용되기도 한다. 그러나 한창 성장 중인 사업 규모와 채용하는 인원 규모가 항상 일치하는 것은 아니다. 유능한 인재를 채용하지 못해 사업의 성장 속도를 따라가지 못하는 일도 생긴다. 반대로 인재를 대량으로 채용했지만 계획한 만큼 사업이 진행되지 않을 수도 있다.

사업을 막 시작한 불안정한 시기에는 제품에서 차지하는 고정비는 끊임없이 변화한다. 이런 불균형인 상태에서 산출한 고정비를 기반으로 가격을 책정하는 것은 위험천만한 일이다.

변동비도 마찬가지다. 사업을 시작한 지 얼마 안 되어 제품의 수량이 적은 경우와 사업이 안정기에 접어들어 제품의 수량이 늘어난 경우에는 제품 가격에서 차지하는 변동비의 비율이 변하게 마련이다. 또 사업 초기에는 샘플이 많기 때문에 예외적으로 처리되는 일도 빈번하게 발생한다. 이렇게 변화가 많은 시기에 정보를 수집하고 분석하는 좋은 방법이 없을까?

데이터 분석, 엑셀에게 맡겨라

이렇게 고민하고 있을 때 우연히 성공한 벤처 경영자의 강연을 들을 기회가 있었다. 창업한 지 불과 5년밖에 안 됐지만, 100억 엔이 넘는 매출액을 올리는 기업이었다. 또 그 벤처 기업의 이익률은 10퍼센트를 넘는다고 한다. 강연 후 가진 간담회에서 우리는 명함을 주고받으며 지금 안고 있는 정보 시스템 문제에 대해 이야기를 나누었다. 그러자 뜻밖에도 그 역시 똑같은 고민을 했었다며 자신의 이야기를 들려주었다. 벤처 기업이라서 그 문제를 논의할 정보시스템부도 없었던 그는 어쩔 수 없이 파견직 사원을 고용해서 엑셀로 데이터를 관리하고 분석했다고 한다. 지금은 그것이 성공을 거둬 경영에 큰 무기가 되고 있다며 뿌듯해했다.

나는 벤처 경영자에게 "엑셀이 정보 시스템을 대신할 수 있단 말입니까?"라고 질문을 던졌다. 그러자 그는 이런 질문을 예상했다는 듯이 자신만만한 태도로 설명하기 시작했다.

사장이 채용한 파견직 여사원은 마침 엑셀의 명수였다는 것이다. 사장이 "이런 데이터가 필요하네"라고 하면 당장 매크로 기능을 구사해서 데이터를 뽑아주었다고 한다. 매일 그녀와 여러 각도에서 데이터를 분석하다 보니 불과 5년 만에 연매출을 100억 엔까지 올리는 성장을 해왔다고 한다.

도무지 믿기지 않았다. 그래서 실례인 줄 알지만 어떤 식으로 엑셀을 사용하고 있는지 직접 내 눈으로 보고 싶다고 부탁했다. 그러자 그는 다음 주에 자기 회사에 오면 그 직원이 일하는 모습을 볼 수 있다며 흔쾌히 허락해주었다.

다음 주가 되어 그 회사를 방문해보니, 마침 벤처 경영자와 여사원(유능해서 이미 정사원이 되어 있었다)이 데이터 분석을 준비하고 있었다.

매일 한 시간씩 데이터 분석을 한다고 했다.

두 사람이 데이터를 분석하는 모습을 옆에서 지켜보던 나는 큰 충격을 받았다. 엑셀로 데이터를 분석한다는 말만 듣고 내가 상상한 것이란 고작 덧셈과 뺄셈 등을 이용한 표 계산 정도였기 때문이다. 하지만 두 사람이 데이터를 분석하는 모습을 보는 순간, 내 생각이 어처구니가 없었다는 사실에 얼굴이 붉어졌다.

벤처 경영자가 "이 지역의 상품 매출 상황을 알려주게"라고 말하면, 그 즉시 그 데이터가 모니터에 나타나 평균적인 매출액보다 20퍼센트나 많다는 것을 한눈에 알 수 있었다. 이어서 그 원인을 찾기 위해 상품을 구입한 소비자의 프로필이나 외부 환경의 변화까지 다양한 주문을 한다. 그러면 여사원이 엑셀을 구사하여 새로운 데이터를 보여주는 식이다.

사장뿐 아니라 여사원도 그녀 나름의 가설에 따라 데이터를 분석하고, 그 결과를 그래프로 만들어 보여주기도 했다. 끊임없이 서로 대화하며 데이터 분석에 근거해 가설을 검증하고 있었다. 오늘은 두 명뿐이었지만 일주일에 2~3일은 영업부 등 다른 부서의 책임자도 참가한다고 했다.

지금껏 나는 엑셀이 정보 분석의 도구로 쓰이리라고는 상상조차 하지 못했다. 하지만 여사원의 말에 따르면, 시트 간 데이터의 연계나 복잡한 통계 처리 등 고도의 정보 처리 시스템을 뛰어넘는 기능이 엑셀에 있다는 것이다.

한 시간 동안 견학을 마친 나는 흥분이 돼서 마음을 진정시킬 수가 없었다. 이것이야말로 내가 찾고 있던 이상적인 정보 시스템이었다. 시스템뿐 아니라 이상적인 운용 형태이기도 했다. 비록 내가 구사하지는 못하지만 엑셀의 매크로 기능까지 자유자재로 다룰 수 있는 인재를 고용하면, 일상적인 데이터 분석을 다각도로 실시해 사업의 상황을 정량적으로 파악할 수 있을 것이다. 당장 엑셀의 명수를 찾아봐야겠다.

회사로 돌아오자마자 경리부 직원에게 조언을 구했다. 출산을 이유로 퇴직했지만, 엑셀의 명수라 할 만한 인재를 알고 있다는 반가운 소식을 들었다. 즉시 그 사람에게 일을 부탁하기로 했다.

이것으로 사업의 의사결정에 도움이 되는 정보 분석의 기초가 완성된 듯 보였다. 엑셀을 사용하여 정보를 분석한다면 바로 활용할 수 있을 것이고, 게다가 환경의 변화에도 유연하게 대응할 수 있다. 생각해보면 당연한 것을 왜 지금까지 깨닫지 못했던 것일까? 고정관념이란 게 이렇게 무서운 것이다.

사례 설명

요즘 같은 세상에 다양한 정보를 관리하는 시스템 없이는 기업이 잘 돌아가지 않는다. 기업 활동의 근간을 이루는 시스템의 하나인 회계 시스템은 투자가에게 공개하는 재무제표는 물론, 경영에 필요한 관리회계를 활용하는 데 없어서는 안 될 중요한 시스템이다.

 IT가 발전함에 따라 회계 데이터를 수집하고 분석하는 속도가 빨라져, 매달은 물론 매일 재무제표를 작성할 수 있게 되었다. 더구나 기업의 세계화로 해외 자회사의 연결 결산까지 포함한 회계 시스템을 도입하는 기업도 늘어나고 있다. 그 외에도 인사 정보, 납품업체의 정보 등 기업의 모든 부문에 정보 시스템은 깊숙이 자리 잡고 있다.

 회계나 인사 등 사내 정보를 수집해 관리하는 것도 필요하지만 고객 정보, 업계 동향, 경쟁사 정보 등 사외 정보를 축적하는 데이터베이스를 구축하는 것도 경영에서는 중요하다. 공개되는 정보는 물론, 자사에서 독자적으로 입수한 정보를 축적하여 영업이나 마케팅에 활용하려면 이런 정보 데이터베이스는 필수적인 도구다. 중요한 것은 축적한 정보를 어떻게 활용하느냐.

 단순히 정보를 축적하는 것이라면 인터넷이라는 검색 엔진만으로도 충분하다. 하지만 그것으로는 경쟁사가 얻을 수 있는 비슷한 정보밖에 얻지 못한다. 공개정보나 자사에서 독자적으로 입수한 정보를 어떻게 활용할 것인가? 정보에 어떤 가치를 새롭게 부여할 것인가? 이것이야말로 정보 시스템이 비즈니스 인텔리전스로서 유효한 시스템이 될 수 있는가를 구분하는 것이다.

 기업 활동이 세계화되고 있는 오늘날, 기업의 전략으로 해외의 정보까지 다루는 것은 흐름이 되고 있다. 기업이 회사 안팎의 정보를 수집하여 분석하는 것은 전략을 세우거나 의사를 결정하는 과정에서 아주 중요한 역할을 한다.

사업 초기에는 '엑셀러'가 필요하다

사업이 안정기에 들어서면 정보 시스템으로서 어떤 요건을 만족시켜야 하는지가 명확해진다. 또 일정한 기간과 예산을 들여 다양한 용도에 맞는 정보 시스템을 구축할 수도 있다.

완성된 정보 시스템은 사양을 크게 바꾸지 않고도 5년에서 10년은 무난하게 사용할 수 있다. 사업도 안정되었기 때문에 정보 시스템을 활용하는 기간도 길어진다.

그런데 이 사례처럼 사업을 막 시작한 시기에 고정적인 정보 시스템을 구축한다는 것은 현실적으로 어렵다. 왜냐하면 적절한 요건을 확정하기가 어렵기 때문이다. 처음에 결정한 요건이 별 도움이 되지 않는다면 모처럼 마련한 정보 시스템도 쓸모없는 투자로 끝나기 십상이다. 또 정보 시스템을 완성했을 때 사업 자체가 사라져버린다면 그 또한 큰일이다.

그렇다고 사업을 시작할 때 정보 시스템이 필요 없다는 얘기는 아니다. 작더라도 사업을 운영하려면 정보를 수집하고 분석하는 것은 필수적이다. 그렇다면 어떻게 하면 좋을까?

이런 상황에서 효과적인 정보 시스템의 역할을 하는 것이 '엑셀러'로 불리는 엑셀의 명수들이다.

'엑셀러'는 엑셀의 최신 기능을 구사하여 다양한 각도에서 필요한 데이터를 추출할 수 있는 인재를 말한다. 또 그들에게 사업 감각이 있어 컨트롤러(controller)*의 소양까지 갖추고 있다면 다양한 능력을 보여줄 것이다.

1차 정보에서 2차 정보가 만들어진다

정보에는 1차 정보와 2차 정보가 있다. 1차 정보는 하루하루의 제품 매출 데이터 등 가공 전의 데이터를 말하고, 2차 정보는 경영 판단에 도움이 되도록 필요에 따라 1차 정보를 가공한 것을 말한다. 어떤 2차 정보가 필요한지는 경영자가 결정하지만, 사업 환경이 변화함에 따라 필요한 2차 정보가 바뀌는 일도 있다.

'엑셀러'의 역할은 1차 정보를 2차 정보로 변환시키는 일이다. 경영자의 요구에 따라 1차 정보에서 얼마나 빨리 2차 정보를 추출할 수 있는가는 엑셀러의 능력에 달려 있다고 해도 과언이 아니다.

하지만 어떤 2차 정보를 얻으려 해도 그 바탕이 되는 1차 정보를 수집하지 않으면 원하는 것을 얻을 수가 없다. 바꿔 말하면 어떤 2차 정보를 필요로 하는가에 따라 어떤 1차 정보를 수집해야 하는지가 결정된다.

보통 사업 초기에는 필요한 2차 정보는 물론 1차 정보까지 수시로 변한다. 이것이 고정된 정보 시스템이 아니라 유연한 엑셀러가 필요한 이유다. 엑셀러에게는 1차 정보에서 2차 정보로의 변환 기술뿐 아니라, 수집해야 할 1차 정보를 알아내는 '슈퍼 엑셀러'의 자질이 요구된다.

CIO라는 직종이 있다. 최고 정보관리 책임자(Chief Information

※**컨트롤러_** 기업에서 경영자를 보좌하고 기업 활동 전반을 수치화하여 관리하는 일을 하는 임원이나 그런 일을 하는 기구를 말한다.

Officer)라는 이름에 어울리는 일이라면, 경영에 필요한 최신 정보에 부가가치를 추가해 제공하는 일이 될 것이다. 하지만 실제로는 정보 시스템을 구축하거나 운용하는 것을 CIO의 주요 업무로 삼아, 가치 있는 정보를 제공하고 분석한다는 본래의 책임을 다하지 않는 경우가 많다.

정보 시스템은 어디까지나 정보를 수집하여 분석하는 수단이지 목적은 아니다. 수단이 목적이 되어버리면 곤란하다. 그 목적을 다시 인식하기 위해서나 앞으로 사용할 수 있는 정보 시스템을 구축하기 위해서도 사업 초기에 '엑셀러'를 활용해야 한다는 사실을 기억해두자.

사례 14 포인트

사업 초기에는 정보 시스템의 요건을 확정할 수 없기 때문에 엑셀의 매크로 기능을 완벽하게 구사할 수 있는 '엑셀러'를 고용한다. '엑셀러'의 장점은 유연성에 있다. '엑셀러'에 의한 정보 분석 노하우를 축적하다 보면, 사업이 안정됐을 때 활용할 수 있는 정보 시스템의 요건을 확정할 수 있다.

전략노트 14

1. 본인 사업에 어떤 1차 정보를 수집하고 있는지 정리해보자.

2. 그 1차 정보를 가공하여 어떤 2차 정보를 얻고 있는가? 그 2차 정보를 경영 판단에 어떻게 활용하고 있는가?

3. 현재 사업 환경에서는 필요하나, 분석은 하지 않는 2차 정보에는 무엇이 있을까?

4. 2차 정보를 얻으려면 어떤 1차 정보를 수집하면 좋을까?

case 15

최고 책임자를 스카우트하라 _ 헤드헌팅

블루오션 프로젝트를 발족한 지 1년이 지났다. 드디어 사업이 궤도에 올랐다. 지금까지는 내가 프로젝트 리더로서 사업을 추진해왔지만, 슬슬 사업부로서 조직을 본격화할 필요가 생겼다. 그렇게 되면 사업부의 리더를 누가 할 것인지 결정해야 한다. 누가 적임자일까?

인사부 소속인 프로젝트 팀원에게 부탁해 적임자를 찾아봐 달라고 했지만 적합한 후보자를 찾을 수가 없었다. 사업을 성공시키려면 최고 책임자가 매우 중요하다. 프로젝트 팀의 의제로 올려 다 같이 논의해보고 싶지만, 어쨌든 인사 관련 안건이다 보니 팀원 전원이 논의할 수는 없다.

인사부 직원에게 다시 상담을 요청하자 인사부장과 논의해보라고 한다. 인사부장에게 직접 상담을 하니, 회사 내부에서 후보를 찾는 것과 병행해서 회사 밖에서도 찾아보면 어떻겠냐는 조언을 해주었다.

'이그제큐티브 서치 펌(executive search firm)'이라고 해서 임원급 인재를 전문으로 하는 헤드헌팅 회사를 몇 군데 소개해주기도 했다.

헤드헌팅 회사를 통해 인재를 채용하려면 어떻게 해야 할까? 또 어떤 점에 주의하면 좋을까?

사업화 과정

헤드헌터에 대해 들은 적은 있지만, 지금껏 나와는 별다른 인연이 없었다. 개발부에 있을 때 그런 회사로부터 전화가 온 적은 있었지만, 워낙 제품 개발에 바쁘다 보니 만날 시간이 없다며 거절했던 기억이 있다. 그 뒤로 헤드헌터로부터 연락이 오는 일은 없었다. 그런데 내가 헤드헌팅 회사를 이용하는 입장이 될 줄이야.

외자계 기업에서 근무하는 친구이자 헤드헌팅 회사와 안면이 있는 M으로부터 자세한 사정을 들을 수 있었다. 그의 말에 따르면, 헤드헌팅 회사에는 '컨틴전시형(contingency)'과 '리테이너형(retainer)'이 있다고 한다.

컨틴전시형이란 '성공보수형'이라고 해서 인재가 채용되면 헤드헌팅 회사에 일정한 보수를 지불하는 형식이다. 기업이 어떤 인재를 원하는지 헤드헌팅 회사에 알려주면 그 스펙에 어울리는 인재의 이력서를 보내준다. 기업은 그중에서 마음에 드는 사람을 골라 면접을 보면된다. 마땅한 인재를 찾지 못해 채용하지 못하면 비용은 발생하지 않으니 일단 신청해보는 것도 좋을 것이다. 성공보수는 채용자 연봉의 3분의 1 정도가 일반적이라고 한다.

이에 반해 리테이너형이란 일단 계약을 체결하고 나면 기업이 요구하는 인재를 찾든 찾지 못하든 상관없이 일정한 보수를 지불하는 형식이다. 채용을 못해도 보수를 지불한다는 것이 선뜻 납득이 가질 않았다. 그래서 리테이너형보다 컨틴전시형이 좋지 않을까, 하고 M에게 물어보았다. 그러자 그는 뜻밖의 말을 했다.

"사업부의 최고 책임자라는 중요한 직책을 맡을 사람이라면 리테이너형이 좋을 것 같습니다."

그는 그 이유를 좀 더 구체적으로 설명해주었다. 컨틴전시형의 경우에는 한 사람의 이력서를 동시에 여러 회사에 보낸다고 한다. 그런데 이 이력서를 받은 즉시 그대로 돌려보내는 회사도 있다고 한다. 회사가 원하는 인재가 아니어서 그랬을 것이다. 젊은 기술자를 대량으로 채용할 경우에는 컨틴전시형도 좋겠지만, 임원급 핵심 인재를 찾는 데는 적합하지 않다.

이에 반해 리테이너형은 계약을 체결한 기업을 전담하는 팀을 꾸려 그 직위에 어울리는 인재를 적극적으로 물색한다. 그렇기 때문에 채용 여부와 관계없이 일정한 보수를 지불하게 된다. 바꿔 말하면 헤드헌팅 업체에 지불하는 보수는 자사를 위해 전담 팀을 만들면서까지 시간을 내서 일해주는 컨설팅비와 같다고 한다. 반면 컨틴전시형은 개별 안건에 대해 따로 전담 팀을 꾸리지는 않는다.

M의 조언을 받아들인 나는 인사부장과 M이 말해준 리테이너형 헤

드헌팅 회사를 몇 군데 방문하고 상담을 받았다. 모두 세계 여러 나라에 사무실을 두고 있는 글로벌 회사로, 전문 컨설턴트가 인재를 찾아 추천해준다. 이곳에는 세계 여러 나라의 사무실에서 공유하는 인재 데이터베이스가 있고, 국내의 인재만 해도 수만 명의 데이터가 보존되어 있다. 게다가 매일 최신 정보가 갱신된다고 한다.

헤드헌팅 업체를 이용한다

몇몇 회사와 상담한 결과, 우리의 사업 분야에 정통한 컨설턴트가 있는 S사에 이번 인재 스카우트 건을 맡기기로 했다. 계약을 체결하자 S사의 컨설턴트 세 명으로 구성된 우리 회사 전담 팀이 꾸려지고, 즉시 인재 찾기가 시작되었다.

먼저 컨설턴트에게 우리 회사의 상황과 이번 직책에 어울리는 인재에 요구되는 조건에 대해 설명해주었다. 사업 내용까지 자세하게 이야기하게 될 줄은 몰랐는데, 최적의 인재를 찾으려면 컨설턴트가 사업 내용은 물론 장래 계획까지 파악하고 있어야 한다고 했다.

리테이너형의 경우 각각의 안건에 대해 충분한 시간을 들여 인재를 찾아주었다. 또 기업 비밀에 저촉되는 내용까지 전달해야 하기 때문에 신뢰할 수 있는 회사를 선택한 것이 안심이 되었다.

컨설턴트와 인재 채용에 관한 회의를 진행할 때는 인사부 소속 프로젝트 팀원도 함께 자리해 우리 회사의 인사 제도에 대해 설명해주었다. 회의가 끝나자 컨설턴트는 그동안 설명 들은 내용과 공개된 기업 정보를 토대로 우리가 원하는 직위와 인재 정보를 정리해 보내준다고 했다.

일주일 만에 컨설턴트가 정리해준 직위와 인재 정보를 담은 보고서가 도착했다. 놀랍게도 모든 자료가 영어로 작성돼 있었는데, 글로벌 기업답게 영어로 문서를 관리하고 있다고 한다. 후보자도 일본인에 국한되어 찾는 게 아니었다. 헤드헌팅 업체 내의 인재 데이터베이스도 국내뿐 아니라 세계 각지에서 공유하고 있다. 당연히 영어를 사용할 수밖에 없는 것이다.

직위와 인재 정보가 담긴 자료에는 우리 회사 소개와 이번 직책에 요구되는 인재의 요건이 구체적으로 정리되어 있었다. 또 이 직위가 후보자에게 어떤 매력이 있는지에 대해서도 일목요연하게 정리되어 있었다.

컨설턴트의 말에 따르면, 직위와 인재 정보는 단순히 직위에 요구되는 스펙을 기술하는 것만으로는 부족하다고 한다. 우리 회사가 얼마나 매력적인지를 후보자에게 어필하기 위한 자료여야 한다는 것이다. 그렇지 않으면 우수한 인재를 영입할 수 없다고 했다. 그 말을 들으니 절로 고개가 끄덕여졌다. 지금까지는 채용하는 기업 측에서만 후보자를 선택했지만, 후보자에게도 회사를 고를 권리가 있는 것이다.

받은 자료를 검토한 뒤 일부 수정을 해서 다시 컨설턴트에게 보냈다. 그러자 얼마 후 후보자의 '롱 리스트(long list)'를 함께 검토하자는 연락이 왔다. 롱 리스트란 직위와 스펙에 적합한 후보자를 20명 전후로 정리한 명단을 말한다. 롱 리스트를 바탕으로 인재를 찾는 기업과 헤드헌팅 업체의 컨설턴트가 후보자로 적합한 인물인지 아닌지를 검토한다.

불과 일주일 만에 롱 리스트가 나온 것이 놀라웠다. 그만큼 인재 데이터베이스가 완벽하게 작동하고 있다는 뜻이다. 컨설턴트의 말에 따르면, 롱 리스트의 후보자에게는 아직 이번 스카우트 건을 알리지 않았다고 한다. 그렇지만 후보자 미팅은 서둘르자고 했다.

롱 리스트에 올라 있는 후보자를 서둘러 미팅하는 이유는 한 사람씩 검토하면서 고객이 구체적으로 어떤 인재를 요구하는지를 컨설턴트가 보다 깊이 이해하기 위해서라고 했다. 또 고객도 실제로 어떤 인재가 시장에 존재하는지 미팅을 통해 구체적으로 알 수 있다고 했다.

확실히 설명한 그대로였다. 리스트의 각 후보자에 대해 컨설턴트로부터 설명을 들으니, 우리도 사업부의 최고 책임자에 어울리는 인재가 어떤 사람이어야 하는지 보다 구체적으로 이미지를 그릴 수 있었다. 그런데 야릇한 기분이 들었다. 내가 상사를 채용할 수 있는 입장이 된다는 것은 상상도 못했던 일이기 때문이다.

롱 리스트에 나열된 후보자 한 명, 한 명의 설명을 다 듣고 검토한 결과, 20명에서 10명으로 압축되었다. 이 명단을 바탕으로 컨설턴트가 후보자와 면담하고, 이번 직위에 어울리는 인재인지를 검토하게 된다. 물론 후보자가 이 직위와 일에 흥미를 보이는지도 확인할 것이다.

3주일이 지난 후 10명 중 여덟 명과의 면접을 끝낸 컨설턴트로부터 연락이 왔다. 나머지 두 명은 흥미를 보이지 않아 만나지 않은 모양이다. 면담을 마친 여덟 명 중 두 명은 이번 일과 어울리지 않고, 한 명은 직장을 옮길 상황이 아니라고 했다. 하지만 나머지 다섯 명에 대해서는 모두 후보자로서 적합하다고 추천을 해왔다. 나는 즉시 그 다섯 명에 대한 보고서를 보내달라고 요청했다.

보고서에는 후보자가 현재 맡고 있는 업무 내용은 물론 지금까지 직장에서 어떤 실적을 올렸는지 자세하게 적혀 있었다. 또 컨설턴트가 이번 일에 어울린다고 각 후보자를 추천한 이유에 대해서도 구체적으로 기술되어 있었다.

마치 내가 그 면접 장소에 있었던 것처럼 생생하게 잘 씌어진 보고서였다. 다섯 명의 보고서를 읽은 결과, 모두 면접에 어울리는 인재로 생각됐기 때문에 사내에서 다시 면접을 보기로 했다. 면접관으로는 채용하려는 직위의 상사에 해당하는 사장과 상무, 인사부장이 참여하기로 했다.

다섯 명이나 면접을 보자니 후보자나 면접자나 바쁜 사람들이었기 때문에 시간을 잡는 데 애를 먹었다. 결국 한 차례의 면접이 끝나고 최종 후보자를 추리는 데 1개월이 걸렸다. 사내에는 이 후보자보다 적임자라고 생각되는 사원이 없었다. 따라서 이 후보자에게 제안을 하기로 했다.

문제는 어떤 제의를 하느냐다. 현재 후보자가 받는 대우를 뛰어넘는 수준으로 제시해야 우리 회사로 올 수 있을 것이다. 그렇다고 사내의 급여 체계를 무시할 수도 없다.

그래서 제안 내용에 대해서도 S사의 컨설턴트에게 조언을 구했다. 인재를 찾는 것은 물론 채용에 이르기까지의 모든 과정에서 조언을 받을 수 있다는 것은 고마운 일이다. M의 충고대로 리테이너형 헤드헌팅 업체를 선택하길 잘했다는 생각이 든다. 한마디로 탁월한 선택이었다.

사례 설명

　　헤드헌팅 업체를 활용하는 일본 기업은 아직 소수에 불과하다. 하지만 해외법인의 최고 책임자를 채용할 때에는 일본 기업도 헤드헌팅 업체를 활용하는 경우가 많다. 현지에서 우수한 인재를 찾을 때 세계 곳곳에서 활동하는 헤드헌팅 업체는 든든한 아군이 된다. 외자계 기업 역시 일본법인의 최고 관리자를 채용할 때 헤드헌팅 업체를 적극적으로 활용하고 있다.

세계적으로 활동하는 헤드헌팅 업체로는 스펜서 스튜어트(Spencer Stuart), 콘/페리 인터내셔널(Korn/Ferry International), 에곤 젠더 인터내셔널(Egon Zehnder International), 러셀 레이놀즈 어소시에이츠(Russell Reynolds Associates), 하이드릭 앤드 스트러글스(Heidrick & Struggles) 등이 있다. 모두 리테이너형으로, 고객기업과 계약을 체결한 후 헤드헌팅 과정에 돌입한다.

헤드헌팅 업체는 미국에서 50년 이상의 역사를 갖고 있고, 일본에는 20년 전에 상륙했다. 사실 헤드헌팅이란 원래 전략계 컨설팅 업체의 기능 중 하나였다. 전략계 컨설팅 회사가 전략 입안과 인재 찾기의 두 기능을 담당해오다가, 헤드헌팅 비즈니스가 컨설팅 회사에서 독립해 나온 것이다. 이것이 헤드헌팅 업체의 기원이다.

　헤드헌팅 업체가 대상으로 하는 직위는 기본적으로 최고 경영자(CEO), 최고 운영책임자(COO), 최고 재무관리자(CFO), 최고 기술경영자(CTO)라는 기업의 경영진이다. 최근에는 미국 대학의 학장도 헤드헌팅의 대상이 되고 있다.

　헤드헌팅 업체가 보유하는 자산은 컨설턴트나 리서치 부문이 보유하고 있는 폭넓은 지식과 네트워크일 것이다. 그런 지식은 세계 각지의 사무실에서 공유하는 데이터베이스에 매일 축적된다. 원하는 인재의 직장 경력은 물론, 언제 어디서 어떤 컨설턴트와 어떤 내용으로 상담을 했는지 세밀하게 기록되어 있다. 인재에 관한 지식이야말로 헤드헌팅 업체의 강점이라고 할 수 있다.

기본적인 헤드헌팅 과정

　헤드헌팅 업체의 인재 스카우트는 앞의 사례처럼 기본 계약을 체결함으로써 시작된다. 먼저 찾을 인재의 직위에 관한 정보와 거기에 필요한 요건을 명확하게 한다. 이때 기업 측은 유능한 인재를 영입하기 위해 백방으로 힘쓰는데, 무엇보다 후보자에게 본사의 장점이 무엇인지를 분명히 어필할 수 있어야 한다. 채용하는 기업이 고압적인 태도를 취해서는 우수한 인재를 채용할 수 없다.

　헤드헌팅 업체에 대한 기본 보수는 업체에 따라 다르지만, 1000만 엔 전후라고 한다. 이 보수는 채용 여부와는 관계가 없다. 그 이유는 인재를 찾아본 결과, 기업 측이 요구하는 인재가 없을 수도 있기 때문이다. 혹은 인재가 있더라도 시기가 맞지 않아 즉시 채용할 수 없는 경우도 있다.

　기업으로서는 외부에 적합한 인재가 없다는 것이 확실해지면, 사내의 후보자를 그 자리에 앉힌다는 의사결정을 내릴 수 있다. 리테이너형 헤드헌팅 업체는 단순한 인재 알선이라기보다 인사 컨설팅이라는 의미가 강하다.

　또 채용한 인재가 안타깝게도 직위에 적합하지 않아 일정 기간을 다 채우지 못하고 퇴임해버릴 경우, 헤드헌팅 업체는 무료로 새로운 인재를 다시 찾아 추천해준다. 즉 리테이너형은 끝까지 책임지고 적합한 인재를 찾아준다.

　대략 인재를 찾는 과정은 다음과 같다. 각 기간의 기준을 병기했는데, 이것은 어디까지나 기준에 불과하다. 경우에 따라서는 1년 이상이나 걸리는 경우도 있다. 계약 체결부터 채용까지의 기간도 다양하지만, 일반적으로는 6개월에서 1년 정도로 보는 것이 적당하다.

❶ 계약 체결 후 직위와 스펙 확정(1주일)

❷ 롱 리스트 작성(1~2주일)

❸ 쇼트 리스트 작성(1~2주일)

❹ 컨설턴트와 면담(4~6주일)

❺ 후보자 보고서 작성 및 송부(1~2주일)

❻ 기업 채용자와의 면담(2~6주일)

❼ 채용자에게 제안서 제출(1주일)

❽ 채용 후의 순서 진행

후보자가 빠지기 쉬운 착각들

채용할 기업은 다음에 적어놓은 바와 같이 어디에도 존재하지 않는, 마치 슈퍼맨과 같은 인재상을 늘어놓는 경우가 많다. 이런 인재는 웬만해서는 없을 뿐 아니라, 설령 있다고 해도 우리 회사에 올 리가 없다는 것을 기업 측도 이해해야 한다.

- 특정 업계에 정통하고 폭넓은 인맥을 가진 경험자일 것
- 경영자로서 매출액, 이익, 성장률에 대해 구체적인 실적을 가지고 있을 것
- 소매점과의 강력한 인맥을 가질 것
- 영어를 포함한 커뮤니케이션 능력이 뛰어날 것
- 전략 입안 능력이 뛰어날 것
- 전략 수행 능력이 뛰어나고 실적을 남길 수 있을 것
- 조직 운영 · 채용 · 교육에서 능력을 발휘할 수 있을 것
- 3년간 매출을 두 배로 늘릴 수 있을 것

한편, 후보자가 헤드헌팅 업체와 원만한 관계를 유지하기 위해 주의할 점도 알아보자. 일반적으로 후보자는 다음과 같은 오해를 하는 경우가 많다.

❶ 나에 대해 잘 알고 있다(그래서 연락을 해왔다).

→ 헤드헌터가 자신을 잘 알고 있어서 연락해왔다고 오해하면 자신을 어필하기 위한 노력을 게을리 하게 된다. 처음 만나는 상대방이 자신을 잘 모른다고 생각하고, 자신의 강점을 알기 쉽게 전달하려고 노력해야 한다.

❷ 후보자는 나뿐이다.

→ 이것도 후보자가 오해하기 쉬운 점이다. 기업 측은 늘 여러 명의 후보자(회사 안을 포함해서)를 비교, 검토한다는 사실을 잊어서는 안 된다. 최대한 자신의 장점을 어필하려는 노력이 필요하다.

❸ 헤드헌터가 알아서 해줄 것이다.

→ 헤드헌터로부터 연락이 올 정도이니, 이쪽에서 연락하지 않아도 헤드헌터가 그 이후의 과정을 알아서 진행해줄 거라고 생각하면 착각이다. 바쁜 헤드헌터는 늘 10건 이상의 안건을 다뤄야 하고, 매일 네 명의 후보자와 만나며, 고객기업의 채용 담당자와도 협의를 진행한다. 몸이 두 개라도 모자랄 정도로 바쁜 사람들이다.

❹ 당장 소개해줄 것이다.

→ 리테이너형인 경우 기업과의 계약은 얼마든지 있기 때문에, 아무리 훌륭한 인재라도 그 인재와 어울리는 직위의 업무가 아니면 결코 먼저 이야기를 꺼내지 않는다.

❺ 면담은 푸념을 늘어놓는 자리다.

→ 헤드헌터와의 면담에서 현재의 회사나 업무에 대해 불평을 늘어놓는 사람이 있는데, 이는 마이너스다. 객관적인 분석과 불평을 혼동해서는 안 된다.

❻ 채용하는 기업의 상황은 늘 한결같다.

→ 비즈니스와 마찬가지로 직위에 관한 상황도 변한다. 변한 내용을 두고 이야기가 다르다고 분개한다면 최고 관리자로서의 자질을 의심받기 쉽다. 냉정한 대응도 필요하다. 헤드헌터와의 관계는 일시적인 것이 아니라 평생 이어진다고 생각하는 것이 좋다. 면담에서 나눈 내용은 인재 데이터베이스 안에 영구히 보관된다.

❼ 나는 언제나 채용될 수 있는 대상이다.

→ 당연한 얘기지만, 헤드헌터는 인재를 찾아달라고 위탁받은 고객사로부터는 인재를 스카우트하지 않는다. 계약 기간 중에는 물론 계약이 완료해도 일정 기간은 이 약속을 준수한다. 이것을 '오프 리미트(off limits)'라고 한다. 따라서 오프 리미트 기업에서 근무할 경우는 아무리 우수한 인재라도 헤드헌팅 업체는 인재 사냥을 할수 없다. 이런 사정은 당연히 당사자에게는 밝히지 않는다. 스카우트 제의가 들어오지 않는 이유 중에는 이런 경우도 있다는 것을 염두에 두자.

또 헤드헌팅 업체를 통해 다른 회사의 면담 요청이 들어온 경우에는 다음 사항을 명심하자.

❶ 상대방에 대해 알아둔다. → 상대 기업에 대해 사전에 충분히 조사해둘 것
❷ 자신을 정확하게 표현한다. → 자신의 강점을 알릴 것
❸ 프레젠테이션 전략을 세운다 → 그 직책을 맡는다면 자신은 어떻게 할 것인가, 구체적인 숫자와 함께 전략안을 제시할 것

또 최종 후보자에 이름을 올려도 평판 때문에 면담이 깨질 수도 있다. 평소 인간관계에 문제가 없도록 해두어야 한다.

마지막으로 헤드헌팅되는 경영자의 직책도 장밋빛만은 아니라는 것을 명심해두자. 예를 들어, 외자계 일본법인의 사장으로 전직했다고 해도 다음과 같은 일이 기다리고 있을 수가 있다.

- 일본법인의 사장으로 취임했지만, 현재의 사장(해임을 선고받기는 했지만)이 아직 재임 중이고 자기 사무실도 없다.
- 역대 사장은 매년 교체되었다. 불과 6개월 만에 자리에서 물러난 사람도 있다.
- (많은) 움직이지 않는 부하직원이 있다. 어떻게 할 것인가?
- 일본의 사정을 이해하지 못하는 본사를 어떻게 설득할 것인가?
- 오너의 방만한 운영과 행동에 어떻게 대처할 것인가?

- 사내의 누가 아군이고, 누가 적군인지 어떻게 구별할 것인가?

- 주주, 본사, 사원, 고객, 파트너, 미디어 중 누구를 우선할 것인가?

- 3년 후 경력을 어떻게 활용할 것인가?

헤드헌팅 업체의 컨설턴트는 다양한 경험이 많아 이런 수준까지 상담해준다. 그런 의미에서 후보자에게도 컨설턴트는 든든한 아군이다.

사례 15 포인트

헤드헌팅 업체를 활용하여 임원급의 우수한 인재를 외부에서 찾을 경우, 본사의 장점을 후보자에게 어필하려는 시각도 중요하다.
후보자가 정해지면 직접 면담하는 방법 외에 제3자를 통해 다양한 자문을 구하는 것을 잊어서는 안 된다.

전략노트 15

1. 사업부의 최고 관리자(혹은 다른 직위)에게 요구되는 직위 및 인재 정보를 구체적으로 적어보자.

2. 그 직위에 어울리는 인재를 회사 안팎에서 골라 리스트를 작성해보자.

3. 롱 리스트에서 각각의 인재를 검토하고, 쇼트 리스트로 만들어보자. 이때 어떤 시각에서 후보자를 선별했는지 명확하게 정리하자.

4. 후보자에게 본사를 어필해보자.

기업 경영에서는 역할에 따라 각 조직이 전문성을 발휘한다. 연구
개발부가 기술이라는 전문성을 가지고 있고, 재무경리부가 재정이라
는 전문성을 가지고 있는 것처럼 각각의 조직이 독자적인 전문성을
가지고 있다. 각 조직이 전문성을 활용하면서 서로 협력하는 방향으
로 간다면 기업으로서의 능력은 배로 증가한다.

하지만 자기 조직만을 생각해서 이기적인 행동을 취한다면 기업은
원활하게 돌아가지 않는다.

예를 들어, 실적평가제도가 도입되어 각 조직의 평가가 엄격하게 관
리된다면, 그 어떤 조직도 자기 조직의 성적을 올리는 데만 힘을 쏟고
기업 전체는 안중에도 없을 것이다. 이래서는 주객이 전도되어버린다.

원래 실적평가제도는 사원이나 조직의 공헌을 확실하게 평가하고,
기업의 실적을 향상시키자는 취지로 도입되었다. 하지만 실제로는 각
조직의 자존심을 내세우는 기제로 작용하는 면이 있다. 조직이라는
것은 그렇지 않아도 조직 간에 벽을 만들려는 힘이 작동한다. 실적평
가제도가 이를 심화시키는 쪽으로 가서는 안 된다. 실적평가제도를

도입하려면 각별한 주의가 필요하다.

기업은 각 부서가 서로 어우러져 커뮤니케이션하는 것이 중요하다. 아무리 기술부가 훌륭한 제품과 서비스라고 자랑을 해도 제품과 서비스가 팔리지 않으면 현금이 들어오지 않는다. 요컨대 기업으로서 존속할 수가 없는 것이다.

그렇다면 영업이 잘되면 되는 것일까? 이 역시 팔아야 할 기술에다 제품과 서비스가 없으면 이야기가 되지 않는다. 영업부처럼 고객과 직접 대면하는 부서는 본사의 강점을 활용하여 새로운 고객을 창출하는 수익의 원천이 되지만, 그보다는 경쟁력의 원천인 기술과 제품, 서비스가 필수적이다.

그렇다면 고객서비스부와 기술부, 제조부만 있으면 모든 것이 해결될까? 경영 부문이나 후선지원 부문은 필요 없을까? 결코 그렇지 않다. 제품 가격 하나를 결정하는 데도 관리회계 시스템이 구축되지 않으면 제품의 원가조차 알 수가 없다.

사업이 확대됨에 따라 인재 채용이나 육성도 필요하다. 대규모 설비투자를 할 때에는 자금도 조달해야 한다. 경영지원이나 후선지원 업무는 영업이나 개발 및 생산부가 싸울 수 있는 무기를 제공해준다.

그렇다고 경영기획부만 독주한다면 경영은 위기에 빠진다. 아무리 훌륭한 전략을 세워도 현장에서 적용할 수 없는 것이라면 그림의 떡에 불과하다. 현장의 정보를 흡수하지 않고 일반적인 데이터만으로 전략을 짜내서는 현장과 기획 간의 높은 벽만 실감할 뿐이다.

이처럼 고객을 창출하고 관리하는 부서, 제품과 서비스를 창조하고 제공하는 부서, 두 부서에 대해 강력한 지원을 하는 부서, 이 세 조직이 하나가 되어 경영에 임해야 한다. 사업 초기부터 이 삼위일체 경영을 도입하고, 사업이 성장해나가는 과정에서도 이 시스템을 유지해야 한다. 비즈니스의 성장기, 성숙기의 어느 국면에서도 삼위일체 경영을 잊지 말아야 한다(도표 5-1).

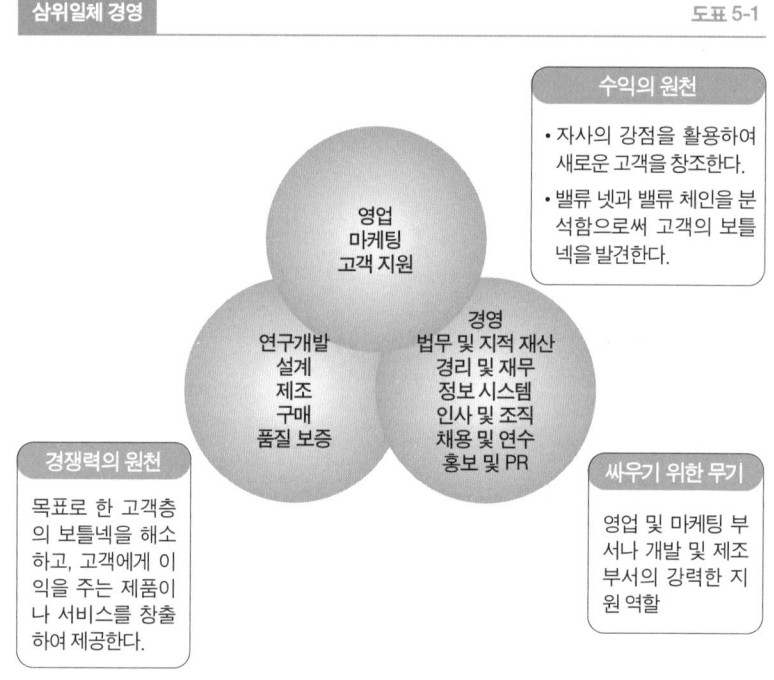

삼위일체 경영   도표 5-1

영업
마케팅
고객 지원

연구개발
설계
제조
구매
품질 보증

경영
법무 및 지적 재산
경리 및 재무
정보 시스템
인사 및 조직
채용 및 연수
홍보 및 PR

수익의 원천
• 자사의 강점을 활용하여 새로운 고객을 창조한다.
• 밸류 넷과 밸류 체인을 분석함으로써 고객의 보틀넥을 발견한다.

경쟁력의 원천
목표로 한 고객층의 보틀넥을 해소하고, 고객에게 이익을 주는 제품이나 서비스를 창출하여 제공한다.

싸우기 위한 무기
영업 및 마케팅 부서나 개발 및 제조 부서의 강력한 지원 역할

마지막 페이지까지 읽어주신 독자 여러분께 고마움을 전합니다. 이 책의 원제목이 『고객창조(顧客創造)』인데, 혹시라도 이 책이 고객(독자)을 창출하지 못한다면……. 이런 생각을 하면 식은땀이 납니다. 하지만 조금이라도 고객을 창출하는 데 힌트가 되기를 바라는 마음을 담아 집필했습니다.

이 책을 집필하는 데 도쿄이과대학 전문직대학원 종합과학기술경영연구과 종합과학기술경영 전공 학생들이 많은 도움을 주었습니다. MOT대학원의 제1기생인 타카쿠라 노리히데(高倉憲秀) 씨는 아직 기획 단계에 있던 목차만을 보고 회사에서 팀을 꾸려 논의까지 해주었습니다. 그 내용이 많은 참고가 됐습니다. 거듭 감사의 말씀을 드립니다.

또 일과 대학원 공부를 병행하느라 바쁜 일상을 보내면서도 실제

강의를 떠올리면서 책에 필요하고 유익한 코멘트를 아낌없이 해주신 오자키 토모하루(尾崎智晴) 씨, 오치 다카유키(越智尚之) 씨, 가이호 사토시(海宝敏) 씨, 긴시 도루(金枝徹) 씨, 카네다 토시히코(金田利彦) 씨, 카미즈로 아키코(上鶴亞紀子) 씨, 구리야마 마사루(栗山克) 씨, 사하시 나오키(佐橋直樹) 씨, 타카쿠라 노리히데(高倉憲秀) 씨, 다카나시 히데(高梨秀) 씨, 도요시게 다카유키(豊重巨之) 씨, 호리베 미네코(堀部峰子) 씨, 미우라 카즈히로(三浦一裕) 씨, 미츠타니 도모카(光谷知香) 씨께도 감사의 말씀을 드립니다.

도쿄이과대학 전문직대학원 종합과학기술경영연구과 종합과학기술경영 전공의 이타미 히로유키(伊舟敬之) 교수, 츠루시마 카츠토시(鶴島克利) 교수, 도쿠시게 모모코(德重桃子) 교수, 모리 겐이치(森健一) 교수를 비롯해 카나야 유이치(金谷裕一) 학무과장, 대학원 사무실의 가토 데루유키(加藤照之) 씨는 평소에 많은 지도 편달을 해주셨습니다.

필자가 글쓰기에 어려움을 느끼며 좌절할 때마다 용기를 주고 일으켜 세워준 분들이 있습니다. 『데이터로 사고하는 의사결정의 기술(ケースで學ぶ意思決定の手法 定量分析 實踐講座)』의 저자인 후쿠자와 히데히로(福澤英弘) 씨, 퍼스트 프레스(ファーストプレス)의 우에사카 신이치(上坂伸一) 사장, 편집자인 나카지마 마스요(中島万壽代) 씨가 인내심을 갖고 정성껏 이끌어주셨습니다. 이들의 힘이 없었다면 이 책은 결코 세상의 빛을 보지 못했을 것입니다.

나카지마 마스요 씨는 도쿄이과대학 전문직대학원에서 MIP를 전공하고 있으며, 필자의 강의를 수강하고 있습니다. '청출어람(靑出於藍)'이란 말처럼 뛰어난 기량을 발휘하는 제자로, 이 책을 독자의 시각에서 써달라고 애정 어린 질책과 격려를 아끼지 않았습니다.

고맙습니다.

미야나가 히로시

| 참고문헌 |

이노우에 히사시(井上ひさし) 저 『볼로냐 기행(ボローニャ紀行)』 문예춘추(文藝春秋), 2008년

히노하라 시게아키(日野原重明) 저 『행복한 우연을 잡아라(幸福な偶然をつかまえる)』 광문사(光文社), 2005년(『행복한 우연 세렌디피티를 잡아라』 영림카디널, 2008년)

미야나가 히로시(宮永博史) 저 『성공하는 사람의 절대 법칙, 세렌티피티(成功者の絶対法則 セレンディピティ)』 상전사(祥伝社), 2006년(『세렌디피티의 법칙』 북북서, 2007년)

다나카 고이치(田中耕一) 저 『인생 최대의 실패(生涯最高の失敗)』 아사히신문사, 2003년

닛케이비즈니스(日經ビジネス) 편 『밝은 회사 3M(明るい會社3M)』 닛케이BP사, 1998년

마크 레빈슨(Mark Levinson) 저 『컨테이너 이야기(コンテナ物語)』 닛케이BP사, 2007년 (『THE BOX(더 박스): 컨테이너 역사를 통해 본 세계 경제학』 21세기북스, 2008년)

NIST GCR 02_841 「Between Invention and Innovation」 2002년 11월

이타미 히로유키(伊舟敬之) 저 『경영전략의 논리 제3판(經營戰略の論理 第3版)』 일본경제신문사, 2003년

이타미 히로유키(伊舟敬之)·모리 겐이치(森健一) 편『기술자를 위한 매니지먼트 입문(技術者のためのマネジメント入門)』일본경제신문사, 2006년

히토츠바시 비즈니스 리뷰(一橋ビジネスレビュー), 비즈니스 사례 '아스쿠루(アスクル)' 2001년 겨울호

히토츠바시 비즈니스 리뷰, 비즈니스 사례 '마부치모터(マブチモーター)' 2001년 가을호

히토츠바시 비즈니스 리뷰, 비즈니스 사례 '도레이(東レ)' 2005년 봄호

케빈 프라이버그(Kevin Freiberg)·재키 프라이버그(Jackie Freiberg) 저『파천황!사우스웨스트항공의 경악의 경영(破天荒!サウスウエスト航空 驚愕の経営)』닛케이BP사, 1997년 (『너츠!사우스웨스트 효과를 기억하라』동아일보사, 2008년)

배리 J. 네일바프(Barry J. Nalebuff)·아담 M. 브란덴버거(Adam M. Brandenburger) 저『코피티션 경영(Co-Opetition 經營)』일본경제신문사, 1997년

로봇 신세기(ロボット新世紀) 동경대학 공개강좌, 2006년

오보시 코지(大星公二) 저『경영은 지적 도전이다(經營は知的挑戰だ)』, 경제계(經濟界), 2004년

가나데 다케오(金出武雄) 저『아마추어처럼 생각하고 전문가처럼 실행한다(素人のように考え玄人として実行する)』PHP문고(PHP文庫), 2003년(『초보처럼 생각하고 프로처럼 행동하라』해바라기, 2003년)

데라타 도라히코(寺田寅彦) 저『데라타 도라히코 전집 제5권 수필5 과학1(寺田寅彦全集 第5巻 隨筆五科學1)』이와나미서점(岩波書店), 1997년

후지타 야스토(藤田康人) 저『99.9% 성공하는 장치 키시리톨 붐을 만들어내는 훌륭한 비즈니스 모델(99.9%成功するしかけ キシリトールブームを生み出したすごいビジネスモデル)』간키출판(かんき出版), 2006년

주식회사 프랩저팬(プラップジャパン), 미디어 트레이닝 자료

제품개발자가 짜는 고객창출 전략
고객 중심의 콘셉트를 잡아라

초판 1쇄 발행 | 2009년 11월 20일
초판 2쇄 발행 | 2012년 2월 29일

지은이 | 미야나가 히로시
옮긴이 | 정정일
펴낸이 | 정연금
펴낸곳 | 멘토르

기획·편집 | 여성희·문진주·최근혜·이수정·김미숙·전애희
마케팅 | 이운섭·나길훈
제막 및 경영지원 | 이동영·박은정

내용문의 | mentor@mentorbook.co.kr

등록 | 2004년 12월 30일 제302-2004-00081호
주소 | 서울시 마포구 동교동 198-5번지 신흥빌딩 3층
전화 | 02-706-0911
팩스 | 02-706-0913

ISBN | 978-89-6305-045-4 (03320)

ⓒ 2009 멘토르
http://www.mentorbook.co.kr
트위터 | @mentorbook